SARDEGNA
EMIGRAZIONE

copyright © 1995 Edizioni Della Torre, Cagliari
prima edizione: ottobre 1995
ISBN 88 7343 283 2

Opera pubblicata con il contributo
dell'Assessorato della Pubblica Istruzione,
Beni Culturali, Informazione, Spettacolo e Sport
della Regione Autonoma della Sardegna

Un contributo è dovuto anche a fondi 40% MURST

In copertina: Foiso Fois, *Minatori*, 1951
Progetto grafico: Roberto Sanna

Finito di stampare nel mese di ottobre 1995
presso la tipografia STEF, Cagliari
per conto delle Edizioni Della Torre,
via Contivecchi 8, 09122 Cagliari, tel 070/271411

SARDEGNA EMIGRAZIONE

A CURA DI MARIA LUISA GENTILESCHI

EDIZIONI DELLA TORRE

Per aver gentilmente concesso l'autorizzazione a riprodurre i testi si ringrazia:
— Annali del Mezzogiorno, Catania
— Comitato organizzatore del XXVI Congresso Geografico Italiano, Genova
— Cuecm, Catania
— Edizioni Kappa, Roma
— Facoltà di Magistero dell'Università di Cagliari
— Istituto Grafico Italiano, Cèrcola (Napoli)

Indice

7 Presentazione

Partenze e rientri

12 Maria Luisa Gentileschi
Il bilancio migratorio

37 Maria Luisa Gentileschi
Rientro degli emigrati e territorio. I rientri degli anni Settanta

La Sardegna e l'Argentina

140 Margherita Zaccagnini
L'emigrazione sarda in Argentina all'inizio del Novecento. Popolazione e territorio attraverso una rassegna della stampa isolana

167 Maria Luisa Gentileschi e Antonio Loi
I rientri dall'Argentina in provincia di Sassari: l'impiego del risparmio per la casa nel villaggio di Mara

Il Sulcis-Iglesiente tra emigrazione e riassetto

184 Maria Luisa Gentileschi
Movimenti migratori nei comuni minerari del Sulcis-Iglesiente

257 Antonio Loi
Situazione abitativa ed emigrazione in un'area periferica della Sardegna

268 Anna Leone e Margherita Zaccagnini
Pendolarismo industriale e squilibri territoriali nel Sulcis-Iglesiente

Gli autori

MARIA LUISA GENTILESCHI
Professore ordinario di Geografia politica ed economica presso l'Ateneo cagliaritano (Facoltà di Scienze politiche), è autrice di un manuale di Geografia della popolazione. È stata per un certo tempo rappresentante italiana per la geografia della popolazione presso l'Unione Geografica Internazionale. Numerosi i contributi sulla geografia della Sardegna di cui ha studiato in particolare i movimenti di popolazione e, in specifico, le caratteristiche dell'emigrazione.

ANNA LEONE
Assistente ordinario di Geografia presso il Dipartimento di Studi Storici, Geografici e Artistici dell'Ateneo cagliaritano, ha orientato la sua attività scientifica soprattutto verso gli studi di Geografia della popolazione, privilegiando tematiche relative alla mobilità (pendolarismo, migrazione tecnologica, immigrazione) sia all'interno che all'esterno del territorio nazionale.

ANTONIO LOI
Professore associato di Geografia regionale presso la Facoltà di Magistero dell'Università di Cagliari, ha indirizzato le sue ricerche soprattutto verso lo studio di tematiche relative alla popolazione della Sardegna. A queste si sono aggiunti nel tempo gli studi sui naturalizzati italiani in Francia, sull'agricoltura della Sardegna ed infine intorno ai problemi epistemologici posti dal persistere nella letteratura sulla Sardegna, geografica e non, di luoghi comuni che traggono ragione da determinismi geografici.

MARGHERITA ZACCAGNINI
Professore associato di Geografia umana presso la Facoltà di Magistero dell'Università di Cagliari, ha sviluppato tematiche attinenti gli insediamenti e la popolazione della regione. Si è occupata inoltre di agricoltura, con particolare riferimento alle sue trasformazioni recenti in Sardegna e alla sedentarizzazione dei pastori transumanti, e di geografia dello sviluppo, con attenzione ai processi di rivalorizzazione delle aree marginali.

Le fonti

M.L. GENTILESCHI, Il bilancio migratorio
Estratto da:
R. Pracchi e A. Terrosu Asole (a cura di), *Atlante della Sardegna*, fasc. II, Roma, Kappa, 1980

M.L. GENTILESCHI, Rientro degli emigrati e territorio. I rientri degli anni Settanta
Estratto da:
M.L. Gentileschi e Ricciarda Simoncelli (a cura di), *Rientro degli emigrati e territorio. Risultati di inchieste regionali*, Cércola (Napoli), Istituto Grafico Italiano, 1983

M. ZACCAGNINI, L'emigrazione sarda in Argentina all'inizio del Novecento. Popolazione e territorio attraverso una rassegna della stampa isolana
Estratto da:
«Annali della Facoltà di Magistero della Università di Cagliari»
Nuova Serie, vol. XV, parte IV, 1991-92

M.L. GENTILESCHI E A. LOI, I rientri dall'Argentina in provincia di Sassari: l'impiego del risparmio per la casa nel villaggio di Mara
Comunicazione presentata al XXVI Congresso Geografico Italiano, Genova, 4-9 maggio 1992

M.L. GENTILESCHI, Movimenti migratori nei comuni minerari del Sulcis-Iglesiente
Estratto da:
«Annali del Mezzogiorno», vol. XIV, 1974

A. LOI, Situazione abitativa ed emigrazione in un'area periferica della Sardegna
Estratto da:
M.C. Testuzza (a cura di), *La popolazione in Italia. Stato e prospettive socio-economiche*, Catania, CUECM, 1986

A. LEONE E M. ZACCAGNINI, Pendolarismo industriale e squilibri territoriali nel Sulcis-Iglesiente
Estratto da:
M.C. Testuzza (a cura di), *La popolazione in Italia. Stato e prospettive socio-economiche*, Catania, CUECM, 1986

Presentazione

La ricostruzione della dinamica temporale e territoriale dell'emigrazione in Sardegna è l'ambito in cui si collocano i contributi qui raccolti, opera di un gruppo di geografi dell'università cagliaritana che hanno studiato l'emigrazione sarda e italiana nell'arco di un ventennio, nei luoghi di partenza e in quelli di arrivo. Oltre ad alcuni volumi, sono stati prodotti comunicazioni a convegni, tesi di laurea, conferenze, articoli per riviste scientifiche e quotidiani. C'è stata un'attenzione costante al fenomeno migratorio, in un periodo in cui un'ondata migratoria massiccia, nata nel dopoguerra, si è andata rafforzando per poi attenuarsi e quasi sparire, lasciando il posto ad un modello di mobilità assai diverso, il va-e-vieni delle giovani forze di lavoro. Siano essi datati da alcuni lustri o di recente produzione, questi saggi possono essere letti come una geografia storica della popolazione, che si propone di rintracciare i segni impressi dall'emigrazione di anni ormai lontani sugli abitanti, i paesi, le case, le attività produttive e di individuarne il ruolo nell'evoluzione territoriale.

Alla definizione del bilancio migratorio degli anni più significativi per l'emigrazione sarda segue un lungo saggio sui rientri, dove l'informazione statistica si arricchisce dell'esperienza di vita degli emigrati di ritorno negli anni 1972-77, quando il loro numero segnò positivamente il bilancio migratorio della regione, dove si ristabilivano giovani famiglie e forze di lavoro.

L'Argentina, che ospita tuttora una consistente collettività di Sardi, è stata la meta di un flusso modesto ma specifico quanto a villaggi e filiere di partenza, progetti, rimpatri. La volontà del rientro si manifesta nell'attaccamento al paese e alla casa. Il saggio sul villaggio di Mara, nel Sassarese, documenta efficacemente l'entità dell'impiego del risparmio nella costruzione di abitazioni dove gli emigrati torneranno a vivere.

Il Sulcis-Iglesiente — la parte della Sardegna che più ha alimentato le partenze — ha vissuto l'abbandono dei villaggi a bocca di miniera, come pure il ritardo nello sviluppo delle sue città. In un paesaggio costellato dai ruderi dei cantieri minerari, le case costruite dagli emigrati, non di rado vaste e ricche, sono entrate a cambiare l'assetto abitativo di un'area in cui la popolazione attiva nei nuovi poli industriali e terziari pendolarizza tra casa e lavoro.

Partenze e rientri

Il bilancio migratorio

Maria Luisa Gentileschi

(1980)

L'emigrazione sarda si discosta dal modello comune al restante Mezzogiorno per il ritardo nel suo inizio e per la minore intensità che l'hanno caratterizzata. Poiché nella fase di massimo sviluppo dell'emigrazione meridionale le condizioni di vita del contadino sardo sembrano essere state non certo migliori di quelle delle plebi rurali meridionali in genere, è verosimile che il ritardo nell'evoluzione della mobilità della popolazione sarda trovi la sua spiegazione nella persistenza di elementi culturali che hanno condizionato la coscienza dei bisogni individuali e collettivi e quindi rallentato il loro insorgere. In questo contesto assume il massimo rilievo la situazione di isolamento della società sarda nell'insieme e al livello dei singoli insediamenti, considerate l'estrema scarsità di contatti tra un centro e l'altro e la bassa densità di popolazione. Tale condizione ha indebolito le possibilità di confronto tra il tenore di vita delle comunità isolane e quello di gruppi esterni, da cui poteva nascere lo stimolo allo spostamento in altra sede — e cioè all'emigrazione — per raggiungere migliori condizioni di vita, cosicché si riconosce generalmente che l'isolamento materiale e culturale è stato di certo una componente di non marginale importanza nel determinare sviluppo e modalità del fenomeno migratorio in Sardegna. Resta tuttavia fondamentale la necessità di valutare l'evoluzione della mobilità in connessione con i due principali elementi da cui essa dipende, lo sviluppo socio-economico e quello demografico.

Ai diversi livelli di sviluppo economico corrispondono differenti fasi dell'evoluzione demografica le quali sono contraddistinte anche da particolari tipi migratori, cioè da forme di mobilità territoriale aventi proprie caratteristiche quantitative e qualitative. La Sardegna ha attraversato, con un certo ritardo rispetto ad altre regioni italiane, diverse fasi della sua evoluzione demografica e pertanto ha dato origine a vari tipi di spostamenti interni e verso l'estero. Fino ai primi anni del Novecento l'isola si trovava ancora nella fase chiamata *pre-*

industriale o *pre-moderna*, contrassegnata da un lento ritmo di incremento naturale legato al persistere della natalità e della mortalità su livelli elevati.

Nell'evoluzione della mobilità a tale periodo corrisponde la fase 1ª, caratterizzata da bassissima propensione agli spostamenti in genere e da assenza di inurbamento [1], una condizione che, prolungandosi nel tempo, ha contribuito alla cristallizzazione dell'assetto socio-economico raggiunto dalla popolazione isolana nella seconda metà del secolo scorso.

Intorno agli anni 1905-10, con un certo ritardo sull'Italia, la Sardegna si può considerare ormai passata alla fase di *transizione* — in cui si distinguono una sotto-fase iniziale e una tardiva — durante la quale il sensibile abbassamento della mortalità, affiancandosi ad una persistente alta natalità, provoca una crescita rapida della popolazione. All'incremento demografico si accompagna generalmente un'intensificazione delle attività produttive mentre si creano le condizioni per un'elevata mobilità sociale e territoriale. Ragion per cui proprio in questa fase si pongono normalmente i grandi esodi di massa. La crescente mobilità si manifesta nel forte inurbamento, in una marcata emigrazione e in fenomeni di colonizzazione interna mentre gli spostamenti da città a città permangono deboli.

Segue la fase di *maturità*, o *moderna*, caratterizzata da mortalità stazionaria e da bassi livelli di natalità, con una conseguente limitazione della crescita demografica ed affievolimento dell'emigrazione e dell'esodo rurale, mentre prendono piede forme di mobilità tipiche delle società industrializzate. Se l'Italia si può dire sia entrata in questa fase pressappoco intorno al 1935 [2], la Sardegna vi si approssima solo da pochi anni. Ne deriva tra l'altro che, mentre il flusso emigratorio alimentato dall'Italia centro-settentrionale ha subito un marcato declino, la Sardegna, come altre regioni meridionali, ha mantenuto più a lungo un'emigrazione di dimensioni consistenti. L'isola segue in sostanza un suo modello demografico ritardato rispetto a quello dell'Italia, la cui evoluzione è stata a sua volta più lenta di quella dei paesi

---

[1] W. Zelinsky, *The hypothesis of the mobility transition*, in «The Geogr. Rev», LXI (1971), aprile, pp. 219-249; R.J. Pryor, *Migration and the process of modernization*, in *People on the move*, a cura di L.A. Kosinski, R. Mansell Prothero, Londra, Methuen 1975, pp. 23-38.

[2] N. Federici, L. Ciucci, A. Golini, E. Sonnino *L'evoluzione demografica italiana*, in *La popolazione italiana*, di N. Federici e altri, Torino, Boringhieri, 1976, pp. 285, cfr p. 58.

europei più progrediti. Vale a dire che questa periferia meridionale dell'Europa è stata solo da poco tempo raggiunta da quel profondo rivolgimento della dinamica della popolazione che va sotto il nome di *rivoluzione* o di *transizione demografica*.

Allorché per la diminuzione della mortalità e la costanza dell'alta natalità si produce un'eccedenza demografica che non può inserirsi nel contesto produttivo locale, si creano le condizioni per un'emigrazione che interessa larghi strati di popolazione. La curva migratoria tenderebbe a seguire quella dell'incremento naturale, ma le condizioni locali possono modificare i fenomeni di mobilità relativi a ciascuna fase dell'evoluzione demografica. Questo sembra essere il caso della Sardegna, dove la persistenza di una società patriarcale arcaica, il basso livello dei consumi e la debole densità di popolazione hanno contribuito a causare un ritardo della curva migratoria sull'evoluzione demografica.

La rilevazione statistica del fenomeno migratorio presenta, è noto, problemi molto più ardui di quella delle nascite e delle morti. Soltanto i censimenti della popolazione permettono di effettuare valutazioni abbastanza aderenti alla realtà. Basandosi appunto sulla popolazione residente censita in due successivi censimenti si sono calcolati i bilanci, o saldi, migratori per comune per i decenni 1901-11 e 1961-71 [3], utilizzati per la costruzione dei due cartogrammi della tavola 69. Il metodo seguito è quello detto «dei residui», che si sintetizza nella formula: $M = (P_{t+t_1} - P_t) - N$, in cui M è il bilancio migratorio del periodo $t+t_1$, P_t è la popolazione all'inizio del periodo, P_{t+t_1} la popolazione al termine e N la variazione naturale verificatasi nell'intervallo

---

[3] I dati per comune relativi a nascite e morti nel decennio 1901-11, utilizzati per il calcolo del relativo tasso del bilancio migratorio, non sono pubblicati ma sono stati forniti direttamente dall'Istat. I saldi migratori del decennio 1961-71 sono invece quelli pubblicati in: Istat, *Popolazione e movimento anagrafico dei comuni,* XVII (1973), tav. 23. Nei due periodi intercensuali si sono verificati alcuni casi di variazioni territoriali di comuni, di cui si è tenuto conto nel seguente modo. Per il primo decennio, la costituzione, avvenuta nel 1905, del comune di Dolianova, nato dall'unione dei comuni di S. Pantaleo e di Sicci S. Biagio, è stata considerata, agli effetti del calcolo del saldo naturale e migratorio, come avvenuta nel 1901. Analogamente, per il secondo decennio, sono state riportate al 1961 le situazioni variate nel corso del decennio, di Perfugas e Sédini, di Badesi e Aggius, di Masullas, Siris e Pompu, di Giba e S. Anna Arresi, di Narcao e Nuxis. Stante la modesta consistenza della variazione, non si è tenuto conto delle decurtazioni riguardanti i territori, e quindi la popolazione, dei comuni di Calangianus e di Monti, parte della cui superficie è passata al nuovo comune di Telti. Quest'ultimo infine è stato considerato come ancora facente parte del comune di Tempio, dal quale proveniva la maggior parte del territorio al momento della sua costituzione in comune autonomo.

t+t₁. I bilanci decennali per comune così ottenuti — nei quali il movimento interno non è distinto da quello con l'estero — sono stati successivamente rapportati al valore medio della popolazione residente di ciascuno comune per calcolare il *tasso del bilancio migratorio*, che esprime nel cartogramma l'intensità del fenomeno migratorio in rapporto alla popolazione. Le due situazioni sono perciò i consuntivi della dinamica di interi decenni [4].

I due grafici della stessa Tav. 69 utilizzano invece un altro tipo di dato, pure fornito dai censimenti, basandosi sul rilevamento della popolazione residente che nel giorno del censimento era temporaneamente assente dal comune di nascita, per luogo di presenza [5]. Tale dato, a differenza del precedente, rispecchia la situazione del giorno del censimento, pur sintetizzando indirettamente i precedenti spostamenti di popolazione.

La scelta dei due decenni qui raffrontati poggia sulla considerazione della loro importanza nella storia dei movimenti migratori della Sardegna, il più antico perché riguarda un'epoca in cui l'emigrazione si afferma per la prima volta nell'isola come fenomeno di massa e destinato ad assumere proporzioni ancora maggiori negli anni successivi, il secondo in quanto comprende la fase di massima espansione post-bellica degli spostamenti di popolazione intraregionali, di quelli diretti verso altre regioni italiane e dell'emigrazione all'estero. Il loro raffronto permette di apprezzare la variazione di un aspetto della dinamica demografica nelle varie zone, come pure l'accresciuta consistenza delle aree attrattive e di quelle repulsive, che rivela una accentuazione degli squilibri interni. Questa comparazione acquista mag-

---

[4] Come è stato da più parti rilevato (cfr. per esempio N. FEDERICI, *Lezioni di demografia*, Roma, De Santis, s.d., 3ª ediz., pp. 856, p. 415), anche questo metodo di accertamento del bilancio migratorio non è esente da inconvenienti. Anzitutto, esso non tiene conto degli emigrati partiti e rientrati durante il decennio, né di quelli rientrati e deceduti, sottostimando così la portata del fenomeno migratorio. Basandosi sulla popolazione residente, non evidenzia gli emigrati la cui variazione di residenza non sia stata regolarizzata. Infine non prende in considerazione le alterazioni della variazione naturale legate ai movimenti migratori. Ciononostante questo metodo è ritenuto il più soddisfacente per l'esame dei saldi migratori, ossia degli effetti della dinamica migratoria passata.

[5] La fonte del grafico n. 1 è: *Sviluppo della popolazione italiana dal 1861 al 1961*, in «Annali di Stat.», XC (1965), vol. 17, cap. 11, *Movimento migratorio interno. Luoghi di nascita dei censiti*, di C. LEMMI, pp. 655-667, aggiornato al 1961 con i dati della tav. 6, vol. V del X Censimento generale della popolazione. Dalla medesima tav. 6 provengono anche i dati utilizzati per il grafico n. 2.

giore significato dalla ricostruzione, almeno per grandi linee, della storia del fenomeno migratorio, sullo sfondo delle vicende socio-economiche e della contemporanea dinamica demografica della popolazione sarda.

Dal momento che il dato fondamentale su cui si misura l'evoluzione della mobilità è il saldo decennale, ottenuto col metodo su descritto, riferibile vuoi alla popolazione presente, vuoi alla residente [6], la storia dei movimenti migratori dovrà necessariamente basarsi su una periodizzazione i cui capisaldi siano i censimenti della popolazione.

Il ritardo dell'evoluzione demografica della Sardegna rispetto all'Italia continentale del secolo unitario costituisce il suo connotato più rilevante. Come cifra globale, il tasso d'incremento della popolazione presente dell'isola ammonta in tale periodo al 5,7‰, contro il 4,6 dell'Italia. L'incremento naturale è stato però nei primi decenni piuttosto lento, anche in confronto all'insieme del Mezzogiorno. Lo scostamento dal dato nazionale in senso positivo si è fatto più marcato in un'epoca piuttosto recente e cioè tra il 1936 e il 1951 (13,1‰ contro 7,0). A paragone con il Mezzogiorno, il tasso millesimale annuo di eccedenza dei nati-vivi sui morti (medie quinquennali sulla popolazione presente) nel periodo 1881-1900 è stato in Sardegna più basso e tale è rimasto fino al 1935, ad eccezione di una fase d'inversione di breve durata (1901-11). Dal 1936 al 1955 l'isola è invece sempre attestata sui valori più elevati anche nella fase di più intenso incremento, che cade per il Mezzogiorno nel 1931-40 (13,5‰) e per la Sardegna nel 1936-40 (15‰). La risalita successiva al periodo della depressione bellica vede di nuovo la Sardegna su livelli più elevati. Ad esempio, in confronto con la Sicilia, lo sviluppo della popolazione sarda appare più lento nella seconda metà del secolo scorso ma più rapido in questo secolo [7].

---

[6] Entrambi i metodi sono adottati dai vari autori di calcoli dell'intensità delle migrazioni. N. Federici (*op. cit.*, cfr. p. 415) preferisce il rapporto alla popolazione residente, sistema seguito anche dall'Istat (*Popolazione e movimento anagrafico, cit.*). Nel volume pubblicato dalla Svimez (*Un secolo di statistiche italiane: Nord e Sud 1861-1961*, Roma, 1961, pp. 1089), di cui sono qui riportati vari dati, si è scelto invece di far riferimento a quella presente. Così pure A. Golini (*Aspetti demografici della Sardegna*, in «Quaderni del Seminario di Sc. Pol. dell'Univ. di Cagliari», Milano, Giuffrè, 1967, pp. 17-152) calcola il bilancio migratorio sulla popolazione presente.

[7] S. Somogyi, *Evoluzione della popolazione attraverso il tempo*, in *Sviluppo della popolazione italiana dal 1861 al 1961*, in «Annali di Stat.», XC (1965), vol. 17, pp. 15-86.

1861-1901. Per tutto questo periodo il tasso d'incremento naturale della popolazione sarda, a causa dell'alta mortalità, non raggiunge il 10‰, restando inferiore a quello medio nazionale. Questo fenomeno andò tuttavia progressivamente attenuandosi poiché si passa da un'eccedenza del 5,7‰ nel 1862-71 (natalità 38,0‰, mortalità 32,3) ad una dell'8,7 (natalità 33,0, mortalità 24,3) nel 1892-1901 [8]. La modesta crescita naturale in quest'epoca, unita alla bassa densità, spiega almeno in parte la scarsa propensione dei Sardi a lasciare la loro regione. Il primo bilancio migratorio effettuabile, quello del 1871-81 [9], dà una eccedenza di circa 3.000 unità, cioè gli immigrati superano gli emigrati. Solo più tardi (1881-1901), l'emigrazione sopravvanzerà l'immigrazione, con un deficit di circa 10.000 unità, pari all'8% dell'incremento naturale totale del periodo. La Sardegna fu dunque in un primo tempo terra d'immigrazione, soprattutto da parte di persone attive nel commercio e nell'industria mineraria, per lo più Toscani, Genovesi, Napoletani, Romani e Siciliani. Principalmente all'attivazione di numerose miniere nella seconda metà del secolo fu dovuto il richiamo di manodopera piemontese e bergamasca. Il totale degli operai, Sardi e continentali, occupati nelle miniere salì da 616 nel 1851 a 9.000 nel 1869 e poi sin quasi a 16.000 nel 1906 [10]. Un'immigrazione che riguardò in sostanza le città e le zone minerarie, mentre le campagne restavano nel loro immobilismo. Coerentemente alla situazione di arretratezza, la proporzione di abitanti che viveva nelle città capoluogo di provincia era più bassa che nell'intero Mezzogiorno (cfr. tab. 1) e tendeva a crescere più lentamente [11]. Per il periodo 1862-1901 G. Colonna [12] ha calcolato un saldo migratorio positivo di 21.889 unità, che veniva a sommarsi alle 190.601 provenienti dall'incremento naturale. In effetti, il guadagno riguardò soprattutto il penultimo quarto del secolo scorso, di contro alla tendenza di segno opposto che doveva affermarsi negli ultimi venticinque anni.

---

[8] Dati provenienti da G. COLONNA, *Lineamenti demografici della Sardegna*, Novara, Cattaneo, 1927, pp. 63, cfr. p. 37.
[9] SVIMEZ, *op. cit.*, cfr. tav. 107.
[10] A. BOSCOLO, *Sul movimento operaio nelle miniere di Sardegna*, in «Sardegna Nuova», 1950, febbraio, pp. 11; G. SOTGIU, *Lotte sociali e politiche nella Sardegna contemporanea (1848-1922)*, Cagliari, Edes, 1974, pp. 439.
[11] I valori riportati sono quelli calcolati da G. PENZAVALLI, *Considerazioni sulla dinamica emigratoria nella programmazione economica*, in «Riv. It. di Econ. Demogr. e Stat.», XXIV (1970), n. 3-4, pp. 217-240.
[12] Cfr. G. COLONNA, *op. cit.*, p. 60.

Tab. 1 - Popolazione residente dei comuni capoluogo di provincia dal 1861 al 1971 (*circoscrizioni territoriali al 1971*)

Capoluoghi	1861	1871	1881	1901	1911	1921	1931	1936	1951	1961	1971
Sassari	25.802	32.578	34.821	38.053	43.378	44.148	51.700	55.373	70.137	90.037	107.125
Nuoro	4.827	5.472	6.099	7.051	7.248	8.534	9.188	11.459	16.949	23.033	31.033
Cagliari	40.116	39.705	46.185	64.811	73.851	76.979	97.603	103.670	138.539	183.784	223.376
Totale	70.745	77.755	87.105	109.915	124.477	129.661	158.491	170.502	225.625	296.854	361.534
Tasso di urbanesimo Sardegna	116	122	128	138	143	146	161	165	177	209	245
Variazione	—	6	6	10	5	3	15	4	12	32	36
Tasso di urbanesimo in Italia meridionale e insulare	—	160	164	177	190	207	206	212	226	255	281

Con il 1876 ha inizio il rilevamento ufficiale dell'emigrazione italiana all'estero. Nel periodo 1876-95 l'emigrazione permanente o «propria» dalla Sardegna totalizzava appena 290 unità, in media 15 all'anno, e quella temporanea 1.754 unità, in media 88 all'anno. Un'impennata si registrò nel 1896, allorché si passò dai 150 emigrati, permanenti e temporanei, dell'anno precedente ad un totale di 2.510[13]. Ciò significa almeno un quindicennio di ritardo rispetto ai tempi dello sviluppo del fenomeno nel Mezzogiorno nel suo insieme. Le dimensioni dell'emigrazione meridionale, piuttosto modeste sino agli anni intorno al 1880, crebbero poi via via che andavano peggiorando le condizioni di vita e di lavoro delle campagne come conseguenza della crisi agraria il cui apice è raggiunto negli anni 1885-88[14]. Concordemente aumentò, fino a raggiungere livelli altissimi negli anni 1887-91, il numero degli emigrati, provenienti soprattutto dalle regioni più povere, e cioè dagli Abruzzi, dal Molise, dalla Basilicata e dalla Calabria.

Un confronto più preciso con i valori medi italiani e meridionali si può effettuare sulle pagine di F. Coletti[15], dalle quali si evince la scarsità assoluta e relativa dell'emigrazione sarda in questo periodo. Nel decennio 1876-86 gli emigrati all'estero furono 47 su 10.000 (abi-

---

[13] M. Vinelli, *La popolazione e il fenomeno emigratorio in Sardegna*, Cagliari, Tip. Unione S., 1898, pp. 72.
[14] G. Luzzatto, *L'economia italiana dal 1861 al 1894*, Torino, Einaudi, 1968, pp. 224.
[15] F. Coletti, *Dell'emigrazione italiana*, in *Cinquant'anni di storia italiana (1860-1910)*, Milano, Hoepli, 1912, pp. 278.

tanti alla metà del periodo) in Italia e 1,5 in Sardegna. Tra le regioni italiane, solo l'Umbria e il Lazio davano valori più bassi. In media ogni anno emigravano dalla Sardegna 101 unità, pari allo 0,08% del flusso migratorio italiano.

Nel 1887-1900, pur essendo la media degli emigrati salita a 501 all'anno, non solo la Sardegna era all'ultimo posto come tasso di emigrazione in rapporto alla popolazione, ma una distanza ancor maggiore la separava dal dato medio italiano (7 contro 87 su 10.000). I Sardi rappresentavano solo lo 0,2% degli Italiani che emigravano. Ad un inizio ritardato si contrappone però un più rapido ritmo di crescita: fatto uguale a 100 il valore dell'emigrazione nel 1876-86, nel 1887-1900 l'Italia passa a 200, l'Italia meridionale e insulare a 310 e la Sardegna a 496.

In conclusione, nella seconda metà del secolo scorso si verificano in questa regione le condizioni tipiche della fase 1ª della dinamica della mobilità, ossia un limitato incremento naturale e un deflusso di modestissime dimensioni [16].

Numerose testimonianze confermano le condizioni di estrema miseria in cui viveva a quell'epoca la popolazione sarda [17], per nulla dissimili da quelle degli abitanti delle regioni meridionali più povere anzi semmai fatte più gravi da una maggior pressione fiscale, nonché dal maggior peso che vi avevano la produzione del vino e l'allevamento bovino, per cui più severe furono le conseguenze della guerra tariffaria con la Francia [18]. L'inchiesta Pais-Serra (1894-96) denunciò la

---

[16] Si tenga presente però che i dati qui riportati riguardano la sola emigrazione all'estero, e anche questa sottostimata. La corrente nordafricana, per esempio, allora assai intensa, risultava secondo le cifre ufficiali sicuramente inferiore alla realtà, poiché non tutti i lavoratori stagionali sardi che si recavano in Tunisia e in Algeria erano forniti di passaporto (cfr. L. DEL PIANO, *La penetrazione italiana in Tunisia*, Padova, Cedam, 1964, pp. 182, cap. 2º). Una corretta ricostruzione della storia della mobilità della popolazione sarda deve anche tener conto del fatto che la corrente migratoria interregionale è stata per l'isola tutt'altro che trascurabile e ha avuto un andamento diverso da quello dell'emigrazione all'estero. In occasione del censimento del 1901, ad esempio, si rilevò che contro 1.036 Sardi all'estero, 17.135 erano in altre regioni italiane (cfr. A. MORI, *Brevi note statistiche sull'emigrazione sarda nell'interno del Regno secondo i censimenti dal 1861 al 1921* in «Atti del XII Congr. Geogr. It.», Cagliari, 4-8 maggio 1934, Cagliari, 1935, pp. 334-341). Contemporaneamente alla grande crescita delle partenze per l'estero il numero degli spostamenti verso l'interno variò di poco.

[17] Si vedano, tra gli altri, G. COLONNA, *op. cit.*, M. VINELLI, *op. cit.*, G. TODDE, *L'emigrazione sarda*, in «L'economista», XXIII (1896), n. 1167, pp. 578-582; n. 1168, pp. 612-615.

[18] S. GERLAT, *Les repercussions de la rupture commerciale franco-italienne de 1887-1888: la crise économique sarde* in «Cahiers d'Histoire», IX (1966), n. 3, pp. 257-284.

drammaticità del quadro economico dell'isola, dove verso la fine del secolo varie calamità naturali avevano provocato il tracollo dei magri bilanci dei contadini, specialmente dei lavoratori senza terra e dei piccoli proprietari non autonomi. Si aggiunga che la malaria causava un'elevata mortalità e che per le cattive condizioni igieniche le malattie infettive e la tubercolosi mietevano larga messe di vittime. Come sovrappiù, nel 1893-97 il settore piombozincifero attraversava una crisi occupativa. Da quest'insieme di difficoltà derivò tra l'altro un inasprimento della criminalità che nel decennio 1890-99 attinse le punte più alte nella storia isolana. Proprio per le sue strutture più deboli e arcaiche, la Sardegna ha risentito più profondamente delle conseguenze della crisi agraria italiana e soprattutto meridionale, e pertanto desta meraviglia il fatto che la reazione migratoria non si sia scatenata con maggiore precocità ed intensità. F. Coletti[19] e altri dopo di lui hanno cercato la spiegazione di questo fatto nell'isolamento che ha sempre tarpato i rapporti con il mondo esterno e le relazioni tra le comunità viventi nello stesso territorio isolano, dove la densità di popolazione era assai bassa (solo 28 ab./Km² nel 1881). Vari elementi del quadro culturale, come l'attaccamento alle tradizioni, la forza di coesione familiare e l'autorità patriarcale dovevano agire potentemente nel mantenere compatte le comunità dei villaggi. Alla limitatezza delle esperienze e alla ristrettezza di vedute delle popolazioni più isolate si riferiva il Coletti quando affermava che il pastore sardo non emigrava perché «troppo selvaggio».

Fin dalle origini la frequenza dei rientri ha caratterizzato l'emigrazione dei Sardi e ha impedito la formazione di rilevanti colonie in paesi esteri. Anche se costretto ad emigrare, il Sardo ha sempre considerato la sua lontananza come un evento temporaneo da concludersi con il rientro, cosicché le conseguenze demografiche e territoriali ne sono risultate attenuate.

1901-1911. A partire dal quinquennio 1901-05 il valore medio dell'eccedenza naturale ha superato il 10‰, mantenendosi anche in seguito su livelli superiori anche se di poco a quelli del Mezzogiorno (10,1 contro 9,8 nel primo quinquennio del secolo, 12,0 contro 10,9 nel secondo) nonché dell'Italia. La popolazione della Sardegna si av-

---

[19] F. Coletti, *op. cit.*

via lungo la fase di transizione con una mortalità declinante più rapidamente della natalità (nel 1900-02, rispettivamente 22,7‰ e 31,9).

Contemporaneamente prese corpo l'emigrazione, che assorbì una parte cospicua dell'eccedenza demografica: il saldo migratorio sulla popolazione presente del decennio dà un passivo di 37.000 unità, pari al 38% dell'incremento naturale [20]. Il saldo da noi calcolato, sulla popolazione residente, ammonta a −23.963, che equivale ad un tasso del bilancio migratorio di −28,8‰. Tra le province, quella di Sassari ha dato il contributo più alto, 12.392, pari ad un tasso di −38,3‰ e quella di Cagliari uno un po' minore, 11.571, con un tasso di −22,8. Al livello dei circondari, solo quello di Cagliari presenta un saldo positivo (4,7‰), mentre Sassari registra un valore negativo (−7,1), pur se inferiore al valore regionale. Gli altri circondari hanno avuto tutti un'emigrazione più accentuata: Oristano −29,1, Lanusei −35,6, Tempio −41,7, Nuoro −45,9, Iglesias −56,5, Alghero −60,7, Ozieri −65,4.

Nel quadro territoriale la diffusione dell'emigrazione presenta già un abbozzo di quelli che saranno i suoi futuri sviluppi. Nonostante le numerose incongruenze di dettaglio, come l'alternanza di comuni con comportamento assai diverso in aree geograficamente ed economicamente omogenee, si possono tuttavia individuare la fascia dei Campidani, della Trexenta e della Marmilla, il Basso Tirso e la zona intorno a Sassari come aree prevalentemente positive. In linea di massima è il settore occidentale quello in cui si affollano i guadagni migratori, peraltro piuttosto modesti. Ciò non toglie però che si delinei già nettamente la perdita del Logudoro occidentale, dove più tardi numerosi paesi mostreranno gli accentuati guasti prodotti nel tessuto demografico. Come pure si colgono chiaramente le negatività di aree come le Barbagie, l'Ogliastra e l'Iglesiente, dove il deflusso sarà destinato a crescere.

Peraltro gli scostamenti della media sono poco sensibili e predomina largamente una situazione appiattita intorno a valori medi. Se il massimo negativo (−293,3‰, Gonnesa) e quello positivo (311,9, Urzulei) appaiono assai marcati, si rileva però che, dei 107 comuni con valori positivi, solo 7 presentano un tasso superiore al 100‰ e dei 256 negativi solo 43 hanno tassi inferiori al −100‰. Se mancano

---

[20] SVIMEZ, op. cit., cfr. tav. 107; A. GOLINI, op. cit., tab. 35.

specifiche aree con comportamento fortemente negativo non ci sono neppure zone di attrazione accentuata. Tutti insieme i comuni positivi hanno infatti un'eccedenza migratoria di 10.802 abitanti (in media 115 per ciascuno) e comprendono meno di un terzo della popolazione totale.

L'urbanesimo è quasi inesistente, tanto che, dei 5 comuni con oltre 10.000 ab., solo due hanno modesti saldi positivi, Cagliari (40,1‰) e Sassari (34,5), mentre Iglesias, Tempio e Alghero sono in perdita. Non pochi comuni con valore positivo hanno tassi più alti di quelli dei due capoluoghi. Si spiega così il debole aumento della concentrazione della popolazione nei capoluoghi di provincia, che passa da 138 su 1.000 ab. nel 1901 a 143 nel 1911, con un incremento quindi di soli 5 punti, contro i 13 che si registrano per l'Italia meridionale e insulare.

Nonostante la sua accelerazione — come numero indice nel 1901-09 l'Italia è a quota 443, il Mezzogiorno continentale e insulare a 998 e la Sardegna a 5.050 — l'entità dell'emigrazione è sempre molto modesta, tanto che i Sardi formano solo lo 0,9% del flusso emigratorio italiano, ponendosi al penultimo posto per regione di provenienza, seguiti solo dai Liguri. Nello stesso periodo in media 5.101 emigrati all'anno hanno lasciato la Sardegna, cioè 62 su 10.000 ab., contro i 179 dell'Italia.

Le condizioni dell'economia di questo decennio furono tali da favorire la spinta migratoria alimentata dall'espansione demografica. L'isola seguiva il destino delle campagne meridionali, rimaste ai margini dello sviluppo economico che investì soprattutto il Nord dell'Italia. Nonostante l'espansione di certe attività industriali isolane, come quella casearia e quella mineraria — nel 1906 le miniere arrivarono ad occupare quasi 16.000 addetti e a produrre un quarto del minerale nazionale — l'abbondante offerta di lavoro manteneva i salari assai bassi, mentre il vertiginoso aumento del costo della vita ne sviliva rapidamente il potere d'acquisto. In concomitanza di una fase di sviluppo dell'economia si verificarono così disordini sociali, miseria e crescente emigrazione, chiara denuncia dei modi in cui si attuavano l'industrializzazione di certi settori produttivi e la partecipazione dell'isola ai mercati internazionali [21]. L'espansione dell'industria casearia, ad

[21] G. Sotgiu, op. cit.

Persone nate in Sardegna e residenti in altre regioni italiane

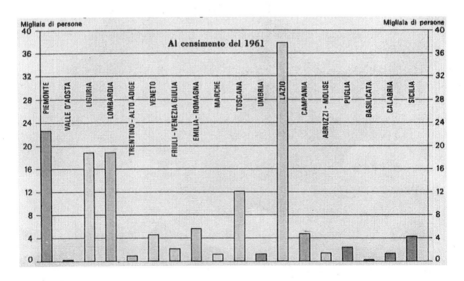

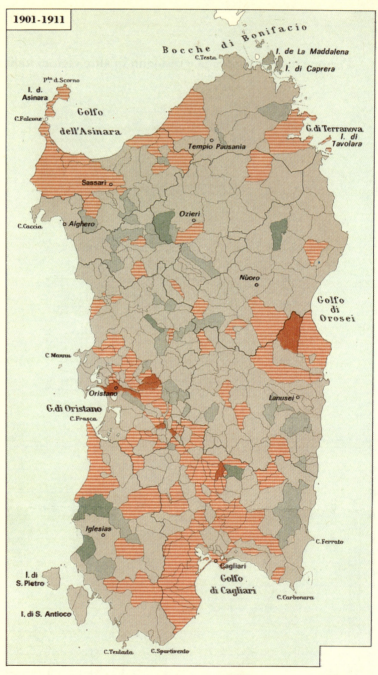

Tasso migratorio nel decennio su 1000 abitanti residenti — oltre 100 — da 0 a 100

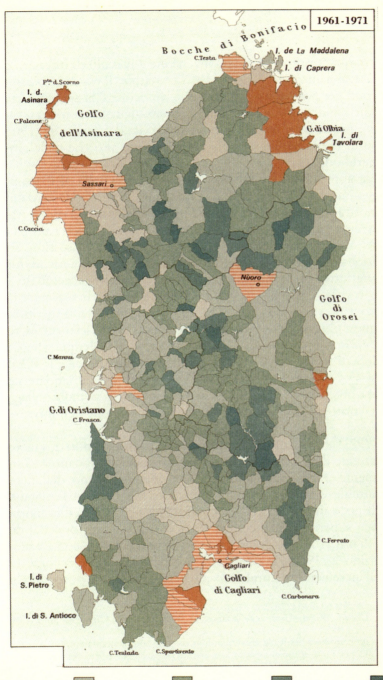
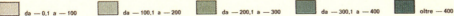

esempio, in quanto provocava la conversione a pascolo di terre arabili, era causa di mancanza di lavoro per i contadini, il cui antagonismo nei confronti dei pastori ne risultava così rinfocolato. Si aggiunga che le immutate condizioni di miseria e di carenza igienica continuavano ad incidere pesantemente sulle condizioni di vita dei Sardi. Nel 1903-12 il tasso di mortalità per malaria era molto più alto che nelle altre regioni meridionali [22].

Mentre aumenta di consistenza — come per l'Italia, il massimo verrà raggiunto nel 1913, con 12.274 unità — l'emigrazione sarda all'estero mostra sensibili mutamenti nel quadro delle destinazioni. Agli inizi del secolo, all'equivalenza delle correnti dirette verso l'Europa e i paesi del Mediterraneo e verso i paesi extraeuropei, si sostituì, sul piano nazionale, il primato del flusso diretto verso le Americhe, formato soprattutto da meridionali, cosicché ne veniva accentuato il contrasto con la Sardegna, in cui la corrente mediterranea avrebbe continuato a prevalere su quella transoceanica, nonostante il rinforzarsi di quest'ultima. Nel 1909, su 100 emigrati che lasciavano la regione il 54,2% si recava in Europa o nel bacino del Mediterraneo, il 12,5 negli Stati Uniti, lo 0,4 nel Brasile, il 32,6 in Argentina e lo 0,3 in altri paesi [23]. Conservava il suo peso l'antica abitudine di andare nel Nordafrica per lavori stagionali, una tradizione che in molti villaggi sardi ha favorito e preparato una successiva emigrazione definitiva.

1911-1921. Negli anni che precedono la guerra mondiale, l'incremento naturale della popolazione e l'emigrazione continuano a salire parallelamente. Lo scostamento dal dato medio italiano dell'incremento naturale è ancora poco pronunciato: nel 1911-14 la natalità sarda è di poco inferiore (31,4‰ contro 31,7 per l'Italia) e la mortalità di poco superiore (20,0 contro 19,1). Il deficit migratorio del decennio è di 48.000 unità, destinato a rimanere il più alto, come valore assoluto, fino al 1951-61, che segna la ripresa dell'emigrazione. La quota dell'incremento naturale erosa dall'emigrazione è pure più ele-

---

[22] M. LE LANNOU, *Pâtres et paysans de la Sardaigne*, Tours, Arrault et C.ie, 1941, pp. 364, cfr. pp. 9-26.

[23] In questo periodo la Sardegna ebbe quindi in comune con l'Italia settentrionale la preponderanza della corrente europeo-mediterranea, all'interno della quale però per i Sardi erano più importanti le destinazioni nordafricane, mentre i Piemontesi, i Lombardi e i Veneti sceglievano piuttosto quelle transalpine.

vata che in altri periodi precedenti, essendo pari all'87%, contro l'89 dell'intero Mezzogiorno [24]. Questo dato tuttavia va considerato con cautela, perché, pur essendo depurato dal numero dei morti in guerra, risente dell'alterazione della natalità dovuta all'evento bellico.

Il deflusso migratorio continua a crescere ad un ritmo superiore a quello del Mezzogiorno continentale ed insulare: fatto pari a 100 il valore del bilancio del decennio 1881-1901, nel 1911-21 la Sardegna arriva a 480, mentre il Mezzogiorno scende a 98. L'urbanesimo è invece ancora un fenomeno pressoché inesistente.

L'ulteriore accentuazione della perdita migratoria conferma la persistenza di condizioni di pesante miseria, nonostante gli effettivi progressi dell'economia, e ciò soprattutto a causa della mancanza di rinnovamento della produzione agricola, non sostanzialmente modificata dalla legislazione speciale del 1897-1909, e di una verticalizzazione *in loco* del settore minerario.

1921-1936. Una natalità sempre elevata — da 32,0‰ nel primo triennio a 28,2 nell'ultimo — e una mortalità più celermente declinante — da 19,1 a 14,9 — fanno sì che per tutto questo periodo l'eccedenza naturale in Sardegna si mantenga sempre su valori superiori al 13‰, ben oltre cioè il livello nazionale seppure ancora al di sotto del Mezzogiorno. Lo scostamento della natalità sarda da quella italiana si accentua dopo gli anni venti, per rimanere in seguito su livelli sempre più alti di quelli medi nazionali in conseguenza della persistente arretratezza dell'isola, che si esprime sul piano demografico in un comportamento pressoché spontaneo, coerente con la scarsa urbanizzazione e industrializzazione. In sostanza la Sardegna entra ora nella fase tarda della transizione, fase caratterizzata dalla formazione di sempre più larghe eccedenze di popolazione, le quali però sono destinate a rimanere sul posto, man mano che l'emigrazione all'estero viene ostacolata da sfavorevoli condizioni internazionali e poi dalla politica fascista in materia.

Il deficit migratorio del 1921-31 è infatti pari a sole 8.000 unità, il 7% dell'incremento naturale, e quello del 1931-36 è di appena 3.000, il 4% dell'incremento naturale [25]. Nel 1921-30 gli emigranti all'estero

---

[24] Cfr. Svimez, *op. cit.*, tav. 107; A. Golini, *Op. cit.*, tab. 35.
[25] Cfr. Svimez, *op. cit.*, tav. 107; A. Golini, *op. cit.*, tab. 35, invece calcola, sulla popolazione presente, un deficit di circa 15.000 unità, pari al 23% dell'incremento naturale.

erano in media solo 1900 all'anno e nel 1931-36 appena 672. I pericoli di desertificazione e di ulteriore perdita di capacità produttiva dell'isola venivano per il momento allontanati. Se manca lo sviluppo dell'emigrazione, sono tuttavia presenti altri aspetti tipici della fase demografica, come le colonizzazioni interne e l'urbanesimo. In questo quindicennio il rapporto del numero degli abitanti dei capoluoghi provinciali su 1.000 residenti nella regione passò da 146 a 165, mentre nell'intero Mezzogiorno si salì di soli 5 punti.

La debole entità dell'emigrazione non rispecchiava però le condizioni economiche della popolazione rurale, specie dell'area propriamente pastorale, condizioni rese precarie dalla diminuzione del prezzo del latte e dalla conversione alla coltura granaria di ampie superfici pascolive. Indubbiamente, nella debole mobilità di questo periodo e nella crescente eccedenza naturale si ponevano le premesse per un nuovo balzo in avanti dell'emigrazione nell'epoca post-bellica.

1936-1951. Il distacco della demografia sarda da quella nazionale va in questo periodo accentuandosi. La natalità scende infatti meno di quanto avesse fatto nel periodo precedente, di fronte ad un declino quasi costante della mortalità (da 29,2‰ nel primo triennio a 27,8 nell'ultimo, la prima, da 14,0 a 10,1 la seconda). L'eccedenza naturale continua ad essere superiore alla media nazionale avanzandola di circa il 6,0‰. Terminata la guerra, la Sardegna partecipò alla ripresa dell'emigrazione all'estero: nel 1947 1.128 persone varcarono la frontiera, dirette soprattutto in Francia. La liberalizzazione dell'emigrazione e l'apertura di nuove possibilità di lavoro sul continente italiano ed europeo portarono il deficit migratorio a livelli più elevati che nell'anteguerra, con un totale per il 1936-51, di −28.000 unità, pari all'11% dell'incremento naturale del periodo [26].

Nei primi anni del dopoguerra la ripresa dell'attività estrattiva e dell'allevamento — le cui produzioni trovavano favorevoli condizioni di mercato — avevano offerto risorse insperate alla domanda di lavoro, ma il successivo ritorno alla normalità riduceva le possibilità occupative, mentre d'altra parte l'eradicazione della malaria, pur restituendo a condizioni di vita più umane ampie plaghe dell'isola, non poteva

---

[26] Cfr. SVIMEZ, *op. cit.*, tav. 107; secondo i calcoli di A. Golini, *op. cit.*, tab. 35, il saldo negativo è stato di 13.000 unità, pari al 5% del saldo naturale.

risolvere il problema del miglioramento dei redditi. Le speranze di un cambiamento profondo delle strutture produttive si appuntarono allora sull'istituzione dell'ente regionale autonomo, avvenuta nel 1949.

1951-1971. Il primo decennio è caratterizzato dalla permanenza dell'incremento naturale su valori mai inferiori al 16‰, quasi il doppio di quello italiano. Soltanto negli anni sessanta la progressiva diminuzione della natalità avvicinerà sempre più la demografia sarda a quella italiana: nel 1961-63 la natalità è stata del 23,8‰ (Italia, 18,9), di poco più bassa che nel 1951-53 (25,7) e la mortalità dell'8,4‰ (Italia, 10,0), rispetto al 9,0 del 1951-53. La natalità continuerà a decrescere, con maggiore intensità dopo il 1965, portandosi nel 1972 al 19,6‰ (Italia 16,3) e la mortalità stazionerà intorno all'8‰ (nel 1972, Sardegna 8,2, Italia 9,6). La distanza che separa l'isola dal modello nazionale va riducendosi, così che la differenza tra il tasso d'incremento naturale nel 1961-63 e nel 1972 è discesa da 6,5 a 4,7 punti.

Nell'evoluzione demografica della Sardegna, si è detto, questo periodo può essere ancora ascritto alla fase tardiva o declinante della transizione, alla quale corrisponde la fase 3ª della mobilità, i cui connotati sono un urbanesimo meno intenso, il rallentamento dei fenomeni di colonizzazione interna — alcune zone dell'isola già interessate alla riforma fondiaria sono addirittura colpite da spopolamento — l'aumento della mobilità interna, anche in seguito al crescente benessere e alla maggior differenziazione territoriale e settoriale delle fonti di produzione, e infine la diminuzione dell'emigrazione.

Quest'ultima condizione non si verifica ancora nell'isola, anzi, il deficit del decennio 1951-61, ammontante a −77.728 (tasso sulla popolazione residente di −57,7‰), pari al 35,2% dell'incremento naturale [27], viene abbondantemente superato nel 1961-71, quando il saldo è di −147.991 (tasso: −103,0‰), pari al 73,1% dell'incremento naturale. L'emigrazione sia all'estero che in altre regioni italiane, ha quindi assunto in anni piuttosto recenti dimensioni di gran lunga più gravi che in passato. Così pure lo sviluppo dell'urbanesimo acquista dopo il 1951 un ritmo più rapido che nell'intero Mezzogiorno (cfr. tab. 1). Un suo rallentamento comincerà a manifestarsi solo nei tardi anni

---

[27] A. GOLINI, *op. cit.*, tab. 35, valuta, probabilmente su dati provvisori, il saldo in −115.000, pari al 53% del saldo naturale.

sessanta a Cagliari e a Sassari, mentre Nuoro conserva più a lungo una maggior carica vitale.

Ancora una volta, lo sviluppo dell'emigrazione è in Sardegna più accentuato che nel Mezzogiorno. Se prendiamo come parametro il numero dei nati nella regione che alla data dei censimenti erano residenti in altre regioni italiane, tra il 1901 e il 1951 la Sardegna passa da 1,7 a 6 su 100 nati nella regione. Fatto pari a 100 il dato del 1901, la Sardegna sale nel 1951 a 606, mentre l'insieme del Mezzogiorno giunge solo a 344. Nel 1971, la prima è a quota 1.092, il secondo a 946. Rapportato alla popolazione però il saldo migratorio rimane anche nell'ultimo decennio alquanto basso, tanto da superare, nell'Italia meridionale, solo quello della Campania.

Lo sviluppo delle partenze, stando all'andamento delle registrazioni anagrafiche, ha avuto varie oscillazioni: il saldo cancellati/iscritti è andato salendo gradualmente negli anni 1951-60, per poi subire una brusca impennata tra il 1961 e il 1964, seguita da un secondo massimo nel 1967-70. Ancora nel 1954, nel corso di un convegno dedicato alle «possibilità che la Sardegna offre alle migrazioni interne di imprese e di tecnici», G. Alivia dichiarava che la sottopopolata regione sarda avrebbe potuto accogliere cospicue correnti immigratorie. L'emigrazione non era ancora considerata un problema, poiché soltanto allora cominciavano ad avvertirsi le prime avvisaglie del deflusso degli abitanti [28].

Nelle partenze dalla Sardegna la corrente interna continua ad essere di gran lunga prevalente su quella diretta verso l'estero. Il richiamo esercitato dalle maggiori aree urbano-industriali d'Italia è un elemento preminente di quella che è stata chiamata la «nuova emigrazione», che ha portato alla costituzione di numerose colonie di Sardi in città come Roma, Genova, Torino, Milano. Tipica dell'isola è poi una corrente non trascurabile come dimensioni, di pastori che con le loro famiglie si sono stabiliti nella Maremma tosco-laziale, ma anche in Abruzzo, in Liguria e altrove, per esercitarvi la pastorizia ovina. Col

---

[28] Cfr. UNIONE ITALIANA CAMERE DI COMMERCIO, INDUSTRIA E AGRICOLTURA, *Atti del V Convegno Nazionale per l'emigrazione*, tenuto in Sardegna dal 10 al 14 maggio 1954, Sassari, Gallizzi, 1956. Una considerazione più attenta dell'intensità della crescita naturale nell'isola consigliava piuttosto di ridimensionare certe idee sulla possibilità di accoglievi forti contingenti immigratori (cfr. A. ASOLE, *Le variazioni di popolazione in Sardegna tra le due guerre mondiali*, «Studi Sardi», X-XI (1950-51), 1952, pp. 400-422).

tempo la corrente interregionale ha mostrato una netta tendenza a polarizzarsi sull'area del «triangolo industriale», mentre il potere attrattivo di Roma sembra essere in declino (cfr. tab. 2).

Tab. 2 - Individui nati in Sardegna e residenti in altre regioni italiane ai censimenti del 1951, 1961 e 1971

	1951 N.	%	1961 N.	%	1971 N.	%
Piemonte	8.049	10,3	22.634	16,0	53.595	21,9
Valle d'Aosta	140	0,2	281	0,3	556	0,2
Liguria	13.267	17,0	18.934	13,4	27.583	11,2
Lombardia	8.029	10,3	18.950	13,4	52.407	21,4
NORD-OVEST	29.485	37,8	60.799	43,1	134.141	54,7
Trentino-Alto Adige	632	0,8	968	0,8	1.208	0,5
Veneto	3.015	3,9	4.611	3,3	6.780	2,8
Friuli-Venezia Giulia	1.487	1,9	2.230	0,2	2.835	1,2
Emilia Romagna	2.897	3,7	5.721	4,1	10.397	4,2
NORD-EST	8.031	10,3	13.530	8,4	21.220	8,7
Marche	869	1,1	1.277	1,0	1.932	0,8
Toscana	7.298	9,3	12.174	8,7	17.990	7,3
Umbria	969	1,2	1.347	1,0	1.899	0,8
Lazio	22.014	28,2	37.879	27,0	53.371	21,8
CENTRO	31.150	39,8	52.677	37,7	75.192	30,7
Campania	3.428	4,4	4.919	3,5	4.876	2,0
Abruzzi e Molise	828	1,1	1.465	1,1	1.330	0,5
Puglia	1.624	2,1	2.450	1,8	3.083	1,3
Basilicata	234	0,3	307	0,3	356	0,1
Calabria	622	0,8	1.379	1,0	994	0,4
Sicilia	2.642	3,4	4.329	3,1	3.972	1,6
SUD	9.378	12,1	14.849	10,8	14.611	5,9
TOTALE	78.044	100,0	141.855	100,0	245.164	100,0

I dati per il 1971 provengono da uno spoglio per campione che ha riguardato il 20% dei censiti, i cui risultati sono stati pubblicati nel «Bollettino mensile di statistica» dell'Istat, LI (1976), n. 12, appendice 1[a].

La Sardegna presenta negli ultimi anni anche accentuati fenomeni di mobilità intraregionale, i quali ben corrispondono all'attuale fase dello sviluppo economico che vede la rapida diffusione di forme di vita più moderne promananti dai poli urbani e industriali. In un breve lasso di tempo, eventi come la creazione dell'autonomia regionale, il crollo dell'occupazione nelle miniere e la realizzazione dei vari insediamenti industriali sono stati causa di profondo rimescolamento sociale e territoriale della popolazione con conseguenti fenomeni di esodo dalle zone povere, sfocianti nell'inurbamento o nell'emigrazione. Quello che era un tessuto demografico-sociale scarsamente differenziato è andato via via assumendo caratteri più specifici con progressivo allontanamento dagli ambienti urbani — sede di sviluppo e di processi di modernizzazione e perciò attrattivi di flussi immigratori — da quelli agro-pastorali, attardati in modi di vita e di produzione da tempo superati. Ne deriva un quadro territoriale dei guadagni e delle perdite migratorie più movimentato di quello del 1901-11, con zone di fuga e zone di attrazione che si alternano su brevi distanze. Solo 19 comuni hanno saldi positivi, totalizzando complessivamente un'eccedenza migratoria di 22.212 unità, 1.169 in media per ciascuno. Vi si raccoglie il 35% della popolazione regionale, un valore non molto diverso da quello dei comuni con saldi positivi del 1901-11. La differenza più cospicua si registra invece a carico dei comuni con saldi negativi elevati, di oltre −100%, nei quali vive il 51% della popolazione. Non solo sono più numerosi i comuni con forti perdite, ma lo stesso valore minimo (−555,9, Las Plassas) è assai più basso rispetto a quello registrato nel 1901-11, mentre il più alto valore positivo (206,8, Sarroch) si mantiene al di sotto.

Tab. 3 - Popolazione residente assente temporaneamente per luogo di presenza al 1971

Province	In alti comuni	All'estero	Totale	% sulla popolaz. residente totale
Sassari	14.524	1.980	16.504	4,14
Nuoro	17.253	3.445	20.698	7,58
Cagliari	31.236	3.992	35.228	4,38
Sardegna	63.013	9.417	72.430	4,91

Tra le aree di attrazione spiccano le città capoluogo di provincia con alcuni comuni limitrofi. Più recentemente l'ondata di inurbamento sembra già essersi attenuata, se i tre capoluoghi che nel 1951-61 avevano complessivamente un'eccedenza migratoria di 28.773 unità raggiungono nel 1961-71 un guadagno migratorio di sole 8.638 unità.

Con marcate differenze però, poiché mentre Cagliari (tasso 23,0‰) e Sassari (5,6) sono su livelli modesti, Nuoro (94,4) per l'intensità di inurbamento si pone al quinto posto tra tutti i capoluoghi di provincia meridionali. Peraltro il potere attrattivo di Nuoro non si è comunicato ai comuni vicini, tutti negativi al contrario di ciò che è avvenuto a Cagliari, che con i comuni di Selargius, Quartu Sant'Elena, Pula, Sarroch, Villa San Pietro, Sestu e Assemini totalizza un guadagno di 9.756 unità, pari al 43,9% del totale delle eccedenze dei comuni con bilancio positivo di tutta l'isola, costituendo così la principale area di attrazione della regione. Il comune di Cagliari raccoglie da solo 4.682 unità pari al 48,0% del totale della zona di attrazione. All'estremo opposto della Sardegna si è formata una zona di attrazione multipolare, costituita dai comuni di Sassari, Porto Torres e Alghero, che ha nell'insieme un'eccedenza di 3.993 unità, pari al 18,0% del totale delle eccedenze. Sulla costa nord-orientale la fascia comprendente i comuni di Olbia, Arzachena e Santa Teresa Gallura si è imposta da poco tempo come terza zona di attrazione, con 3.610 unità di guadagno (16,3%). Poli minori di attrazione sono la città di Nuoro (2.551, pari all'11,5%), Oristano (1.095, pari al 4,9%), i comuni di Tortolì e Girasole (701, pari al 3,2%) e quello di Portoscuso (506, pari al 2,3%).

In alcuni casi le aree attrattive di flussi migratori sono circondate da comuni i cui saldi negativi sono contenuti entro limiti modesti. Si tratta di centri interessati a correnti di pendolarismo operaio e impiegatizio, calamitato dalle città o dai poli industriali, che contribuisce molto a mantenere la popolazione sul posto. Si aggiunga che in alcune aree pianeggianti le favorevoli condizioni topografiche e pedologiche e la disponibilità d'acqua hanno permesso lo sviluppo di un'agricoltura moderna, come nel Campidano di Cagliari e in quello di Oristano, nel Capoterra e nella Nurra. Intorno a Nuoro manca una cintura consimile, mentre i comuni confinanti sono soggetti a forti perdite, come se si fossero svuotati, e in parte è così, a favore della città. Lo stesso fenomeno si riscontra in Gallura, dove le possibilità di lavoro offerte dai comuni costieri hanno aggravato lo scadimento dei comuni interni, da Aggius a Bortigiadas a Luras in forma più grave, meno a Tempio, le cui caratteristiche semi-urbane spiegano la permanenza di un certo livello di attività e quindi il modesto deficit. Aree in perdita circondano i due minori poli industriali di Tortolì-Arbatax (cartiera) e di Portovesme (metallurgia), il cui peso occupativo è troppo modesto per incidere profondamente sulla depressione economica dell'Ogliastra nel primo caso, e del Sulcis-Iglesiente nel secondo.

In genere le aree con perdite più intense sono tuttavia quelle situate a forte distanza dalle città e dalle zone in via di sviluppo. Al centro dell'isola, la fascia di maggior depressione mostra un andamento longitudinale, stendendosi dal medio Tirso al Mandrolisai alle Barbagie al Sarcidano e tenendosi discosta da una parte dalla fosse tettonica occidentale percorsa dalle maggiori vie di comunicazione, e dall'altra dalla costa orientale, dove la situazione appare nel complesso meno grave. In questo territorio, ad economia prettamente pastorale, l'emigrazione si è affacciata tardi, ma ha in breve tempo raggiunto livelli elevati, cui è dovuto il più grave deficit della provincia di Nuoro, nel 1961-71, rispetto alle altre due.

Tab. 4 - Censiti secondo il luogo di nascita e la regione di residenza

Censimenti	Nati in Sardegna e residenti in altre regioni italiane		Totale dei nati in Sardegna	
	N. (a)	N. indice	N. (b)	($\frac{a}{b}$ · 100)
1901	12.887	100	780.739	1,7
1911	26.630	207	858.389	3,1
1921	43.068	334	887.486	4,9
1931	60.629	470	1.000.139	6,1
1951	78.044	606	1.305.241	6,0
1961	141.855	1.101	1.503.880	9,4
1971	245.164	1.902	1.474.599	16,6

Per la fonte dei dati, cfr. note 5 e 30. Soltanto nei censimenti riportati il luogo di nascita è stato messo in relazione al luogo di residenza.

Una seconda area di esodi si individua nella parte meridionale della provincia di Sassari, dal Meilogu al Goceano agli altopiani di Buddusò e di Bitti. Qui l'emigrazione ha una storia lunga e pertanto più marcati ne sono gli effetti.

Nella Sardegna meridionale i comuni con più forti perdite si distribuiscono nelle aree collinari e montuose che fiancheggiano la fossa campidanese, segnatamente nelle zone minerarie, come il Gerrei e il Sulcis-Iglesiente, dove i comuni di Arbus, Buggerru, Gonnesa e Carbonia hanno particolarmente sofferto le conseguenze della crisi mineraria che ha sospinto masse di minatori sulla strada dell'emigrazione.

La perdita migratoria si è dunque approfondita particolarmente nelle zone povere, e già molti comuni del Logudoro, delle Barbagie, della Marmilla e della Trexenta mostrano gli effetti dell'esodo sulle strutture demografiche con elevati indici di vecchiaia e valori negativi della variazione naturale.

Di fronte agli innegabili progressi realizzati in alcuni settori produttivi dell'economia isolana — specialmente nella chimica di base, nella metallurgia, nella produzione di energia — riflessi del resto nell'aumento del reddito *pro capite*, che nel 1973 era valutato in L. 977.543, pari all'81,4% della media nazionale, per cui la Sardegna si poneva al secondo posto tra le regioni meridionali, rimane grave lo stato di arretratezza del settore agropastorale, nel cui malessere ha la sua radice il deflusso della popolazione. Ne è testimonianza soprattutto il calo degli occupati nel settore primario, passati dal 56,7 al 21,5% degli attivi tra il 1951 e il 1971, cui non ha fatto riscontro un adeguato aumento dei posti di lavoro in altri settori. È chiaro che la matrice dell'emigrazione sarda è nella crescita squilibrata dell'economia di una società che emargina la popolazione delle campagne. Di fronte all'evidenza della motivazione sostanzialmente economica che ha costretto i Sardi ad allontanarsi dalla loro terra in cerca di lavoro, passano in secondo piano le cause non-economiche e tra queste la volontà di sfuggire al controllo imposto all'individuo dalla famiglia patriarcale e dalla comunità del villaggio, cui danno invece la preminenza coloro che, come il Crespi [29], interpretano l'emigrazione sarda del secondo dopoguerra come un fatto di natura eminentemente socio-culturale.

---

[29] P. Crespi, *Analisi sociologica e sottosviluppo economico: Introduzione a uno studio d'ambiente in Sardegna,* Milano, Giuffrè, 1963, pp. 266.

Bibliografia

N. Rudas, *L'emigrazione sarda: caratteristiche strutturali e dinamiche*, Roma CSER, 1974, pp. 127.

R. Cajoli, *Le regioni per gli emigrati. I. Sicilia e Sardegna,*, in «Italiani nel mondo», 1976, 3-4, pp. 11-17.

C. Murgia, *L'industria che provoca l'emigrazione: il caso della Sardegna*, in AA.VV., *I rapporti della dipendenza*, Sassari, Dessì, 1976, pp. 63-80.

F.O. Buratto, *L'integrazione dei rimpatriati in Sardegna: risultati di un'indagine-pilota*, in «Rass. di Servizio Soc.,», 1977, 4, pp. 77-96.

A. Leone, A. Loi, M.L. Gentileschi, *Sardi a Stoccarda. Inchiesta su un gruppo di emigrati in una grande città industriale*, Cagliari, Ed. Georicerche, 1979, pp. 289.

Rientro degli emigrati e territorio
I rientri degli anni Settanta

Maria Luisa Gentileschi

(1983)

1. La partecipazione dei Sardi ai movimenti migratori di massa fino alla seconda guerra mondiale

1.1. *Introduzione*

Nel 1876, anno in cui se ne iniziò il rilevamento statistico sistematico, in Italia l'emigrazione all'estero aveva già raggiunto un livello consistente. Sporadico e di limitata estensione nella prima metà del secolo, quando si riduceva per lo più a soggiorni di breve durata negli altri paesi europei o nell'ambito del Mediterraneo, il fenomeno assunse dimensioni massicce dopo il 1860, coinvolgendo soprattutto le regioni settentrionali.

Al censimento del 1871, la quota di emigranti che si era diretta verso le Americhe superava quella europea, con un'eccedenza destinata ad accrescersi negli anni successivi. Degli Italiani allora residenti all'estero, il 75% provenivano dalle regioni settentrionali, mentre i meridionali più tardivamente parteciperanno all'esodo. Soltanto il 4,3% infatti era partito dalle isole e la stragrande maggioranza non aveva varcato l'oceano, ma si era fermata nei paesi del Mediterraneo e in Europa.

La Sardegna sin dagli inizi figura tra le posizioni di coda nella graduatoria delle regioni italiane, e vi resterà anche in seguito, via via che aumenterà la partecipazione del Mezzogiorno, non solo per numero di emigrati, data la sua scarsa popolazione, ma anche come rapporto tra emigrati e popolazione. Nei primi dieci anni dall'inizio del rilevamento (1876-86), contro 47 su 10.000 ab. partiti dall'Italia, appena 1,5, tra «temporanei» e «propri», lasciarono l'isola, che si collocava

---

Si ringraziano gli intervistatori Matilde Arzu, Maria Baghino, Elisabetta Bassani, Anna Marsella, Daniela Mogoro, Anna Bonu e Bachisio Zolo e tutti gli emigrati che rispondendo ai questionari hanno reso possibile questa ricerca.

al terzultimo posto tra le regioni italiane, seguita dall'Umbria e dal Lazio. In seguito anche se l'emigrazione dalla Sardegna doveva accrescersi più rapidamente della media italiana, la sua incidenza sulla popolazione rimase modesta, pure nel periodo di più alta intensità [1].

Raggiunto il massimo nel 1913 (12.274 emigrati), analogamente all'insieme dell'Italia, l'emigrazione sarda si contrasse fortemente durante la guerra, per poi riprendere alquanto nel 1919-25, allorché gli espatri risalirono a qualche migliaio l'anno. Mentre venivano a mancare i tradizionali sbocchi esteri, specialmente quello degli Stati Uniti, che dal 1921 applicavano una politica ancora più restrittiva, i Sardi si orientavano maggiormente verso le grandi città dell'Italia settentrionale, la capitale e in genere le aree che offrivano qualche possibilità di occupazione. Le cifre relative alla presenza di nati in Sardegna in altre regioni italiane, nei primi decenni di questo secolo, sembrano indicare trasferimenti ben più consistenti di quelli per l'estero, anche se un confronto preciso è reso impossibile dalla disomogeneità dei dati [2].

In complesso, l'emigrazione sarda all'estero, nella fase che si chiude verso la metà degli anni Venti, ebbe un'incidenza molto inferiore rispetto alla media italiana e in aggiunta si estese per un tempo più

[1] Contro i 101 Sardi emigrati mediamente all'anno nel 1876-86 ve ne furono 501 nel 1887-1900 e 5.101 nel 1901-09. Il massimo si raggiunse nel 1910-14, con 8.555 espatriati all'anno. Per un confronto con regioni di forte emigrazione, nel 1908-12 espatriarono dalla Sardegna 883 persone su 100.000 ab., 2.216 dalla Sicilia, 2.136 dall'Umbria e 2.733 dal Veneto (cfr. F. COLETTI, *Dell'emigrazione italiana*, in *Cinquant'anni di storia italiana (1860-1910)*, Milano Hoepli, 1912, pp. 278).

[2] Come altrove in Italia, anche in Sardegna si accentuarono i movimenti interni, quando vennero a mancare i tradizionali sbocchi all'estero. La vera entità di tali movimenti si rivelerà solo più tardi, soprattutto in coincidenza del censimento del 1951. Già in quello del 1921 (cfr. A. MORI, *Brevi note statistiche sull'emigrazione sarda nell'interno del Regno secondo i censimenti dal 1861 al 1912*, in «Atti XII Congr. Geogr. It., Cagliari, 4-8 mag. 1934», Cagliari, 1935, pp. 334-341) risultavano presenti in varie parti d'Italia numerosi Sardi: in Liguria ve n'erano circa 12.000 di cui 5.500 a Genova, un numero già quasi altrettanto elevato che nel 1951 (13.267). Veniva poi il Lazio che ospitava 9.000 nati in Sardegna di cui 7.000 a Roma, il gruppo più cospicuo di tutta Italia. La Toscana e il Piemonte seguivano ad una certa distanza con 5.000 persone ciascuna. Per capire quanto grande sia stato il peso del Piemonte e della Liguria nei movimenti interni dei Sardi si pensi che queste due regioni al 1901 ospitavano il 30% dei nati in Sardegna e residenti in altre regioni italiane e il 29% al 1961. La Liguria era al primo posto tra tutte le regioni mentre risultava al terzo nel 1961, dopo il Lazio e il Piemonte e alla pari con la Lombardia. La quota del Lazio è salita dall'11% nel 1901 al 27% nel 1961. Già prima della guerra Roma esercitava un forte potere attrattivo sui Sardi, tanto che tra il 1925 e il 1940 si calcola vi si fossero iscritti ben 17.201 provenienti dall'isola, pari al 2,1% del totale (A. TREVES, *Le migrazioni interne nell'Italia fascista*, Torino, Einaudi, 1976, pp. 201).

breve, praticamente dal 1895 al 1925 [3]. Si è calcolato che tra il 1876 e il 1925 siano emigrate 123.155 persone. In mancanza di una serie completa di dati non è possibile stabilire a quanto siano ammontati i rimpatri e pertanto la perdita migratoria, sebbene si possa congetturare che non sia stata ingente.

Tra il 1926 e il 1951 i valori degli espatri restarono su livelli bassi, di poche centinaia l'anno, ad eccezione di brevi periodi, quando superarono il migliaio. Cifre consistenti si dovevano raggiungere solo nel 1955, quando, col rigonfiarsi della corrente diretta verso i paesi europei, si superarono le 8.000 unità. Era l'anno in cui venne stipulato il primo accordo bilaterale con la Germania federale per l'esportazione di manodopera.

Tra il 1955 e il 1962 si colloca la fase di massima intensità di un'emigrazione che, per i caratteri che l'hanno distinta da quella dell'anteguerra, è stata chiamata «nuova». Da allora gli espatri sono stati in costante discesa, se si esclude qualche piccola variazione di scarso significato.

1.2. *Storia demografica e storia migratoria. L'emigrazione aggrava la situazione di una regione poco popolata*

La Sardegna, come il resto del Mezzogiorno, è entrata più tardi nella fase della transizione demografica per il protrarsi più a lungo di un'elevata mortalità. Di conseguenza più tardiva è stata la spinta all'emigrazione da parte della pressione demografica.

Fin quasi alla fine del secolo scorso, l'isola, ancora nella fase premoderna, alimentava per lo più espatri temporanei, consistenti in spostamenti per lavori agricoli e minerari nell'Africa del Nord. Essa era invece terra d'immigrazione per i numerosi continentali che lavoravano nelle miniere, nella costruzione delle ferrovie e nel taglio dei boschi [4].

---

[3] Sia V. Tredici, (*L'emigrazione e la Sardegna*, Cagliari 1920, pp. 24) che G. Todde, (*L'emigrazione sarda,* in «L'economista», Firenze, 23, 1896, n. 1167, pp. 578-582; n. 1168, pp. 612-615) considerano il 1895 come anno d'inizio dell'emigrazione sarda all'estero. G.M. Lei-Spano, (*La questione sarda,* Torino, Bocca, 1922, pp. 339), invece lo arretra al 1887.

[4] L'emigrazione verso il Nordafrica assunse talvolta anche un carattere permanente e colonie di Sardi si stanziarono nelle città di Algeri, Bona, Tunisi e altre (Cfr. A. Boscolo, L. Bulferetti e L. Del Piano, *Profilo storico-economico della Sardegna dal riformismo settecentesco al Piano di Rinascita*, Padova, Cedam, 1912, pp. 326). Quanto alla presenza nell'isola di manodo-

Il Colonna[5] ha calcolato che tra il 1862 e il 1901 la Sardegna avesse guadagnato, per il saldo migratorio, 21.889 unità, contro le 190.601 dell'eccedenza naturale. Si spiega così come vi si sia registrato nello stesso periodo un incremento medio annuo superiore, anche se di poco, a quello dell'Italia nel suo insieme. Dagli inizi di questo secolo la mortalità si contrasse notevolmente lasciando un più ampio margine alla crescita demografica, sostenuta da una natalità che, tranne gli anni della guerra, si manterrà sino al 1928 costantemente al di sopra del 30%o. Fino alla prima guerra mondiale la popolazione attraversò una fase di crescita assai pronunciata, con un'eccedenza naturale quasi costantemente sopra il 10%o. Nel frattempo prendeva piede l'emigrazione all'estero, tanto che l'anno di massimi espatri, il 1913, quasi coincise con quello del massimo incremento naturale, il 1912. Nel primo decennio del secolo attuale la negatività del saldo migratorio fu tale da assorbire il 37,9% del guadagno naturale, una quota assai inferiore rispetto al Mezzogiorno e all'Italia[6].

Il primo periodo di forte emigrazione, quella del 1901-14, non si può ricollegare quindi ad un'intensa crescita demografica, poiché l'isola entrava appena allora nella fase di transizione. Successivamente la forbice dell'incremento naturale si allargò ulteriormente, tanto che l'aumento presentò nella regione tassi maggiori che in Italia. Facendo uguale a 100 la popolazione al 1901, la Sardegna raggiunse 123 nel 1921 (Italia 122) e 160 nel 1951 (Italia 141)[7].

A questa fase di incremento non corrisponde, a causa della man-

---

pera continentale, si pensi che, nel 1882, un terzo dei minatori del circondario di Iglesias era forestiero. Tra i minatori prevalevano i Piemontesi e i Lombardi e tra i boscaioli i Toscani. I forestieri erano anche largamente presenti nell'imprenditoria, sia nelle industrie che nel commercio, soprattutto nell'esportazione dei prodotti agricoli. In quest'attività prevalevano i Napoletani e i Siciliani, e, da più tempo, i Genovesi (A. Boscolo, M. Brigaglia e L. Del Piano, *La Sardegna contemporanea*, Cagliari, Della Torre, 1971, rist. Sassari, Gallizzi, 1981, pp. 359).

[5] G. Colonna, *Lineamenti demografici della Sardegna*, Novara, Cattaneo, 1927, pp. 63, cfr. p. 60.

[6] svimez, *Un secolo di statistiche italiane: Nord e Sud 1861-1961*. Roma, 1961, pp. 1099, cfr. tav. 107; A. Golini, *Aspetti demografici della Sardegna*, in «Quad. Seminario di Sc. Pol. dell'Univ. di Cagliari», Milano, Giuffré, 1967, pp. 17-152.

[7] Negli anni Trenta peraltro la Sardegna fu oggetto di opere di bonifica e di colonizzazione che comportarono persino la creazione di nuovi centri abitati. Il totale di individui che vi fu trasferito da altre regioni italiane fu tuttavia modesto. A. Treves (op. cit., pp. 188-89) riferisce che il Commissariato per le migrazioni e la colonizzazione interna tra il 1933 e il 1938 insediò nell'isola 2.236 persone provenienti da altre regioni.

canza di libertà di spostamento, un'emigrazione altrettanto accentuata, con un'evidente sfasamento tra ciclo migratorio e ciclo demografico. Il potenziale numerico accumulato negli anni Venti-Trenta alimenterà con ritardo l'emigrazione degli anni Cinquanta. La permanenza sino ad epoca recente della natalità su valori elevati (il 20‰ nel 1971) è tuttora causa di forte pressione giovanile sul mercato di lavoro locale.

Nemmeno nella fase di massima emigrazione del secondo dopoguerra il deficit migratorio è stato così elevato da assorbire totalmente il guadagno naturale. La popolazione ha perciò continuato a crescere ininterrottamente, anche se ad un ritmo più lento dopo la metà degli anni Cinquanta, sia per effetto del rallentamento della natalità che per l'accresciuto deficit migratorio. Quest'ultimo, con la sottrazione di giovani, ha anche contribuito ad abbassare le nascite, specie nei comuni interni.

Chiusosi in attivo il bilancio migratorio del secolo scorso, tra il 1901 e il 1971 la somma dei deficit calcolati di censimento in censimento dà un totale di circa 360.000 persone, che rappresenta il 37% dell'incremento naturale dello stesso periodo (tab. 1). Inoltre, al 1971, erano ben 245.164 i nati in Sardegna che risiedevano in altre regioni italiane e una cifra analoga si trovava all'estero (tab. 2).

Pur se contenuta in valori modesti, l'emigrazione ha dunque sottratto una quota ingente ad una popolazione che solo nel 1936 raggiungeva il milione di abitanti presenti, con conseguenze tanto più gravi se si riflette sulla sua bassa densità.

Quest'ultima, secondo vari autori, ha avuto l'effetto di rallentare lo sviluppo dell'emigrazione. Infatti, tranne che in aree limitate, la manodopera agricola addirittura scarseggiava. Il contadino sardo, grazie al suo spirito di adattamento e ai bassissimi consumi, poteva, proprio in forza della scarsità di abitanti cercare di resistere alla miseria con qualche piccolo incremento dei capi di bestiame o delle colture. A causa della bassa densità, più lenta doveva essere anche la diffusione dell'informazione concernente i modi e i mezzi per espatriare, le destinazioni e le possibilità di lavoro e di guadagno. Specialmente in alcune aree dell'interno la notevole distanza tra i centri, unitamente al cattivo stato delle strade, alle difficoltà create dal rilievo e dai corsi d'acqua dalle piene rovinose e al debole sviluppo urbano, hanno certamente ritardato la partecipazione all'emigrazione [8]. In effetti, le diverse vicende migratorie delle zone di pianura e collina e di quelle montane hanno le loro radici, oltre che nel maggiore isolamento dell'interno, anche nella loro differente fisionomia economica, basata per le prime sulla cerealicoltura e per le seconde sull'allevamento. Tra il 1951 e il 1961, mentre lo spopolamento colpiva le zone montuose d'Italia, la montagna interna faceva registrare in Sardegna un aumento di popolazione superiore sia alla collina interna che alla collina litoranea. Soltanto negli anni Sessanta doveva affermarsi con maggiore intensità un processo di ridistribuzione nell'isola, con un crescente spostamento verso i comuni di pianura e costieri, che, unitamente all'aumentata emigrazione, avrebbe provocato lo spopolamento delle zone interne. Anche l'emigrazione veniva dunque ad aggiungersi a quel circolo vizioso che si risolveva in un ulteriore aggravarsi della povertà [9].

Tab. 1 - Variazione totale, naturale e migratoria della popolazione della Sardegna tra il 1901 e il 1981 (sulla popolazione presente tra il 1901 e il 1951, sulla popolazione residente dal 1951 al 1981)

	Totale	Naturale	Migratoria (a)	Saldo migratorio per 100 di saldo naturale
1901-11	60.653	97.645	− 36.992	37,9
1911-21	7.122	55.522	− 48.400	87,2
1921-31	113.596	121.178	− 7.582	6,3
1931-36	51.561	66.680	− 15.119	22,7
1936-51	244.752	257.530	− 12.778	5,0
1951-61	143.339	221.067	− 77.728	35,2
1961-71	54.438	202.429	−147.991	73,1
1971-81 (b)	112.159	140.534	− 28.375	20,2

(a) Variazione calcolata come differenza tra incremento totale e incremento naturale. I valori riferiti al periodo 1901-51 sono tratti da A. Golini, op. cit.
(b) Per il 1971-81, dati provvisori. (Fonte: Istat, Censimento della popolazione).

---

[8] Anche se la mobilità interna era ridotta, non si deve tuttavia pensare che la società sarda fosse immobile in un'articolazione di comunità chiuse nei centri abitati. Al contrario, i Sardi, che furono definiti «nomadi-sedentari», hanno avuto ed hanno particolari forme di mobilità stagionale: anzitutto il seminomadismo pastorale, poi spostamenti per determinati lavori (saline, tonnare). Erano diffuse anche certe categorie di ambulanti, come i venditori di olio e di altri prodotti agricoli e artigianali, nonché gli artigiani ambulanti. Comune era una circolazione su base religiosa, per partecipare a sagre e a novene in località anche distanti dal paese di residenza.

[9] P.M. Arcari, Sardegna, in La disoccupazione in Italia (Atti della Commissione Parlamentare d'Inchiesta sulla Disoccupazione), Roma, 1953, tomo 4.

La densità degli abitanti nell'insieme dell'isola è andata aumentando, specialmente tra il 1936 (42 ab./kmq) e il 1971 (59 ab./kmq). Essendosi però la popolazione maggiormente concentrata nelle città, nelle fasce periurbane e nella zona mineraria, densità molto basse, anche per effetto dell'emigrazione, permangono in ampie aree del nord, del centro e della parte orientale [10].

1.3. *Emigrazione all'estero e movimenti interni. L'urbanesimo e gli spostamenti verso il continente italiano come alternativa all'espatrio*

Nella storia migratoria della Sardegna gli spostamenti a breve raggio, nel suo interno o verso le regioni italiane più vicine, hanno sempre prevalso su quelli a lungo raggio, come risultato di legami di vecchia data stabilitisi con alcune città, ossia Genova, Torino e Roma e anche per l'attaccamento dei Sardi alla propria terra, dalla quale accettavano di allontanarsi solo temporaneamente e per destinazioni non troppo lontane.

Anche nei periodi più difficili per l'occupazione, l'espatrio non si è mai esteso a larghe fasce di lavoratori. Se è vero che l'emigrazione dei minatori respinti dalle miniere negli anni Cinquanta ha dato una connotazione particolare alla ripresa dell'emigrazione sarda nell'immediato dopoguerra, è anche vero che la maggior parte di coloro che lasciarono Carbonia rifluì verso gli altri comuni dell'isola, dai quali erano originari [11].

La bassa densità dei comuni litoranei, il cui popolamento in epoca moderna è stato più a lungo ritardato dalla diffusione e dalla gravità della malaria [12], è stata di per sé un'alternativa all'emigrazione. Soprattutto si sono sviluppate le città costiere, in particolare Cagliari e Olbia. Proprio nell'aumento di Cagliari è da vedersi la causa principa-

---

[10] Si veda la descrizione della distribuzione della densità nell'isola in *Atlante della Sardegna*, a cura di R. Pracchi e di A. Terrosu Asole, Roma, Kappa, 1980, alle pp. 168-169.

[11] Su questo particolare aspetto della mobilità, vedi: N. Rudas, *L'emigrazione sarda*, Roma CSER, 1974, pp. 127; M.L. Gentileschi, *Movimenti migratori nei comuni minerari del Sulcis-Iglesiente*, in «Annali del Mezzog.», Catania, 1974, pp. 283-368; ceca, *Studio sulla zona di Carbonia. Le conseguenze sociali della crisi mineraria nel bacino del Sulcis (Sardegna)*, in «Collana di econ. e polit. reg., 2°. Programmi di sviluppo e riconversione», 6, Milano, 1965, pp. 255.

[12] M. Le Lannou, *(Pâtres et paysans de la Sardaigne*, Tours, Arrault et C.ie, 1941, pp. 364) ricorda che la malaria ebbe nell'isola particolare gravità: nel 1903-12 il tasso di morti per la malaria fu in media all'anno di 10,25 su 10.000 ab., il più alto tra le regioni meridionali.

le della salita del numero indice dei comuni litoranei, da 100 nel 1901 a 209, 3 nel 1961 [13].

Nell'insieme dell'isola la crescita urbana si è pure verificata con un certo ritardo: la proporzione di abitanti residenti nei comuni capoluogo di provincia cominciò a salire sensibilmente solo dal 1931 e a prendere maggiore impulso dopo il 1951, pur restando sempre su livelli inferiori a quelli dell'Italia meridionale ed insulare [14].

La prima fase di forti espatri non è coincisa con accentuati spostamenti all'interno della regione, né con manifestazioni pronunciate di esodo rurale. Viceversa più sensibile fu la mobilità verso le altre regioni italiane.

Tab. 2 - Distribuzione delle collettività sarde all'estero *(il trattino indica dato mancante)*

	1972	1980
Francia	70.553	57.742
Germania occidentale	70.180	60.108
Svizzera	50.669	5.200*
Belgio	18.903	—
Paesi Bassi	3.925	5.620
Altri paesi	1.305	1.792
EUROPA	215.535	130.462
ASIA	446	207
Repubblica Sudafricana	2.025	—
Etiopia	632	—
Zambia	270	27
Altri paesi	549	558
AFRICA	3.476	585
Argentina	16.108	36.947
Brasile	3.637	6.338
Canada	7.753	1.500
Altri paesi	7.147	4.844
AMERICHE	34.645	49.629
AUSTRALIA e OCEANIA	3.618	1.200
TOTALE	257.720	182.083

Fonte: MINISTERO AFFARI ESTERI, *Aspetti dell'emigrazione italiana all'estero.*
* Il dato relativo ai Sardi in Svizzera subisce, dal 1979, un improvviso crollo rispetto agli anni precedenti (44.715 nel 1978), che all'ufficio responsabile della pubblicazione cit. attribuisce all'irregolare trasmissione di dati da parte delle rappresentanze diplomatico-consolari italiane.

[13] Sull'andamento della popolazione costiera si vedano: M. PINNA e L. CORDA, *La distribuzione della popolazione e i centri abitati della Sardegna*, Pisa, Ist. di Geogr. dell'Univ., 1956-57, pp. 190; A. GOLINI, op. cit.

[14] Si vedano i calcoli fatti da G. PENZAVALLI, *Considerazioni sulla dinamica emigratoria nella programmazione economica*, in «Riv. It. di Econ. Demogr. e Stat.», Roma, 24, 1970, 3-4, pp. 217-240.

La seconda fase di forte emigrazione, quella che comincia alla metà degli anni Cinquanta, si è invece accompagnata ad un intenso esodo rurale diretto verso le città sarde e del continente. Tutte le forme di mobilità risultano aumentate, mentre la società sarda subisce profonde trasformazioni. Analogamente, negli anni Settanta, con l'affievolirsi degli espatri diminuisce anche la corrente diretta verso il Nord e le grandi città italiane, come pure si attenua l'inurbamento verso le stesse città dell'isola, esclusi tuttavia i comuni della cintura di Cagliari.

I notevoli cambiamenti nel quadro territoriale della mobilità tra la prima fase di forte emigrazione e l'ultima emergono dal confronto tra le carte dei bilanci migratori comunali per i periodi 1901-11 e 1961-71[15], dalle quali si rileva che gli scostamenti dal valore medio sono, nella seconda, più pronunciati sia sul versante dei valori positivi — localizzati nelle città, nei poli industriali e nei comuni turistici — che su quello dei valori negativi, che interessano soprattutto le ampie aree dell'interno. La contrapposizione tra le aree «forti», limitate ai maggiori comuni e a pochi distretti economicamente favoriti, e le aree «deboli», concentrate soprattutto nell'interno, è un fatto recente. Molto diversa, del resto, è la partecipazione all'emigrazione, sia interna che estera: nel primo decennio il saldo negativo equivaleva a 28,8 su mille ab., nel secondo è salito a 103,0‰.

Le zone interne alimentano allo stesso tempo l'emigrazione all'estero, verso le altre regioni italiane e l'inurbamento all'interno dell'isola. Vale la pena di ricordare anche la particolare forma di emigrazione che vi si è sviluppata, quella dei pastori che, con le loro greggi e le loro famiglie, si sono trapiantati numerosi nelle campagne svuotate dall'esodo rurale della Toscana, del Lazio, della Liguria e dell'Emilia, nonché in altre regioni. Il successo di questi spostamenti contribuisce a spiegare anche il fatto che per molto tempo l'emigrazione all'estero dai comuni pastorali è stata poco elevata[16].

---

[15] M.L. GENTILESCHI, *Il bilancio migratorio*, in *Atlante della Sardegna*, op. cit., pp. 207-215; Bilanci migratori decennali sono stati calcolati e cartografati anche da A. PINNELLI, *Alcuni aspetti dei movimenti migratori in Sardegna*, in «La programmaz. in Sard.», Cagliari, 13, 1980, n. 80-81, pp. 56-77.

[16] Questa emigrazione professionale specializzata ha attratto l'attenzione di diversi studiosi: F. FURATI, *Aspetti della migrazione pastorale sarda in provincia di Siena*, Siena, Pubblic. Ist. di Geogr. dell'Univ., 1973, n. 1 pp. 41; G. GIORDANO, *Pastori sardi in Liguria*, in «Annali di Ric. e Studi di Geogr.», Genova, 23, 1967, 2, pp. 45-48; M. PICCARDI, *Trapianto di tecniche pastorali*

In conseguenza di queste differenti sollecitazioni, la mobilità nell'isola ha comportato, negli anni più recenti, un forte squilibrio a danno delle zone interne, dove poi l'allontanamento delle classi giovanili ha affrettato l'evoluzione della crescita demografica verso bilanci naturali negativi o prossimi allo zero.

Il fatto che l'emigrazione tra la metà degli anni Cinquanta e gli inizi dei Settanta abbia coinciso con la fase rapidamente declinante della transizione demografica ha contribuito ad incidere più nettamente sull'evoluzione della società sarda, cambiando quell'assetto territoriale che era rimasto sostanzialmente immutato per molto tempo.

1.4. *L'emigrazione e la crisi delle campagne*

Gli studiosi dell'emigrazione sarda sono concordi nell'imputare il suo affermarsi verso la fine dello scorso secolo alle condizioni di miseria delle popolazioni rurali, conseguenza della crisi agraria che si faceva sentire anche nell'isola.

Mentre nel periodo che va dall'Unità al 1885 la situazione dell'economia agraria in Italia si può definire stagnante, tra il 1885 e il 1888 raggiunse l'apice quella crisi che fu scatenata soprattutto dal calo dei prezzi dei cereali e di altri prodotti agricoli a causa della concorrenza dei grani americani. L'adozione della tariffa protezionistica nel 1887, se proteggeva la coltura granaria, provocava d'altra parte la guerra commerciale con la Francia, guerra che ebbe disastrose conseguenze specialmente sull'economia meridionale [17]. In Sardegna i danni furono gravi, poiché l'esportazione di vino e di bovini verso la Francia era forte. L'impedimento ad esportare bestiame da carne insieme alla bassa resa della cultura granaria fu tra i motivi che indussero i proprietari terrieri ad abbandonare le colture e ad affittare i pascoli, visto anche lo sviluppo che andava prendendo l'industria ca-

---

sarde nell'Italia centrale, in *Italiani in movimento*, a cura di G. VALUSSI, Pordenone, DGEAP, 1978, pp. 355-361; M. P. GIARDINI, *Insediamento di pastori sardi in un'area di spopolamento della Toscana meridionale (Radicofani, Siena)*, in «L'Univ.», Firenze, 61, 1981, 3, pp. 465-78; L. BERLINGUER, *Emigrare (con le pecore) in Toscana*, in «Ichnusa», Cagliari, 1, 1982, 1, pp. 63-78.

[17] Si leggano in proposito: G. LUZZATO, *L'economia italiana dal 1861 al 1894*, Torino, Einaudi, 1968, pp. 224; E. SERENI, *Il capitalismo nelle campagne (1860-1900)*, Torino, Einaudi, 1968, pp. 369; F. BARBAGALLO, *Lavoro ed esodo nel Sud. 1861-1971*, Napoli, Guida Ed., 1973, pp. 265.

searia. Ad emigrare tra i primi furono dunque i braccianti, cui veniva a mancare il lavoro, seguiti dai piccoli proprietari [18].

La reazione emigratoria di fronte a questa come a precedenti traversie che avevano tormentato il mondo agricolo sardo nella seconda metà dell'Ottocento fu tardiva [19]. Del resto, quelle trasformazioni che segnavano la fine del feudalesimo nelle campagne erano state realizzate più tardi e quindi i loro effetti dovevano risultare spostati nel tempo, anche per l'isolamento esterno ed interno dell'isola. Questo ritardo è stato interpretato come un aspetto dello sfasamento del ciclo storico, economico e demografico della Sardegna rispetto al continente [20].

Con un'apparente contraddizione, a cavallo del secolo lo sviluppo dell'emigrazione in Sardegna si verifica in un periodo di partecipazione al progresso dell'economia nazionale [21], in cui all'incremento demografico si accompagnano la realizzazione di opere pubbliche e l'espansione della produzione agricola e zootecnica, dell'industria casearia e delle miniere. Un progresso che però non comportava una

---

[18] Ne fu danneggiata in particolare la provincia di Sassari, dalla quale, per fare un esempio, nel 1883 erano stati esportati in Francia oltre 26.000 bovini, pari ad un quarto del totale esportato dall'Italia. Lo sviluppo dell'allevamento ovino è espresso dall'aumento del 140% degli ovini tra il 1887 e il 1918, mentre i bovini si accrebbero solo del 20%. Dal 1892 la Francia abolì i dazi a danno dell'importazione dall'Italia. Seguì una ripresa dell'esportazione dalla Sardegna che però non raggiunse più l'antico livello (A. Boscolo, L. Bulferetti e L. Del Piano, op. cit).

[19] È infatti lungo l'elenco delle vicende che nella seconda metà dell'800 comportarono effetti più o meno negativi sul mondo agrario dell'isola: la perdita degli usi civici nei terreni ademprivili (1848-1865), un'imposta fondiaria troppo esosa (dal 1853), l'imposta sul macinato (dal 1868), applicata con «evidenti arbitrii», l'abolizione dei monti frumentari. L'indebitamento legato alla miseria e alla diffusione dell'usura, insieme all'esagerata pressione fiscale, provocava spesso espropri terrieri. La situazione era resa più difficile dal perdurare di alcune condizioni strutturali negative, relative al «difettoso ordinamento dell'economia rurale» e all'«irrazionale, dannoso ordinamento della proprietà territoriale» (M. Vinelli, *La popolazione e il fenomeno emigratorio in Sardegna*, Cagliari, Tip. Unione S., 1898, pp. 529). Infine, una serie di cattive annate agrarie provocò un aggravarsi, sul finire del secolo, delle condizioni di miseria efficacemente descritte nell'inchiesta Pais-Serra (*Relazione dell'inchiesta sulle condizioni economiche e della sicurezza pubblica in Sardegna, promossa con Decreto Ministeriale del 12 dicembre 1894*, Roma, 1896, pp. 502.

[20] M. Lo Monaco, *L'emigrazione dei contadini sardi in Brasile negli anni 1896-97*, in «Riv. di Storia dell'Agric.», Roma, 2, 1965, pp. 1-50.

[21] Si legga in proposito G. Dettori, *Il movimento economico della provincia di Cagliari e della Sardegna (1881-1912)*, Cagliari, CCIAA, 1915. L'espansione dell'attività estrattiva si riflette nell'aumento degli addetti da 616 nel 1851 a 9.000 nel 1869 e a 15.928 nel 1906, anno in cui la produzione mineraria dell'isola rappresentava un quarto di quella nazionale (da A. Boscolo, *Sul movimento operaio nelle miniere di Sardegna*, estr. da «Sardegna Nuova», febbr. 1950, pp. 11).

crescita generalizzata del benessere. Ai continentali andavano i posti meglio pagati nelle miniere, i cui profitti erano esportati, mentre alla popolazione sarda restavano l'aumento del costo della vita e la rovina delle colture granaria e viticola, così che il malessere delle campagne si manifestava nella cresciuta criminalità e nelle lotte tra pastori e contadini [22]. L'espansione economica dell'Italia settentrionale si scontrava con l'arretratezza della società meridionale e sarda. Le conseguenze della penetrazione del capitale nel mondo produttivo isolano si facevano sentire in molti settori della vita sociale, particolarmente nelle campagne, ancora immerse in una struttura economica arcaica.

Nella fase più antica, l'emigrazione non costituisce un motivo di rottura della società rurale, anzi, contribuisce a mantenerla grazie al suo ruolo di sostegno legato alla temporaneità. Nel secondo dopoguerra il mondo rurale sardo conservò la sua compattezza ancora per molti anni, anche perché l'effimera espansione dell'estrazione mineraria e altre attività, come ad esempio il lavoro nelle saline e l'artigianato, davano un supporto alle famiglie agricole. Il venir meno dell'integrazione di guadagni che queste attività consentivano, la fine del breve periodo di stabilità dei prezzi dei prodotti agricoli e poi l'aprirsi di vantaggiose prospettive di lavoro nelle aree industrializzate, provocarono larghi vuoti nella manodopera delle campagne. Anche se le statistiche denunciano la partenza di edili, in realtà l'emigrazione attinge sempre al mondo rurale che si svuota delle forze più giovani e dinamiche.

1.5. *Le destinazioni degli espatri fino alla seconda guerra mondiale: l'europeizzazione precoce dell'emigrazione*

1.5.1. *Gli espatri*

Nella moderna storia migratoria della Sardegna il quadro delle destinazioni degli espatri è diverso da quello delle altre regioni meridionali, ma anche delle settentrionali, pur avendo l'isola avuto più contatti con le regioni del Nord, specialmente attraverso Genova.

Per motivi di vicinanza geografica si sviluppò già nella prima metà

---

[22] G. Sotgiu, *Lotte sociali e politiche nella Sardegna contemporanea (1848-1922)*, Cagliari, Edes, 1974, pp. 439.

del secolo scorso un'emigrazione stagionale verso il Nordafrica, dapprima per l'Algeria e dopo il 1816 per la Tunisia, che si intensificò dopo che la compagnia di navigazione Rubattino ebbe istituito il collegamento quindicinale Genova-Cagliari-Tunisi e si mantenne a lungo importante [23]. Analogamente, anche la Corsica ha sempre rappresentato una destinazione frequente per la manodopera sarda, specie della Gallura. Peraltro l'alta quota di emigrati sardi in Francia fu anche dovuta alla loro numerosa presenza nel Sud di questo paese, specialmente a Marsiglia [24].

Non stupisce quindi che il Coletti [25] ricordasse la Corsica accanto all'Austria, dove si recavano soprattutto i Friulani, come i due più rilevanti paesi esteri per la nostra emigrazione temporanea intorno al 1870.

Per questi motivi, nelle statistiche dell'emigrazione degli anni 1876-900 i Sardi risultano aver preso poca parte all'emigrazione detta «propria», rivolta oltreoceano, se si fa eccezione per l'episodio delle partenze per il Brasile, mentre assai più forte era l'emigrazione «temporanea», diretta verso i paesi europei e del bacino mediterraneo. Del resto anche in quest'ambito quelli che allora erano i quattro più importanti paesi per l'emigrazione italiana, e cioè la Francia, la Svizzera, la Germania e l'Austria, non accoglievano che l'11,9% dei Sardi emigrati contro il 38,6% dei meridionali [26].

Nel periodo di massimo sviluppo dell'esodo (1901-13), pur mantenendo un cospicuo movimento con il Nordafrica, i Sardi, come gli altri Italiani, si recarono più spesso negli altri paesi europei, tra i quali

---

[23] Su questa particolare corrente dell'emigrazione sarda si leggano soprattutto: G. SIOTTO PINTOR, *Storia civile dei popoli sardi dal 1798 al 1884*, Torino, Casanova, 1877, pp. 615; L. DEL PIANO, *Documenti sull'emigrazione sarda in Algeria nel 1843-48*, in *La Sardegna nel Risorgimento*, Sassari, Gallizzi 1962, pp. 223-39; ID., *La penetrazione italiana in Tunisia*, Padova, Cedam, 1964, pp. 182. Si calcola che intorno al 1890 in Tunisia gli Italiani, soprattutto Siciliani, fossero circa 27.000. I Sardi vi si recavano per lavori stagionali come giornalieri agricoli, minatori e boscaioli esperti nel taglio del sughero. L'importanza della destinazione nordafricana è dimostrata dal fatto che tra il 1876 e il 1925 vi si sia diretto il 27,8% dei Sardi emigrati all'estero contro il 5.7% dei Siciliani e l'1,8% degli Italiani. Dopo aver raggiunto un massimo nel 1901-07 (il 64% degli espatri sardi), la sua incidenza scese di molto quando si rinforzarono i flussi verso le Americhe e l'Europa, pur continuando a mantenere una relativa consistenza.

[24] Le colonie sarde sono ricordate da A.M. FAIDUTTI-RUDOLPH, *L'immigration italienne dans le sud-est de la France*, Gap, Ophrys, 1964, vol. 1, pp. 399, vol. 2, carte.

[25] F. COLETTI, *op. cit.*, p. 30.

[26] La ricostruzione delle destinazioni dell'emigrazione estera per regioni è stata fatta in SVIMEZ, op. cit.

la Francia emergeva come destinazione preferita, raccogliendo ben il 41,4% degli espatri sardi verso l'Europa contro solo il 26,2% di quelli italiani [27]. Al terzo posto, dopo la corrente nordafricana e quella francese, veniva per la Sardegna quella diretta in Argentina, verso la quale si dirigeva il 54,5% dei Sardi che varcavano l'oceano, contro solo il 14,9% degli emigrati dall'insieme del Mezzogiorno, che si recavano in massa negli Stati Uniti.

In definitiva l'emigrazione sarda si presentava molto più polarizzata su poche destinazioni: i paesi del Mediterraneo, la Francia e l'Argentina rappresentavano il 79,4% delle destinazioni, contro il 20% da parte di tutto il Mezzogiorno. In tal modo essa si distingueva sia da quella settentrionale, molto più europea, che da quella meridionale, concentrata sui paesi oltreoceano.

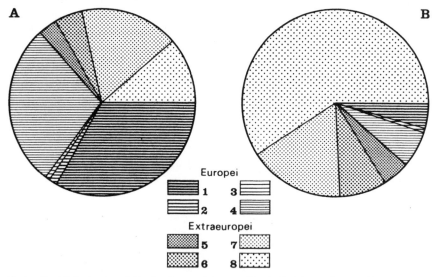

Fig. 1 - Paesi di destinazione dell'emigrazione sarda (a) e meridionale (b), dal 1876 al 1930: 1, Francia; 2, Svizzera; 3, Germania occidentale; 4, altri paesi europei e mediterranei; 5, altri paesi extraeuropei; 6, Brasile; 7, Argentina; 8, Stati Uniti. (Fonte: SVIMEZ, op. cit.).

---

[27] Anche i Sardi quindi parteciparono al massiccio afflusso di manodopera italiana in Francia, attratto dalla realizzazione di grandi opere pubbliche e dall'espansione dei settori estrattivo, carbonifero e metallurgico, e regolamentato dalla Convenzione italo-francese del 1904 (Cfr. V. BRIANI, *Il lavoro italiano in Europa ieri e oggi*, Roma, MAE, 1972, pp. 324). Nel 1909 la più numerosa colonia italiana in Europa (400.000 unità) si trovava in Francia, contro 192.000 italiani nel Nordafrica (Cfr. F. COLETTI, *op. cit.*, pp. 80-81).

Anche negli anni dopo il 1913 Francia e bacino mediterraneo continuarono ad avere un forte peso nella pur ridotta corrente di espatrio. Dopo la fine della guerra, via via che si indeboliva l'attrazione esercitata dall'Argentina e si chiudevano le possibilità di entrare negli Stati Uniti, la Francia si confermava come la destinazione più importante, e non solo per la vicinanza della Corsica.

In definitiva, tra il 1876 e il 1930 (fig. 1), gli espatri sardi si concentrarono nel bacino mediterraneo e in Europa, con una preferenza per la Francia che distingue la Sardegna dalle altre regioni meridionali e forti rapporti con il Nordafrica. L'individualità delle direzioni assunte dall'emigrazione sarda è certo una conferma dell'osservazione del Sori [28] che «posizione geografica, struttura e mezzi di trasporto devono dunque aver giocato un ruolo importante nell'orientare queste 'scelte' regionali». Anche la preferenza data all'Argentina è possibile che si colleghi ai più frequenti contatti che i Sardi avevano con il porto di Genova, dal quale partivano le navi dirette in Sudamerica, piuttosto che con quello di Napoli, dove ci si imbarcava per il Nordamerica.

1.5.2. I rimpatri

Il fatto che l'emigrazione si concludesse o meno con il ritorno in patria dipendeva senza dubbio anche dal paese di destinazione. Infatti, le statistiche ufficiali, fino al 1913, raggruppavano i paesi europei e del Mediterraneo in quanto interessati soprattutto all'emigrazione «temporanea», mentre i paesi transoceanici accoglievano l'emigrazione definitiva o «propria», cioè, secondo qualcuno, la vera emigrazione. Si tendeva così a sottostimare la prima, che restava in parte compresa nella seconda. Mentre poi agli inizi prevaleva la tendenza all'espatrio definitivo, in seguito si dette la preferenza ad espatri di qualche anno, che permettessero di accantonare risparmi per sistemarsi in modo meno precario nella regione di origine. La differenza in termini di durata si attenuò dunque col tempo [29]. Di conseguenza l'emigrazio-

---

[28] E. Sori, *L'emigrazione italiana dall'Unità alla seconda guerra mondiale*, Bologna, il Mulino, 1979, pp. 512.
[29] Cfr. in proposito V. Briani, *Il lavoro italiano all'estero negli ultimi cento anni*, Roma, Abete, 1970, pp. 304, p. 41. La tendenza alla temporaneità è una costante riconosciuta dell'emigrazione italiana, soprattutto per quanto concerne la destinazione europea e mediterranea che non

ne sarda, per il suo ritardo inizio, partecipò piuttosto di quest'ultima tendenza.

In aggiunta, la sua particolare concentrazione su mete vicine (la Francia, i paesi nordafricani) dava agli espatri dalla Sardegna una chiara connotazione di temporaneità, finalizzati com'erano a procurare alle famiglie un reddito supplementare che le aiutasse a superare i momenti più difficili. Anche in assenza di dati che permettano valutazioni precise, sembra di poter concludere che l'esito di gran lunga più frequente fosse il ritorno nei villaggi di origine, impiegando i risparmi nell'acquisto di terre e nella costruzione della casa [30].

Temporaneità, scelta di destinazioni vicine, rimpatrio nei paesi di origine, dunque contrassegnano l'emigrazione sarda in maniera diversa da quella italiana e meridionale, cosicché non si è mai formata, in Sardegna, quella propensione ad affrontare con facilità gli spostamenti in paesi lontani e le assenze prolungate che invece è frequente in regioni come il Friuli, il Veneto, la Sicilia.

2. La «nuova emigrazione» del secondo dopoguerra si ripropone con l'intensità degli anni peggiori

2.1. Si accentua l'europeizzazione degli espatri e dei rimpatri

La ripresa dell'emigrazione nell'immediato dopoguerra si riallaccia a quelle che erano ormai le direzioni tradizionali, per cui l'Argen-

---

quella transoceanica: R. F. FOERSTER (*The Italian emigration of our times*, New York, Russell & Russell, 1968, 1ª ed. 1919) riferisce che tra il 1881 e il 1910 rientrava il 90% degli espatriati nel primo gruppo di paesi, mentre la percentuale dei rimpatri dal secondo variava dal 20 (1887-91) al 68% (1907-11).

[30] G. SOTGIU, (*op. cit.,* pp. 377-78) riporta che al terzo congresso regionale del partito socialista (Sassari, 6-8 settembre 1908) il relatore sardo Spiga si faceva portavoce dell'opinione che l'emigrazione in sé non fosse un male, in quanto l'emigrato riportava al ritorno, oltre ad una maggiore maturità ed esperienza, anche un risparmio che venendo investito nell'agricoltura contribuiva a migliorare la situazione economica.

Qualche traccia più evidente di questi rimpatri è rimasta in alcuni paesi del Sassarese, dove ha interessato un maggior numero di persone. Ad Ittiri esiste tuttora un rione noto col nome di «villaggio americano», costruito con i risparmi degli emigrati in America nei primi decenni del secolo. Nella vicina Mara, il rione a pianta regolare impostato lungo la via Buenos Aires è nato su lotti acquistati ed edificati da emigrati in Argentina, nel periodo 1900-20. Si ricorda ancora, sul posto, come numerosi braccianti fossero allora costretti ad emigrare a causa dei salari da fame pagati dai proprietari terrieri.

tina compare ancora per qualche anno tra i paesi più importanti. Ma poi analogamente che per gli espatri italiani, la concentrazione nei paesi europei diventa massiccia: secondo i dati ufficiali, tra il 1946 e il 1951 espatriarono dalla Sardegna 7.860 lavoratori, per l'80% diretti verso paesi europei. L'«avvio organizzato (individuale e collettivo) dei nostri lavoratori all'estero»[31], realizzato attraverso accordi bilaterali, convogliava grossi contingenti di manodopera verso la Francia, il Belgio, la Svizzera e altri paesi. L'affluenza verso la Francia fu nel caso dei Sardi favorita dalla presenza di corregionali da tempo stabilitivisi e dagli accordi presi con il governo italiano per l'invio di manodopera nelle miniere francesi. Nel 1952-57 il flusso acquisterà ancora maggior consistenza (una media annua di 5.134 espatri) per la parallela diminuzione dell'occupazione nelle miniere sarde[32]. L'importanza molto maggiore che la corrente francese ebbe nell'isola è documentata dal fatto che nel 1956-59 la Francia accolse il 59% dei Sardi contro il 29% degli Italiani espatriati.

Dopo il 1959, direzioni e quantità degli espatri si possono seguire più agevolmente (tab. 3). L'europeizzazione delle direzioni si intensifica, raggiungendo il massimo (97,6%) nel 1962-66. Negli anni in cui gli espatri furono più numerosi (quasi 9.000 l'anno tra il 1960 e il 1962) la Repubblica Federale di Germania riceveva il 58% della corrente europea, mentre la Francia ripiegava al secondo posto con il 22%.

---

[31] Cfr. quanto fu detto al 2° Congresso Nazionale della Democrazia Cristiana nel 1947, riportato da U. ASCOLI (*Movimenti migratori in Italia*, Bologna, Il Mulino, 1979, pp. 186). L'emigrazione cosiddetta «assistita» ha avuto una grande importanza nel canalizzare gli espatri sardi, soprattutto per la sua capillare organizzazione, che raggiungeva tutti i villaggi. Inoltre così si evitava l'onere del viaggio, a carico dell'organizzazione, sempre pesante per chi abitava nell'isola. L'incidenza dell'emigrazione assistita ha continuato ad essere relativamente alta anche in anni recenti, soprattutto tramite le scuole di formazione professionale le quali provvedevano all'avvio di giovani sui luoghi di lavoro.

[32] L'emigrazione all'estero dei lavoratori del bacino carbonifero sulcitano fu incoraggiata con la concessione di una carta di libera circolazione, prevista dall'art. 69 dell'accordo istitutivo della Ceca, allo scopo di ridistribuire la manodopera mineraria eccedente in altri bacini carbo-siderurgici d'Europa. Tra il 1951 e il 1959 emigrarono dal Sulcis per l'estero 2.134 lavoratori (CECA, op. cit.). Altri lavoratori espatriarono per proprio conto, molti probabilmente partendo da altri comuni dell'isola dei quali erano originari. Comunque, i minatori delle *houillères* della Lorena e del Limburgo erano in gran parte ex-braccianti agricoli e manodopera generica. Ma è significativo che gli espatri sardi abbiano preso particolare consistenza dal 1955, anno in cui ebbe inizio la massiccia espulsione di personale della Carbosarda e in cui venne organizzato il reclutamento dei *Charbonnages de Lorraine*, concentrato particolarmente in Sicilia e in Sardegna, (R. ROCHEFORT, *Sardes et Siciliens dans les grands ensembles des Charbonnages de Lorraine*, in «Annales de Géogr.», Parigi, 1963, pp. 272-302).

Tab. 3 - Principali destinazioni e provenienze degli emigrati sardi in Europa

Anni	Paesi Bassi		RFT		Belgio		Lussemburgo		Francia		Regno Unito		Svizzera		Altri paesi		Totale Europa		Totale	
	espatri	rimpatri	espatri	rimpatri	espatri	rimpatri	espatri	rimpatri	espatri	rimpatri	espatri	rimpatri	espatri	rimpatri	espatri	rimpatri	espatri	rimpatri	espatri	rimpatri
1959	68	14	752	339	146	55	20	12	2.252	948	32	7	330	191	14	4	3.614	1.570	3.850	1.658
1960	183	19	4.093	516	194	30	39	4	2.331	559	44	4	572	273	12	1	7.468	1.406	7.742	1.634
1961	314	31	5.416	1.061	155	38	26	13	2.286	601	57	8	961	453	18	4	9.233	2.051	9.448	2.362
1962	378	83	5.255	2.521	135	62	37	27	1.192	798	43	14	1.657	916	12	6	8.709	4.427	8.931	4.529
1963	188	108	2.032	2.402	53	66	24	12	503	647	15	6	1.081	821	16	6	3.912	4.068	4.020	4.153
1964	176	90	2.412	1.385	94	85	16	15	505	419	18	19	1.167	864	1	1	4.389	2.878	4.466	2.965
1965	175	80	2.728	1.831	148	170	13	5	607	432	32	12	1.005	903	8	4	4.716	3.437	4.793	3.526
1966	140	120	2.007	2.403	222	170	4	7	554	378	33	26	855	797	15	4	3.830	3.905	3.967	3.930
1967	75	109	1.148	2.062	214	72	9	6	740	420	21	17	747	630	50	31	3.004	3.347	3.164	3.370
1968	126	91	1.572	1.190	117	120	38	8	514	564	25	16	795	651	26	23	3.213	2.663	3.334	2.688
1969	152	94	1.408	990	205	190	20	3	486	488	21	34	676	621	31	26	2.999	2.446	3.209	2.585
1970	119	79	1.262	874	90	176	26	9	393	417	22	12	542	500	22	19	2.476	2.086	2.654	2.195
1971	150	130	1.310	910	110	210	20	10	390	340	30	40	650	400	40	10	2.700	2.050	2.860	2.100
1972	99	83	950	1.159	135	176	1	11	446	376	30	16	390	357	13	11	2.064	2.189	2.220	2.331
1973	58	76	716	865	123	187	6	12	371	392	28	26	254	321	9	15	1.565	1.894	1.640	2.033
1974	66	80	618	808	87	234	8	12	203	330	22	25	189	346	7	19	1.200	1.854	1.416	2.120
1975	36	52	502	1.109	50	107	1	21	250	394	38	31	103	763	8	12	988	2.489	1.063	2.621
1976	114	84	534	905	130	186	6	5	203	421	38	21	116	518	11	20	1.152	2.160	1.250	2.269
1977	88	49	387	486	83	98	2	10	127	126	11	17	83	185	7	8	788	979	943	1.047
1978	62	49	328	378	74	85	3	3	103	175	40	31	62	115	18	12	684	854	933	974
1979	82	74	486	617	112	142	5	3	176	299	48	45	84	189	15	32	1.008	1.401	1.315	1.556

Fonte: ISTAT, *Annuario di stat. demogr.*

In seguito, le partenze tenderanno a polarizzarsi su due soli paesi, la Repubblica Federale e la Svizzera, in accordo all'andamento d'insieme della corrente italiana. Peculiare è tuttavia la maggior concentrazione dei Sardi nella corrente per la Germania, verso la quale si diressero tra il 1959 e il 1967, il 47,0% dei Sardi contro il 27,9% degli Italiani, cosicché anche la consistenza della collettività sarda in questo paese è poi diventata relativamente più forte. Indubbiamente, come gli altri Italiani, anche i Sardi furono attratti verso la Germania dai più alti salari, nonché dalla maggiore facilità di realizzare i ricongiungimenti familiari — in confronto con la Svizzera — ma va anche tenuto presente che gli anni 1960-62 sono quelli in cui l'emigrazione sarda attinge un improvviso apice.

Dopo il 1963 le partenze dall'isola dovevano attestarsi su un livello più basso (in media 4.426 l'anno) per circa un decennio. Fece quindi seguito un declino uniforme negli anni successivi, tanto che la media degli espatri tra il 1973 e il 1980 raggiunse appena le 1.430 unità annue (fig. 2).

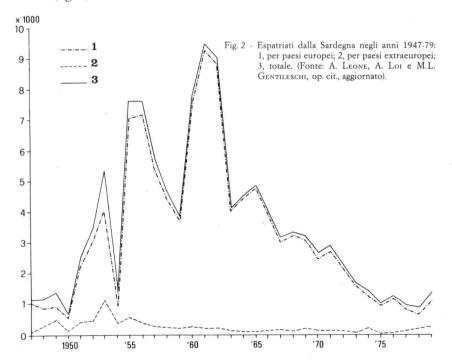

Fig. 2 - Espatriati dalla Sardegna negli anni 1947-79: 1, per paesi europei; 2, per paesi extraeuropei; 3, totale. (Fonte: A. LEONE, A. LOI e M.L. GENTILESCHI, op. cit., aggiornato).

Così come la curva degli espatri anche quella dei rimpatri è dominata dalla componente europea, che va da un minimo dell'88,9% nel 1959-61 ad un massimo del 98,7% nel 1965-67. Si rileva una fase di più intensi rientri dai paesi extraeuropei tra il 1955 e il 1958 (fig. 3).

Tra le due curve esiste un notevole parallelismo, che denota il prevalente carattere «fisiologico» dei rientri, che seguono le oscillazioni degli espatri. Per il periodo 1959-63 la sfasatura è soltanto di un anno, mentre, dopo il 1967-68, le due curve si divaricano: gli espatri, tranne minori oscillazioni, tendono a discendere e i rimpatri mantengono un andamento sostenuto, talora in ascesa. dopo il 1972, l'eccedenza dei rimpatri è di 465 unità l'anno, per un totale, tra il 1972 e il 1979 di 3.723 unità. Un ammontare quindi modesto, tanto che in sostanza espatri e rimpatri quasi si pareggiano.

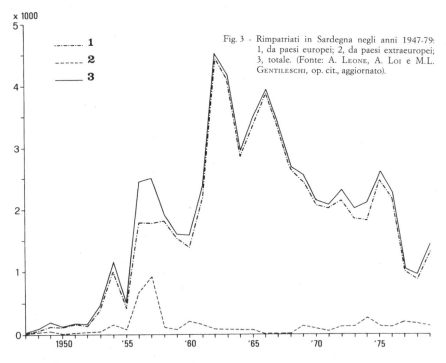

Fig. 3 - Rimpatriati in Sardegna negli anni 1947-79: 1, da paesi europei; 2, da paesi extraeuropei; 3, totale. (Fonte: A. Leone, A. Loi e M.L. Gentileschi, op. cit., aggiornato).

Dall'esame delle curve è quindi chiaro che le correnti in uscita e in rientro sono entrambe in diminuzione e che i rimpatri non hanno avuto in questi ultimi anni un carattere particolarmente accentuato.

La loro consistenza appare spiegabile come un effetto dei forti espatri degli anni 1960-62, i cui rientri corrispondenti, dopo una prima ondata a distanza di uno-due anni, tendono a scaglionarsi su un periodo di tempo più lungo [33].

Comprensibilmente, sono soprattutto i rimpatri dalla Repubblica Federale che caratterizzano l'intero quadro. Essi rappresentano, per la Sardegna, oltre la metà dei rientri dall'Europa nel periodo 1962-67, e successivamente circa il 45%. Vi si possono riconoscere gli stessi lineamenti della corrente, e controcorrente, italiana per questo paese: la breve crisi del 1966-67, con l'aumento dei rientri e la diminuzione delle partenze, e in seguito il progressivo abbassarsi delle partenze mentre i ritorni mantengono una consistenza invariata. Dopo il 1976 anche l'intensità dei ritorni diminuisce. Di conseguenza, il tratto significativo di questa corrente non è il progressivo intensificarsi dei ritorni bensì la diminuzione delle partenze, che rende il saldo con questo paese positivo per l'isola a partire dal 1972. In definitiva, nell'andamento dei dati non s'individua una massiccia espulsione dei Sardi dalla Repubblica Federale, ma piuttosto un decrescente interesse a recarsi in questo paese (fig. 4).

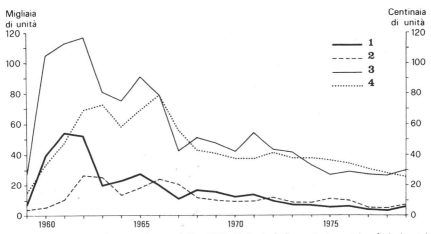

Fig. 4 - L'emigrazione italiana e sarda verso la Repubblica Federale di Germania: 1, espatri sardi; 2, rimpatri sardi; 3, espatri italiani; 4, rimpatri italiani. (Fonte: A. LEONE, A. LOI e M.L. GENTILESCHI, op. cit., aggiornato).

---

[33] Dalla fonte ISTAT (*Annuario di statistiche demografiche*), il 47% dei Sardi rimpatriati nel 1974-76 risultano essere stati assenti oltre cinque anni, contro il 26% degli Italiani. Questa

Dal confronto del movimento Sardegna-Repubblica Federale e di quello della Sardegna con il resto d'Europa, si rileva che nel ventennio 1959-79 la Repubblica Federale ha raccolto il 51,5% dei espatri per l'Europa, ma ha rappresentato il 49,7% dei rientri e il 56,3% della migrazione netta. Questo paese ha quindi alimentato i rientri in misura leggermente inferiore rispetto all'insieme dei paesi europei. Se valutiamo intorno al 30% la proporzione dei Sardi presenti nella Repubblica Federale sul totale in Europa, la loro mobilità risulterebbe piuttosto elevata. Anche dopo il 1972, nella fase di maggiori rientri, l'espulsione da questo paese è meno accentuata che dal resto dell'Europa: 134,8 rimpatri su 100 espatri, contro 144,5.

La Francia è al secondo posto, nel periodo 1959-79, per l'emigrazione sarda, con il 21,1% del totale espatri e rimpatri, contro il 50,8% detenuto dalla Repubblica Federale. Il suo peso appare molto diminuito rispetto a un non lontano passato, se si pensa che ancora nel 1959 accoglieva il 62,3% degli espatri sardi per l'Europa e dava il 60,4% dei rimpatri. Poiché la corrente di espatrio verso di essa si è contratta fortemente dopo il 1963, tra coloro che sono rientrati in Sardegna negli ultimi anni gli anziani dovrebbero avere notevole consistenza. Dal raffronto delle curve di espatri e rimpatri con quelle della Repubblica Federale, balza evidente la minor rotazione della manodopera come effetto delle migliori condizioni di inserimento offerte. Tuttavia anche per la Francia si verifica quell'eccedenza dei rimpatri sugli espatri che caratterizza tutta l'emigrazione sarda in Europa negli anni Settanta. Eccedenza che comincia a comparire precocemente, già nel 1968, per poi acquistare maggior rilievo dal 1973.

Anche per questo paese, come per la Repubblica Federale, il saldo è negativo (−5.108 per il primo e −11.105 per il secondo), poiché i rientri, per lo più concentrati nel 1974-76, sono ben lontani dal colmare il vuoto provocato dalle partenze. Il flusso dei rimpatri è stato, dopo il primo biennio, piuttosto tranquillo, in media si sono avuti 64,1 rimpatri su 100 espatri, contro 68,7 riguardanti la Repubblica

maggior durata del soggiorno all'estero sembrerebbe confermata dai dati emersi dall'esame di un campione di emigrati italiani nella città di Stoccarda, dove si è riscontrata una durata media di 7 anni per l'insieme degli Italiani e di 9,6 per i soli Sardi (Cfr. E. KOLODNY, *Les étrangers à Stuttgart*, Marsiglia, CNRS, 1977, pp. 315, alla tav. 15; A. LEONE, A. LOI e M.L. GENTILESCHI, *Sardi a Stoccarda. Inchiesta su un gruppo di emigrati in una grande città industriale*, Cagliari, Georicerche, 1979, pp. 289).

Federale (1959-79). In tutto questo periodo, la Francia ha rappresentato il 21,0% degli espatri dei Sardi in Europa, contro il 18,8% dei rimpatri, comportandosi quindi come un paese non particolarmente espulsivo. Considerando che la collettività sarda in questo stato, valutabile sulle 58.000 unità nel 1980, rappresenta circa un terzo del totale presente in Europa, se ne deduce che la sua mobilità è stata piuttosto scarsa. La minor rotazione degli emigrati sardi in Francia è confermata anche dalla formula

$$\frac{saldo}{espatri + rimpatri} \times 100$$

che dà 21,9 contro 18,5 per la Repubblica Federale.

Il movimento con la Svizzera è molto diverso: il massimo degli arrivi dalla Sardegna si è avuto nel 1962, praticamente contemporaneo a quello riguardante la Repubblica Federale, ma per un terzo di quell'ammontare. Anche per questo paese si riscontra un notevole parallelismo tra la curva dei rimpatri e quella degli espatri fino al 1972, quando gli espatri scendono sensibilmente, mentre i rimpatri tendono a salire. Dal 1973 il bilancio è positivo per la Sardegna ma resta, ovviamente, negativo per l'insieme del ventennio. Sulla corrente europea, la Svizzera incide per il 17,6% delle partenze ma per il 21,7% dei rientri, mentre il saldo non rappresenta che il 7,5% della migrazione netta Sardegna-Europa. Oltre a dimostrare una bassa ricettività, la Svizzera ha fatto registrare una forte rotazione, che, calcolata con la formula sopra citata, ammonta a 6,5. Anche nel caso sardo, si riconferma il carattere di forte mobilità presentato dall'emigrazione italiana in questo paese, un carattere del resto sicuramente sottostimato per le carenze del rilevamento.

Infine il Belgio, che è andato sempre più perdendo importanza per l'emigrazione sarda, dal 1970 ha registrato più rientri nell'isola che partenze. Quindi è verosimile che i rimpatriati da questo paese siano soprattutto costituiti da nuclei familiari con un'altra proporzione di anziani.

In conclusione, nel ventennio 1959-79 il bilancio dell'emigrazione all'estero è, per l'isola, negativo (−20.053), poiché solo dal 1972 i rimpatri (11.565) sono stati più numerosi degli espatri (7.757), con un rapporto rimpatri/espatri pari a 149,1 su 100, contro 71,3 per l'intero ventennio.

Il seiennio 1972-77, sul quale si concentra la nostra indagine, è contrassegnato da un bilancio positivo, ma non da un aumento dei rimpatri (mediamente 1.927 l'anno) diminuiti anzi in paragone all'intero periodo (mediamente 2.378 l'anno). Soltanto il risalto loro conferito dalla diminuzione delle partenze e il conseguente rovesciamento del saldo fanno convergere su di esso l'attenzione degli osservatori.

2.2. *Come l'emigrazione si ricollega all'espansione dell'economia capitalistica nell'isola*

Come si è già detto, nonostante la presenza di una forte componente di edili e di minatori nella fase di ripresa, verso la metà degli anni Cinquanta, predomina nell'emigrazione sarda la matrice agricola, alla quale vanno fatte risalire anche le altre categorie di lavoratori, da poco allontanatesi dal lavoro dei campi.

Il numero degli attivi nell'agricoltura è sceso in Sardegna da circa 220.000 al 1951 (50,9% degli attivi) a 166.000 al 1961 (37,6%) e a 91.000 al 1971 (21,5%). Nel primo decennio la diminuzione è stata in proporzione pressoché uguale a quella del Mezzogiorno, mentre nel secondo è stata più rapida. Solo in piccola parte essa è dovuta all'abbassarsi della popolazione attiva (da 434.000 a 422.000 in termini relativi dal 34,0% al 28,7%), mentre ben più importante è il passaggio degli attivi ad altri settori di occupazione, soprattutto l'industria delle costruzioni e dell'installazione di impianti, i trasporti e le comunicazioni.

Specialmente negli anni Cinquanta, la ricostruzione e la crescita delle città sarde costituiva una fonte di lavoro e quindi uno sbocco interno dell'esodo rurale. Inoltre, subito dopo la guerra, le condizioni delle campagne non erano tali da promuovere una violenta espulsione della manodopera. Mentre infatti erano buone le condizioni di vendita dei prodotti agricoli e zootecnici, persisteva nei paesi un piccolo artigianato successivamente destinato ad essere spazzato via. Le stesse operazioni di eradicazione della malaria, effettuate dall'ERLAAS, davano lavoro, nel 1948, a ben 32.000 addetti. La riforma fondiaria, iniziatasi nel 1951, portava speranze di cambiamenti. In effetti, ebbe scarsa incidenza, tanto che solo il 4% della superficie agro-pastorale dell'isola fu acquisito dall'ETFAS, di cui beneficiarono appena 4.800 famiglie.

Nessuno degli interventi degli anni Cinquanta doveva incidere consistentemente sull'agricoltura: si realizzavano nuovi invasi idrici, ma rimaneva indietro la costruzione della rete di distribuzione, cosicché modesto è stato sia l'aumento delle colture foraggere, che avrebbero permesso di trasformare l'allevamento da brado e semibrado in stanziale, che delle colture ortofrutticole. Il male principale dell'agricoltura tradizionale, il frazionamento della proprietà terriera, invece di essere corretto col passar del tempo si aggravava a causa del sistema di trasmissione ereditaria della terra.

Di fatto, la Sardegna si presentava all'inizio di un periodo di incrementati scambi e di maggior inserimento nel mercato capitalistico in una condizione paragonabile a quella di un paese coloniale, nel quale l'esportazione di prodotti agricoli e minerari non bilancia la crescente importazione di manufatti.

Negli anni Sessanta, quando vengono realizzati i maggiori interventi del Piano di Rinascita, il potenziamento di determinati poli urbano-industriali accentua la differenziazione interna all'isola tra città e campagna, tra aree industriali di piccola estensione e vaste zone agro-pastorali marginalizzate.

Di fronte ad un tessuto di piccole e piccolissime unità locali (al 1961 il 69% aveva 1-2 addetti), la nuova industrializzazione punta su poche aziende capitale-intensive di grandi dimensioni (tessile, chimico, cartario), per cui alla progressiva contrazione delle prime, l'apertura di nuovi posti di lavoro non oppone che un margine in continua erosione: contro 70.000 addetti all'industria nel 1961 se ne contavano 87.000 nel 1971. La nuova industria appare poi quasi del tutto disancorata dal prodotto agricolo, e in genere dalle risorse locali, essendo basata sulla petrolchimica, sul tessile e su una metallurgia, in parte estranea (alluminio) alla produzione estrattiva dell'isola o, se ad essa integrata (piombozincifero), incapace di risollevarne le sorti e quindi con essa condannata. D'altra parte, le industrie di trasformazione di prodotti agricoli, assai consistenti nei comparti enologico e caseario, non riescono ad aprirsi la via a mercati sicuri e remunerativi.

L'industria delle costruzioni (il 24% degli addetti all'industria nel 1961 e il 30% nel 1971) invece conserva, anzi accresce la sua importanza approfittando della fase di più intenso rinnovamento del patrimonio edilizio e della realizzazione di opere pubbliche attese da secoli.

La scelta delle industrie da incentivare, e lo stesso sistema di incentivazione (contributi in conto capitale che favoriscono le industrie ad alta intensità di capitale), incrementano le grandi imprese con un numero relativamente basso di addetti, mentre le piccole imprese già esistenti sono messe in crisi dalla crescente partecipazione al mercato nazionale [34].

La maggior parte dei nuovi posti di lavoro, sia del terziario come dell'industria, si concentrano nei due poli urbani di Cagliari e di Sassari, provocando squilibri territoriali che si evidenziano nettamente nel quadro dei movimenti di popolazione [35]. Altri poli secondari si creano dove lo sviluppo commerciale e gli effetti del turismo e del traffico si uniscono ad insediamenti industriali minori, come ad Olbia e a Macomer. L'Iglesiente conserva una sua specializzazione industriale, sia per i residui della vecchia industria estrattiva-mineralurgica, sia per i nuovi stabilimenti metallurgici. Nella parte interna, si accentua l'espansione di Nuoro, tipica città amministrativa e centro di servizi.

Agli inizi degli anni Settanta, sempre sulla scia delle scelte industriali degli anni precedenti, si realizza il nuovo insediamento industriale di Ottana, che si pone geograficamente equidistante dai due maggiori poli urbani, in un'area, la Sardegna centrale, che per la sua posizione era sin'allora rimasta estranea agli sviluppi che avevano interessato la costa e il maggiore asse di comunicazione stradale. Articolata in cinque agglomerati distinti e lontani tra loro, coinvolgendo ben 46 comuni, l'area industriale della Sardegna centrale, il cui decreto costitutivo fu firmato nel 1969, avrebbe dovuto fornire un'alternativa al lavoro agro-pastorale senza però produrre una nuova agglomerazione urbano-industriale [36].

In realtà, l'operazione Ottana doveva dimostrarsi legata alla logica delle scelte che avevano prodotto gli insediamenti petrolchimici, rivelandosi non solo disancorata dall'economia del territorio, ma anche

---

[34] Si veda la critica dell'industrializzazione degli anni Sessanta in Sardegna fatta da M. LELLI, *Proletariato e ceti medi in Sardegna. Una società dipendente*. Bari, De Donato, 1975, pp. 227.
[35] I dati raccolti da G. SERRA (*Le zone omogenee della Sardegna. Popolazione, occupazione e prodotto lordo tra il 1961 e il 1971*, in «La programmaz. in Sard.», Cagliari, n. 43-44, 1973, pp. 3-28) dimostrano l'ineguaglianza dello sviluppo territoriale.
[36] L'impatto dell'industrializzazione sulla società pastorale è stato analizzato da R. BERGERON *Aménagement de l'espace et conflits sociaux en Sardaigne centrale*, in «Hérodote», Parigi, 1978, 10, pp. 115-132.

incapace di effetti propulsivi. Proprio negli anni in cui venivano completati i primi stabilimenti si scatenava la crisi petrolifera, cui la Sardegna, proprio per la scelta petrolchimica degli anni Sessanta, era particolarmente esposta. Anno dopo anno, la crisi colpiva inesorabilmente tutti i poli industriali esistenti e solo l'istituto della cassa integrazione guadagni conteneva i licenziamenti. Ingenti capitali sono stati inghiottiti da operazioni di salvataggio, da parte dell'amministrazione regionale, delle aziende che minacciavano di chiudere.

Constatato che le scelte industriali degli anni Sessanta avevano procurato una scarsa apertura di posti di lavoro in confronto agli investimenti e che non avevano prodotto gli effetti moltiplicativi tanto attesi, la politica industriale della Regione ha cercato di compiere una svolta da una parte accogliendo il principio di incoraggiare l'apertura di industrie ad alta intensità di lavoro e dall'altra portando avanti interventi finalizzati alla riorganizzazione dell'agricoltura e della pastorizia e alla valorizzazione del prodotto agricolo attraverso opportune attività di commercializzazione e di trasformazione.

Viceversa, la crisi economica ha fatto precipitare gran parte dell'economia sarda nella stagnazione e nella recessione, contrassegnata da una grave incidenza, tra le peggiori in Italia, della disoccupazione. La stessa industria delle costruzioni si contrae, come conseguenza di una congiuntura sfavorevole estesa a tutto il territorio nazionale. Anche di fronte alla crisi energetica, tarda la ripresa dell'estrazione del carbone, mentre le prospettive di razionalizzazione e di verticalizzazione dell'intero settore minerario si allontanano nel tempo. Soltanto l'allevamento, pur nei suoi limiti obbiettivi, dimostra buone capacità di tenuta, specie laddove trova il sostegno dei caseifici cooperativi. Nelle aree costiere il crescente turismo si dimostra pure una fonte di lavoro e di reddito, per quanto di importanza marginale.

Nei paesi, a sostegno delle classi più disagiate, rimane la vasta rete assistenziale, soprattutto pensionistica, particolarmente importante in quei comuni che, dissanguati dall'emigrazione, hanno una popolazione in gran parte invecchiata. Le pensioni, la più prolungata scolarizzazione dei giovani, l'occupazione saltuaria data dal turismo e dall'ingigantirsi del settore terziario, alleggeriscono alquanto una situazione peraltro grave e impediscono che, com'è avvenuto in passato in altre fasi difficili attraversate dall'economia sarda, la manodopera partecipi massicciamente all'emigrazione.

2.3. L'emigrazione colpisce maggiormente le aree interne

Prima di passare all'esame della distribuzione territoriale dei rientri dall'estero è opportuno dare uno sguardo alla distribuzione delle aree di esodo. Ciò soprattutto allo scopo di constatare l'eventuale coincidenza nello spazio dei due flussi.

È noto come l'ambiente di origine eserciti una forte azione di richiamo sull'emigrato, tanto più se questi se ne è allontanato col proposito di ritornarvi dopo aver risolto problemi temporanei, come l'allevamento dei figli piccoli o dei fratelli minori, il pagamento di debiti o la costruzione di una casa. Anche in questi casi, al momento del ritorno, varie considerazioni possono condurre l'emigrato a rientrare in un comune diverso da quello di partenza. Motivi come il reperimento di un posto di lavoro in altra località, l'acquisto di terreno o di un'abitazione di un altro comune o ragioni di carattere familiare come la decisione di seguire il coniuge nel comune da cui questi proviene, oppure la scelta di una località più promettente per il futuro o gli studi dei figli, possono far sì che il ritorno avvenga in un comune diverso da quello di origine.

In Sardegna, può succedere che le aree dove sono stati aperti nuovi posti di lavoro coincidano con quelle che in passato hanno avuto forte emigrazione, come nel caso del polo metallurgico di Portovesme e quello chimico-tessile di Ottana. Il potere attrattivo dell'area di origine è accresciuto allora dalla possibilità di lavoro che si è aperta con le nuove localizzazioni industriali, ma più frequentemente i motivi di attrazione messi in atto dalla speculazione immobiliare, dall'apertura di nuove possibilità di lavoro e dalla presenza di strutture educative si collocano al di fuori delle vecchie aree di esodo.

L'accentuarsi dell'emigrazione verso l'interno e verso l'estero, negli anni Cinquanta e Sessanta, è evidente dal confronto dei bilanci migratori al termine di ciascun decennio (tab. 1), per quanto in entrambi i casi la Sardegna si collocasse solo al secondo posto tra le regioni meridionali in ordine crescente del valore del saldo. La partecipazione delle tre province mutava nel frattempo sensibilmente poiché contro la diminuzione del Cagliaritano e del Sassarese si pone l'aumento del nuorese che, nel secondo decennio, con il 19% della popolazione sarda, ha concorso al 32,2% del deficit. In questa provincia l'incidenza dell'esodo è stata tale da cancellare tutto l'incremento naturale del decennio e da intaccare la consistenza iniziale della popolazione. Inoltre, mentre nel primo decennio la partecipazione dell'emigrazione non presenta forti scostamenti dalla media, nel secondo le marcate differenze da comune a comune sono un chiaro indice degli effetti di una crescita squilibrata. Anche nel Cagliaritano e nel Sassarese tuttavia gli importanti interventi di sviluppo non hanno impedito alle rispettive province di esprimere saldi negativi in aggravamento (tab. 4).

Il quadro distributivo della crescita naturale si è andato facendo più omogeneo: si è infatti attenuata la caratterizzazione del Cagliaritano come serbatoio di crescita naturale, che gli derivava in parte dall'inurbamento di giovani famiglie nel capoluogo regionale e in parte dalla persistenza di aree rurali di alta natalità. Entrambe le province di Cagliari e di Nuoro seguono il Sassarese nella direzione dell'abbassamento della natalità e dell'incremento della mortalità. La forte incidenza migratoria ha accelerato quest'evoluzione nella provincia di Nuoro, che, nel secondo decennio, è al 13° posto tra le 33 province meridionali, in ordine decrescente del bilancio migratorio, mentre quella di Cagliari è al 26° e quella di Sassari al 29°, alla pari con la provincia di Ragusa.

Se poi si paragona il tasso del bilancio migratorio sulla popolazione dei comuni capoluogo con quello degli altri comuni si rileva che la capacità attrattiva dei primi si è notevolmente attenuata (tab. 4).

Dal confronto delle cifre relative ai comuni per i due decenni (tab. 5) emerge non solo l'aggravarsi dei valori negativi, ma anche l'estendersi dell'emigrazione a comuni prima positivi [37]. Quelli che restano positivi sono per lo più di notevoli dimensioni demografiche. Nella provincia di Cagliari, il capoluogo e sette comuni contigui, Oristano, futuro capoluogo della quarta provincia, e Portoscuso, sede del già ricordato polo metallurgico. In quella di Nuoro, oltre al capoluogo, solo i due piccoli comuni di Tortolì, sede di un nucleo industriale di interesse regionale e di Girasole, interessato ad uno spostamento

---

[37] Di conseguenza, l'arco dei valori rappresentati è diventato più ampio: nel primo decennio da un massimo positivo di 189 ab.‰ si va ad uno negativo di 486 ab.‰, nel secondo da un massimo positivo di 207,7‰ ad uno negativo di 554,5‰.
Si aggiunga che mentre nel primo decennio il totale dei saldi positivi (39.000 unità) si realizzava a carico di circa 435.000 ab., con un tasso medio di 90‰, interessando quindi quasi un terzo della popolazione dell'isola, nel secondo scendeva a circa 11.000, riferendosi a circa 327.000 ab., con un tasso medio di 33,6‰. Una quota quasi uguale della popolazione regionale (il 35%) continuava a trovarsi nei comuni con valori migratori positivi.

Tab. 4 - Ripartizione per provincia, comuni capoluogo ed altri comuni del saldo naturale, migratorio e della variazione demografica in Sardegna dal 1951 al 1971 (*tassi su mille ab. res.*)

Province	Saldo naturale 1951-61		Saldo naturale 1961-71		Saldo migratorio 1951-61		Saldo migratorio 1961-71		Tasso del bilancio migratorio 1951-61	Tasso del bilancio migratorio 1961-71	differ.	Variazione demografica 1951-61	Variazione demografica 1961-71
	n.	‰	n.	‰	n.	%	n.	%	‰	‰	n.		
Sassari	50.831	139	48.630	125	– 19.593	25,1	31.930	21,6	– 54	– 82	–28	31.238	16.700
Nùoro	42.403	157	37.423	135	– 16.019	20,6	– 47.608	32,2	– 59	–171	–112	26.384	–10.185
Cagliari	127.833	179	116.376	149	– 42.116	54,2	– 68.453	46,2	– 58	– 88	– 29	85.717	–47.923
Comuni cap.	42.496	163	56.900	173	28.733	—	7.780	—	110	24	– 86	71.229	64.680
Altri comuni	178.571	164	145.529	130	–106.461	—	–155.771	—	– 98	–139	– 41	72.110	–10.242
Sardegna	221.067	164	202.429	140	– 77.728	100,0	–147.991	100,0	– 58	–102	– 44	143.339	54.438

Fonte: Per il saldo naturale 1961-71, cfr. Istat, *Popolazione e movim. anagr. dei comuni*, 1973; per quello del 1951-61, dati non pubblicati forniti dallo stesso Istituto. Per la popolazione, cfr. Istat, *Censimento della popolazione*.

Tab. 5 - Distribuzione dei comuni per classi di valore del tasso del bilancio migratorio (TBM) per il 1951-61 e per il 1961-71

Provincie	1951-61									1961-71									Totale comuni	
	TBM positivo o zero		<−190		TBM negativo −190/−290		>290			TBM positivo o zero		<−190		TBM negativo −190/−290		>−290				
	n.	%	n.	%	n.	%	n.	%		n.	%	n.	%	n.	%	n.	%		n.	%
Sassari	7	8,6	55	67,9	19	23,5	—	—		7	8,6	27	33,3	19	23,5	28	34,6		81	100,0
Núoro	12	11,8	88	86,2	2	2,0	—	—		3	2,9	30	29,4	45	44,1	24	23,6		102	100,0
Cagliari	19	11,0	134	77,5	17	9,8	3	1,7		11	6,4	86	49,7	51	29,5	25	14,4		173	100,0
Sardegna	38	10,7	277	77,8	38	10,7	3	0,8		21	5,9	143	40,2	115	32,3	77	21,6		356	100,0

Fonte: cfr. tab. 4.

di popolazione tutto particolare, registrano bilanci positivi. In quella di Sassari, i bilanci positivi si raccolgono in due concentrazioni significative: ad est, Olbia, principale porto passeggeri dell'isola e sede di un nucleo industriale, con Arzachena e Santa Teresa Gallura, località note per il loro sviluppo turistico; ad ovest, il triangolo Sassari-Alghero-Porto Torres, dove su brevi distanze si articolano notevoli insediamenti turistici, strutture portuali importanti, nuovi insediamenti industriali e una consistenza rilevante di servizi.

Una quota non trascurabile (il 14%) di comuni presenta valori negativi ma non superiori a $-100\%o$. Molti si trovano nel Campidano, in cui l'emigrazione non ha mai raggiunto valori cospicui e nella pianura di foce del Tirso, dove la popolazione basa il suo reddito su un'agricoltura in gran parte intensiva e specializzata, oltre che sui posti di lavoro offerti dalla città e dal nucleo industriale di Oristano. Altri comuni con debole emigrazione si trovano presso Sassari e presso Olbia-Arzachena, e non vanno dimenticate alcune cittadine come Macomer e Bosa.

In linea di massima, si passa con gradualità da poli di attrazione alle aree di forte esodo, il che dimostra che i primi non hanno provocato lo svuotamento dei comuni più vicini dai quali anzi partono correnti di pendolarismo sollecitate dalle attività localizzate nei poli attrattivi. Questi anelli di minor emigrazione si può dire manchino solo nel caso di Nuoro, circondata da comuni tutti in perdita più o meno intensa e di Portoscuso, dove l'esiguità del numero dei posti di lavoro di nuova creazione ha inciso solo debolmente sull'area mineraria ancora caratterizzata da intensa emigrazione. Oltre una certa distanza per lo più sulle colline, gli altopiani dell'interno e le montagne, le perdite migratorie si fanno più nette e più gravi.

Il 51% dei comuni sardi è infine interessato da saldi negativi forti, oltre il $-100\%o$. Nel Sassarese spicca l'Anglona e più a sud la fascia trasversale che, andando da un mare all'altro, comprende la maggior parte del Logudoro, del Meilogu, del Gocèano e degli altopiani di Alà e di Bitti. Questa fascia si prolunga, in direzione meridiana, attraverso il Nuorese, comprendendo i comuni del medio Tirso, delle Barbagie e del Sarcidano, fino alle colline della Marmilla e della Trexenta. Nel Cagliaritano si distinguono per l'incidenza dell'emigrazione le due zone minerarie, anzitutto il Sulcis-Iglesiente ad ovest, ma anche, ad est, i comuni del Gerrei e del Sàrrabus, dove il contrarsi di un'attività mineraria che in passato aveva un posto considerevole ha creato notevoli vuoti occupativi.

Pur essendo il forte esodo un fenomeno tipico dell'interno, non mancano comuni costieri con perdite marcate, sia sulla costa occidentale (tra Alghero e Capo Mannu), sulla meridionale (Sulcis e Iglesiente) che su quella orientale (Golfo di Orosei, costa del Sàrrabus), in aree che, soprattutto a motivo del loro isolamento, sono rimaste più a lungo estranee allo sviluppo turistico.

In definitiva, come è stato giustamente messo in evidenza [38], le variabili economico-occupazionali che più strettamente appaiono collegate all'emigrazione degli anni Sessanta sono state la variazione dell'occupazione nel terziario, quella dell'industria e, a distanza, della superficie coltivata a frutteto e a vigneto, che si correlano positivamente con una emigrazione scarsa e anche un un'immigrazione netta. Ciò dimostra le conseguenze destabilizzanti della concentrazione degli interventi in determinati poli, causa di rilevanti spostamenti interni, che, mentre cominciano a produrre congestione in alcune città, aggravano lo spopolamento causato dall'emigrazione verso l'Italia settentrionale, Roma e alcuni paesi europei.

2.4. *Le conseguenze demografiche nelle zone di esodo*

La correlazione tra la diminuzione dell'incremento naturale e l'emigrazione comincia, in Sardegna, a riscontrarsi nelle aree dove quest'ultima si era più precocemente affermata. Sono infatti i comuni del Logudoro occidentale e del Bosano, in cui l'emigrazione era già consistente nel primo decennio del secolo, quelli che, nel 1951-61, presentano una situazione di decremento naturale.

Viceversa, i comuni nei quali la tenuta del guadagno naturale è migliore sono quelli dove l'emigrazione si è sviluppata più di recente [39]. Gli effetti dell'esodo sono più evidenti nella distribuzione territoriale degli incrementi naturali che non della variazione del loro valore totale nell'isola. Infatti, la differenza tra il saldo naturale del primo decennio e quello del secondo non è ingente: si è scesi da circa

---

[38] R. KING e A. STRACHAN, *Patterns of Sardinian migration*, in «Tijdschrift v. econ. en soc. Geogr.», Utrecht, 71, 1980, 4, pp. 209-222.

[39] M. ZACCAGNINI, *Mutamenti di popolazione in Sardegna nel periodo 1951-1971*, in «Annali della Fac. di Magistero dell'Univ. di Cagliari», n. ser., 4, 1980, pp. 205-256.

220.000 a 200.000 unità. La popolazione delle città e di pochi altri comuni vicini continua ad avere consistenti saldi naturali. Si è viceversa molto esteso (da 110 a 254) il numero dei comuni in cui la sottrazione migratoria non è più compensata da saldi naturali ancora positivi seppur decrescenti. In gran parte delle aree interne invece nel primo decennio la crescita naturale aveva potuto colmare i vuoti creati dall'emigrazione.

Tuttavia i comuni «in via di abbandono», che cioè a saldi naturali negativi aggiungono saldi migratori pure negativi e superiori, sono ancora pochi: soltanto 15, significativamente situati nel Logudoro occidentale e nel Bosano.

In generale, i più bassi saldi naturali della provincia di Sassari sia nel primo che nel secondo decennio (tab. 4), rispetto al Nuorese e al Cagliaritano sono probabilmente da interpretarsi come il risultato della precoce emigrazione, anche se vanno chiamate in causa altre condizioni quali la maggiore urbanizzazione, una scolarizzazione più diffusa e una maggior creazione di nuovi posti di lavoro.

La stessa distribuzione dell'indice di vecchiaia al 1971 [40], con le sue forti differenze locali, dimostra chiaramente il maggior invecchiamento della popolazione delle aree dove l'emigrazione si è da più tempo manifestata, e la maggiore giovanilità delle città e in genere dei comuni di attrazione.

Dal confronto delle matrici di evoluzione del comportamento demografico dei comuni [41], è poi possibile appurare che i casi di inversione di tendenza tra il 1° e il 2° periodo sono stati rari: dei 110 comuni che presentavano una perdita migratoria non compensata da un saldo naturale pure ancora positivo, soltanto tre sono migliorati verso un livello di «tenuta demografica», mentre 14 si sono evoluti verso una situazione di più grave scompenso.

I decrescenti tassi di saldo naturale in Sardegna non sono dunque tanto da mettersi in relazione con processi di modernizzazione, poiché, sono proprio le città e i poli industriali a conservare i valori più alti, quanto piuttosto con fenomeni di spopolamento delle aree rurali, soprattutto quelle interne. Le aree di decremento interessano ormai vaste superfici e varie decine di piccoli centri, ma toccano solo

---

[40] M. ZACCAGNINI, *Caratteristiche strutturali della popolazione*, in *Atlante della Sardegna*, op. cit., pp. 198-207, cfr. in particolare la tav. 66.
[41] M. ZACCAGNINI, *Mutamenti di popolazione*, op. cit.

una quota modesta della popolazione dell'isola. In fondo, non riguarda che poche aree il pericolo di una vera e propria desertificazione o di una forte sottoutilizzazione di quelle strutture (viarie, sanitarie, educative) create in anni recenti. Tuttavia sta perdendo interesse l'impiego di risparmi nell'edilizia e in esercizi commerciali nei piccoli paesi, che sono quelli coinvolti nel depauperamento demografico.

I piccoli e piccolissimi comuni hanno infatti avuto una parte assai rilevante nell'esodo. Nel decennio 1961-71, la popolazione media dei 61 comuni il cui deficit migratorio ammontava ad almeno un terzo della popolazione (media del periodo), era di circa 1.500 ab.; anzi, soltanto 11 di questi erano sugli 8.000, mentre la maggior parte non raggiungeva nemmeno i mille. Però, per avere un'idea più precisa della quota di popolazione che è interessata, in Sardegna, a un fenomeno di accentuato spopolamento va tenuto presente che, complessivamente, questi comuni rappresentavano (al 1971) soltanto il 6% della popolazione sarda. Nello spopolamento dei piccoli comuni si continua la tendenza, che ha caratterizzato gran parte della storia moderna dell'insediamento sardo a concentrarsi in abitati di dimensioni maggiori.

Vale la pena di rilevare che tale fenomeno non riguarda che minimamente i comuni pastorali dell'interno, dei quali solo Orune, nella provincia di Nuoro, rientra nel gruppo anzidetto, ma colpisce soprattutto piccoli comuni prevalentemente agricoli del Logudoro sud-occidentale, del Mandrolisai, dell'alto Flumendosa, dell'Anglona, e anche alcuni comuni un tempo prettamente minerari (Arbus, Buggerru, San Vito).

3. Verso la fine di un'ondata migratoria

3.1. *La fase di prevalenti rimpatri degli anni Settanta*

Dai dati del movimento anagrafico dal 1971 al 1979, risulta che la popolazione continua a crescere, soprattutto per l'incremento naturale, che ammonta a circa 120.000 unità. Pur essendo la natalità in netta discesa (dal 20‰ del 1971 al 14,8‰ del 1979), il mantenimento della mortalità su un livello pressoché costante assicura un saldo positivo che viene aumentato dall'apporto, pure positivo, del bilancio migratorio (iscrizioni/cancellazioni) che è stato di circa 5.000 unità.

In questi anni si è assistito ad un rovesciamento del movimento migratorio, poiché il saldo con l'estero è stato positivo dal 1972 e tor-

Tab. 6 - Popolazione residente a fine anno e movimento anagrafico iscritti/cancellati della Sardegna dal 1972 al 1980

	Con l'interno			Con l'estero			Totale			Ab res. al 31.XII
	i	c	i-c	i	c	i-c	i	c	i-c	i+c	
1972	40.487	40.251	236	2.623	803	1.820	43.110	41.054	2.056	84.164	1.495.644
1973	40.480	39.467	1.013	2.600	847	1.753	43.080	40.314	2.766	83.394	1.516.338
1974	40.353	39.972	381	2.432	922	1.510	42.785	40.894	1.891	83.679	1.535.727
1975	36.712	37.040	− 328	2.783	945	1.838	39.495	37.985	1.510	77.480	1.552.767
1976	36.197	37.194	− 997	2.709	1.186	1.523	38.906	38.380	526	77.286	1.568.077
1977	35.209	35.763	− 554	1.880	778	1.102	37.089	36.541	548	73.630	1.582.108
1978	33.596	36.380	−2.784	1.917	1.175	742	35.513	37.555	−2.042	73.068	1.592.964
1979	34.003	36.018	−2.015	1.754	2.039	− 285	35.757	38.057	−2.300	73.814	1.601.586
1980	38.799	40.500	−1.701	1.921	1.745	− 176	40.720	42.245	−1.525	82.965	1.610.260

Fonte: ISTAT, *Popolazione e movim. anagr. dei comuni.*

na negativo solo nel 1979. Quello con l'interno, inizialmente positivo, torna negativo dal 1975. Per vari anni dunque il bilancio totale è positivo, poiché l'eccedenza dei rientri dall'estero maschera la negatività del bilancio con l'interno. Ultimamente però le cancellazioni per l'interno e per l'estero sono in leggera ripresa, cosicché diminuisce la positività del movimento con l'estero, un segno inequivocabile delle difficoltà in cui si dibatte il mercato occupativo dell'isola (tab. 6).

In totale, tra il 1971 e il 1979 la Sardegna ha registrato un aumento di popolazione dell'8,4%, superiore a quello medio delle regioni meridionali (7,3%) e secondo, in Italia, solo a quello della Puglia (9,3%).

A parte l'andamento dei saldi, la mobilità nel suo complesso è andata diminuendo: il suo indice globale infatti (somma degli iscritti e dei cancellati su 100 ab. res.) è sceso dal 5,9% (1967-69) al 5,5% (1972-74) e infine al 4,6% (1977-79).

La riduzione della mobilità è in parte da interpretarsi come un effetto della contrazione delle opportunità di lavoro nelle aree attrattive all'interno e all'esterno dell'isola e quindi una conseguenza della stagnazione economica. Secondariamente, incide la difficoltà di reperire abitazioni soprattutto nelle città, che contribuisce, insieme alla stagnazione, a ritardare i matrimoni, causa importante di mobilità anagrafica.

Va anche tenuto presente che la fonte anagrafica non registra adeguatamente una forma di mobilità che in altre regioni italiane si è consolidata da tempo ma che in Sardegna si è affermata più recentemente, e cioè gli spostamenti temporanei per lavoro nei paesi «emergenti» dell'Africa e dell'Asia Anteriore.

In questa dinamica demografica, caratterizzata da contrazione sia naturale che migratoria, la sola voce in crescita è quella delle iscrizioni dall'estero. Anche se di segno opposto, essa va in fondo interpretata come coerente al clima di generale stagnazione e di riduzione delle opportunità che contrassegna l'intero quadro. È infatti la minor convenienza economica che spinge molti al rientro, mentre d'altronde le scarse possibilità occupative all'estero e il minor divario rispetto ai salari pagati in patria fanno diminuire il flusso in uscita, cosicché quello in rientro risulta comparativamente accentuato.

Nell'insieme della regione, la consistenza dei rientri è molto meno importante delle iscrizioni provenienti dalle altre regioni e dello stesso incremento naturale. La sua rilevanza si avverte soltanto in quei comuni dove l'incidenza è maggiore.

3.2. Bassa età media, alta presenza femminile, decrescente proporzione di attivi caratterizzano i rimpatri

3.2.1. Età e sesso

In confronto alla media italiana, la corrente di rimpatrio che negli ultimi anni ha riguardato la Sardegna presenta un'alta componente di ragazzi sotto i 14 anni e una minor presenza di adulti ultraquarantenni. Analoga differenza si riscontra anche rispetto ad alcune regioni meridionali di forte emigrazione, come la Puglia e la Sicilia.

Quanto alla presenza femminile, questa è sempre stata alta nell'emigrazione sarda [42]. Tra quelli che rimpatriano (1974-76) ci sono più donne (61 femmine su 100 maschi) che tra quelli che espatriano (56 su 100) (fig. 5 e 6).

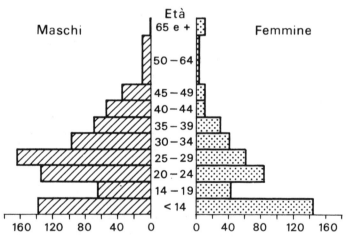

Fig. 5 - Piramide delle età degli espatri dalla Sardegna negli anni 1974-76 (media annua). Fonte: ISTAT, Annuario di stat. demogr.

---

[42] La forte componente femminile è una costante dell'emigrazione sarda, a causa della frequenza con cui le donne sarde si sono occupate in qualità di infermiere e di collaboratrici familiari nelle grandi città del continente, nelle quali hanno raggiunto notevole consistenza (cfr. M.R. SODDU, L'integrazione dell'immigrato sardo a Torino, in «Riv. di Psicologia sociale», Torino, 1972, cit. da N. RUDAS, 1974, p. 54). Negli anni più recenti, a queste correnti professionalmente ben individuate, si è aggiunta una certa partecipazione, soprattutto da parte di donne giovani e nubili, alle attività stagionali nella ricezione turistica soprattutto nelle zone costiere.

Com'è da aspettarsi, la fascia d'età 20-40 anni è contrassegnata da un maggiore squilibrio tra i sessi: tra quelli che espatriano infatti ci sono 46 donne su 100 uomini, mentre tra quelli che rimpatriano ce ne sono 54 su 100. La corrente di rientro presenta probabilmente un numero di familiari più alto, ma un confronto sulla loro incidenza nelle due correnti non è possibile, per la mancanza dei dati sulla composizione familiare dei rimpatri. Tra gli espatriati, invece si può constatare che i familiari, negli ultimi anni, hanno oscillato tra il 27 e il 43% del totale, con una certa tendenza all'aumento.

Molto meno netto è il crescente coinvolgimento di giovani nell'emigrazione: nel 1974-76 la sola classe di età per la quale si sia avuto un saldo negativo è quella di 20-24 anni, per effetto dell'eccedenza degli espatri maschili. Anche tra i rimpatriati prevalgono i giovani: addirittura, nel 1974-76, l'80% era sotto i 40 anni, contro il 68% per l'intera Italia.

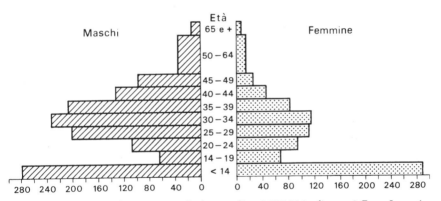

Fig. 6 - Piramide delle età dei rimpatriati in Sardegna negli anni 1974-76 (media annua). Fonte: ISTAT, Annuario di stat. demogr.

La giovane età dei rimpatriati non è connessa ad una breve durata del soggiorno all'estero. Al contrario, questo risulta più lungo che per la media degli italiani: nello stesso periodo, era rimpatriato entro l'anno il 17,6% dei Sardi (lavoratori e familiari), contro il 45,8% degli Italiani. Viceversa, tra i primi è più alta la proporzione di coloro che si sono trattenuti all'estero più di 5 anni (47,3 contro 26,2%) (tab. 7).

Assai bassa poi sarebbe la presenza di stagionali, tra i quali le femmine sono pochissimo rappresentate.

Tab. 7 - Rimpatriati per durata della permanenza all'estero. Sardegna e Italia (media annua 1974-76).

		Mesi					Anni			
	Fino a 3	3-6	6-9	9-12	1-2	2-3	3-4	4-5	> 5	Totale
Sardegna	54	80	108	171	224	221	189	188	1.104	2.339
%	2,3	3,4	4,6	7,3	9,6	9,4	8,1	8,0	47,3	100,0
Italia %	2,5	9,0	19,8	14,5	10,9	7,2	5,1	4,8	26,2	100,0

Fonte: ISTAT, *Annuario di stat. demogr.*

In conclusione, i rientri in Sardegna non corrispondono affatto al modello del rientro di prevalenti anziani e pensionati, ma indicherebbero piuttosto una forza-lavoro attuale e anche potenziale consistente.

3.2.2. *L'attività economica*

La proporzione di attivi per gli anni 1974-78 è sensibilmente inferiore che nella corrente di uscita dello stesso periodo: 53,5 contro 60,2. Quest'ultima vede una prevalenza di lavoratori giovani e senza famiglia, mentre in quella in entrata incide maggiormente la parte non attiva, costituita dai figli e dalle mogli, che non sempre esercitano un'attività. Scarsa importanza hanno invece i pensionati. Oltre alla conseguenza della formazione di nuclei familiari, ha la sua importanza anche la proporzione iniziale di attivi, dato che negli ultimi anni questa tende ad abbassarsi.

In tutte e due le correnti peraltro il tasso di attività risulta molto più alto di quello della popolazione dell'isola, come effetto della selezione operata dall'emigrazione.

Dal confronto della ripartizione per settori di attività (tab. 8) si rilevano scarse differenze: i valori del secondario e del terziario sono poco diversi e addirittura la proporzione di attivi nell'agricoltura è più alta tra i rimpatriati, mentre semmai ci aspetteremmo il contrario. Indubbiamente, l'alta proporzione di addetti all'industria tra gli espatriati deriva dalla frequenza di giovani che si orientano verso un'occupazione nell'edilizia o nell'industria, pur provenendo da famiglie agricole. Altrettanto incerta è l'appartenenza ad un settore piuttosto che ad un altro dei rimpatriati. Infatti, al momento dell'iscrizione, mentre alcuni dichiarano l'ultima professione svolta all'estero, altri si rifanno a

Tab. 8 - Espatri e rimpatri in Sardegna (1974-78). Attivi per settore di attività economica. Non attivi per condizione non professionale.

	Attivi						Non attivi			
	Primario	Secondario	Terziario	Totale	Casalinghe	Studenti	Ritirati dal lavoro	Altro	Totale	Totale
e	68	2.800	738	3.606	869	184	32	1.296	2.381	5.987
%	1,9	77,6	20,5	100,0	36,5	7,3	1,4	54,4	100,0	—
r	131	4.302	1.059	5.492	1.647	496	123	2.513	4.779	10.271
%	2,4	78,3	19,3	100,0	34,4	10,4	2,6	52,6	100,0	—

Fonte: ISTAT, *Annuario di stat. demogr.*

quella svolta prima di partire e alla quale intendono tornare, altri ancora semplicemente dichiarano il lavoro che svolgono al momento. Queste perplessità di interpretazione potrebbero però cadere se si tenesse conto che molto probabilmente l'interessato dichiara la professione nella quale si identifica, anche se al momento non l'esercita. Questo è molto plausibile per le donne, le quali, avendo quasi tutte lavorato all'estero, dichiarano al rientro in patria di essere casalinghe, ben sapendo che purtroppo non avranno alternative. Infatti, la proporzione di casalinghe al rientro non differisce granché da quella alla partenza.

Il numero delle casalinghe espatriate ammonta pressappoco alla metà del totale dei familiari, il che conferma l'elevata proporzione di bambini che hanno accompagnato i genitori nell'emigrazione, almeno in questi ultimi anni.

Nei confronti della posizione nella professione, la corrente di rientro si differenzia alquanto da quella in uscita, poiché il 20,8% degli attivi dichiara di trovarsi nella condizione di imprenditore, libero professionista, dirigente e impiegato, contro il 16,4% della seconda. Anche la categoria dei lavoratori in proprio e coadiuvanti è più alta (3,3%) tra gli attivi rimpatriati che tra quelli espatriati (1,5%).

È difficile dire in quale misura queste differenze rispecchino un'effettiva promozione socio-professionale dell'emigrato, a causa dello sfasamento, di sostanziale portata, tra le due correnti nel tempo.

3.3. *La distribuzione territoriale dei rientri coincide con le aree di esodo*

3.3.1. *In valori assoluti*

Il contributo dato al movimento con l'estero dalle quattro province sarde è molto diverso per il periodo qui esaminato (1972-77): si pone al primo posto per i rientri dall'estero la provincia di Cagliari, seguita quasi alla pari da quella di Nuoro e, con distacco, da Sassari e Oristano. In rapporto però alla popolazione residente, il Nuorese è la provincia che ha ricevuto la quota più alta, seguita dall'Oristanese, mentre le altre due restano più indietro (tab. 9).

Negli stessi anni, sebbene a ritmo ridotto, l'emigrazione è continuata. Nell'intera isola, contro 1 iscritto dall'estero su 103 ab. se ne è cancellato per l'estero 1 su 280. Il Nuorese continua ad occupare il primo posto, con un valore quasi triplo che nel Cagliaritano e quasi doppio che nel Sassarese, mentre l'Oristanese è all'ultimo posto.

Rispetto al decennio di più forte emigrazione (1961-71), si nota una restrizione dell'area di maggior esodo, poiché, mentre il Nuorese continua ad alimentare un'emigrazione relativamente intensa, la provincia di Oristano, che pure aveva generato un'emigrazione più alta della media sarda, ne è scesa ora parecchio al di sotto. La miriade di piccoli comuni dai quali gli emigranti sono partiti in gran numero sono ormai da considerarsi demograficamente esauriti, e la popolazione residua vive in gran parte sulle pensioni. La creazione della provincia e in aggiunta i lavori di costruzione del porto e del nucleo industriale di Oristano hanno poi dato una certa spinta economica all'area circostante. Il Nuorese invece, un po' perché i suoi centri, mediamente di maggiori dimensioni, non sono ancora nella fase di esaurimento demografico e un po' per le minori alternative di lavoro, continua ad alimentare espatri in maggior misura. Inoltre la corrente di uscita, a somiglianza di tutte le correnti migratorie, è di per sé dotata di un effetto di trascinamento, legato soprattutto al fenomeno dei ricongiungimenti familiari. A causa della permanenza di un certo espatrio, la provincia di Nuoro e quella di Cagliari, dove al contrario gli espatri sono al di sotto della media sarda, registrano valori simili del rapporto rimpatri/espatri. Il Sassarese, in cui l'emigrazione si era affermata precocemente, dimostra oggi un netto esaurimento della corrente di espatrio. Evidentemente, anche in una situazione di crisi come quella che si inizia nel 1973 e che perdura tuttora, le aree urbane più importanti in queste due province continuano ad offrire, rispetto alle campagne più remote, qualche occasione di occupazione in più nell'ambito dei servizi, anche se spesso sotto forma di lavoro nero e di sottoccupazione.

Tab. 9 - Movimento anagrafico con l'estero delle province sarde, dei comuni capoluogo e degli altri comuni nel 1972-77 e relativi indici medi annui* (su 1.000 ab. res.)

	Iscritti	Cancellati	Saldo	Media ab. res.	Indice dei rientri	Indice migratorio	Indice del bilancio migratorio	Iscritti/ cancellati x 100
Provincie								
Sassari	3.703	1.012	2.691	416.450	1,48	0,57	1,08	369,9
Nùoro	4.718	1.810	2.908	272.130	2,89	0,44	1,78	260,7
Oristano	1.764	499	1.265	153.715	1,91	0,56	1,37	353,5
Cagliari	4.860	2.172	2.688	697.871	1,16	0,38	0,64	223,8
Sardegna	15.045	5.493	9.552	1.540.166	1,63	0,47	1,03	273,9
Comuni capoluogo								
Sassari	323	114	209	113.182	0,48	0,48	0,31	283,3
Nùoro	340	163	177	33.832	1,67	0,35	0,87	208,6
Oristano	143	38	105	27.968	0,85	0,58	0,63	376,3
Cagliari	716	122	594	234.913	0,51	0,71	0,42	586,7
Totale	1.522	437	1.085	409.893	0,62	0,55	0,44	348,3
Altri comuni	13.523	5.056	8.467	1.130.273	11,96	0,46	1,25	267,5

Fonte: Istat, *Popolazione e movimento anagrafico dei comuni*.
* Per la spiegazione degli indici si veda la nota 38 all'introduzione.

A livello comunale, la concentrazione delle iscrizioni dall'estero è notevole: soltanto 38 comuni (il 10,7% del totale dell'isola) hanno in pratica raccolto il 48,1% degli iscritti dall'estero, totalizzandone nel corso del seiennio almeno 100 ciascuno. Poiché però essi comprendono il 48,4% della popolazione sarda, i rientri risultano sostanzialmente in equilibrio con la popolazione. Per il rimanente, ben 36 comuni non hanno avuto nessun rientro e 48 non più di 1 mediamente all'anno (fig. 7 e tab. 10).

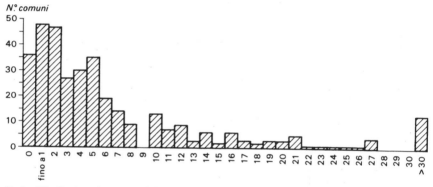

Fig. 7 - Distribuzione dei comuni della Sardegna per numero medio annuo di iscritti dall'estero dal 1972 e dal 1977. (Fonte: Istat, *Popolazione e movim. anagr. dei comuni*).

Tra i 38 comuni di maggiori rientri troviamo, com'è da aspettarsi, tutte le città dell'isola. Ben 15 hanno oltre 10.000 ab. e anche i comuni minori o sono prossimi a una città, o sono direttamente interessati dallo sviluppo turistico o dalle nuove localizzazioni industriali.

Non si deve però credere che le città, in proporzione alla popolazione, abbiano avuto rientri più numerosi degli altri comuni. Dei 15.045 iscritti, 3.996 (il 26,6%) riguardano i 21 comuni con almeno 10.000 ab. e di questi 1.522 (il 10,1%) i quattro capoluoghi provinciali. I rimanenti 9.527 (63,3%) sono rientrati nei restanti 331 comuni (in media 29 per ciascuno). Le iscrizioni dall'estero sono state in proporzione molto più alte delle cancellazioni nei capoluoghi provinciali che non nel resto dell'isola: in questo periodo infatti dall'intera Sardegna si sono cancellati 36 ab. su 10.000, ma solo 11 dalle città capoluogo e con grosse differenze l'una dall'altra: 5 da Cagliari, 10 da Sassari, 14 da Oristano, ma ben 48 da Nuoro. Per cui il tasso dei rientri sulle

partenze per l'estero risulta assai superiore nelle città e particolarmente a Cagliari (tab. 9).
Il comportamento di Nuoro merita per la sua peculiarità una certa attenzione. Polo di un urbanesimo intenso ma proveniente soprattutto dai pochi comuni circostanti e comunque non esorbitante i limiti della provincia, Nuoro unisce all'elevata mobilità con l'interno una forte mobilità con l'estero, entrambi indici di una crescita tumultuosa. La città fa infatti registrare oltre ad un più intenso flusso in entrata e in uscita anche un guadagno migratorio (con l'estero) maggiore. Evidentemente, una certa parte degli inurbati di data recente non riesce ad inserirsi ad emigra all'estero. D'altra parte, non pochi emigrati, rimpatriando, vi si trasferiscono dai comuni della provincia.

3.3.2. *In valori relativi: indice dei rientri, indice migratorio, indice del bilancio migratorio* [43]

In conseguenza di quanto si è detto, l'*indice dei rientri* sulla popolazione residente presenta, rispetto alla media dell'isola (1,63%o), valori alquanto più bassi nelle province di Cagliari e di Sassari, più alti invece in quella di Oristano e soprattutto di Nuoro, che si discosta dalla media regionale del 177%. Le differenze rispecchiano abbastanza da vicino quelle del bilancio migratorio del 1961-71, vale a dire che le province dalle quali si è emigrato di più sono anche quelle che in proporzione ricevono i maggiori rientri. Ciò lascerebbe pensare che all'atto dei rientri prevalga la forza di richiamo che viene esercitata dai comuni di origine. Una forza di tipo elastico che tende a ricondurre l'emigrato nella comunità di origine, e che è perfettamente coerente con il carattere di temporaneità che l'emigrazione ha avuto in Sardegna e con i forti legami parentali e sociali esistenti tra individuo e comunità.

Interessante è rilevare il diverso comportamento nella fase migratoria (1961-71) e in quella di prevalenti rientri (1972-77) dei comuni capoluoghi da una parte e degli altri comuni dall'altra. I primi si scostano poco dai valori medi, mentre il secondo gruppo mostra un forte scostamento positivo per i rientri, cioè in altri termini ha attratto rimpatri in proporzione molto più che le città capoluogo.

[43] Cfr. nota 38 al cap. 1.

Tab. 10 - Comuni con 100 e più iscritti dall'estero tra il 1972 e il 1977

Province	Sassari		Nùoro		Oristano		Cagliari	
	Alghero	413	Nùoro	340	Baressa	162	Cagliari	716
	Sassari	323	Siniscola	340	Oristano	143	Carbonia	366
	Castelsardo	209	Dorgali	278			Quartu S.E.	227
	Olbia	194	Bolòtana	230			Portoscuso	217
	Pozzomaggiore	151	Sindia	161			S. Antioco	214
	Tula	126	Orosei	159			Villacidro	147
	Tempio	125	Escalaplano	159			Villaputzu	131
	La Maddalena	118	Torpé	137			Iglesias	125
	Ittiri	115	Ortueri	117			S. Vito	122
	Ozieri	112	Orani	105			Muravera	121
	Uri	101	Macomer	104			Sanluri	112
			Ottana	101			Pula	111
							Capoterra	102
Totale		1.987		2.231		305		2.711
% sul totale della provincia		53,7		47,3		17,3		55,8

Fonte: Istat, *Popolazione e movimento anagrafico dei comuni.*

Infatti, anche se in cifre assolute il maggior numero dei rientrati si è diretto verso i grandi comuni, la loro incidenza sulla popolazione è maggiore nei piccoli comuni, anzi, i valori sono più accentuati a livello dei più piccoli, dove poche unità in più o in meno provocano sensibili variazioni degli indici. Tuttavia, nella fase di maggior emigrazione, i piccoli comuni avevano alimentato, in proporzione alla loro popolazione, deficit molto più alti dei comuni medi e grandi. Il potere riequilibratore dei rientri dall'estero è minimo in confronto alle perdite subite, né è integrato dai rientri dall'interno o dalle città sarde, assai rari.

Se isoliamo un gruppo di comuni (29) che rappresentano le località in cui lo sviluppo urbano e turistico nonché l'apertura di nuove industrie hanno trovato la massima espressione, possiamo constatare che vi si è raccolto quasi un terzo dei rientri (4.480 su 15.045). In proporzione alla loro popolazione, tuttavia l'indice è solo dell'1,04%o, sensibilmente inferiore alla media regionale. Non si può certo dire, in conclusione, che queste aree abbiano polarizzato maggiori quote di rientri. Peraltro, la mancata polarizzazione dei rientri dall'estero non ci autorizza ad affermare che questi non siano stati influenzati dai processi di crescita industriale e terziaria che hanno interessato determinate parti della regione. Tali effetti, del resto, si allargano ad aree ampie e comprensive di comuni di piccole dimensioni e di nessun rilievo socio-economico, a causa del formarsi di grandi bacini di pendolarismo convergenti sui poli occupativi.

In conclusione, la carta dell'indice dei rientri per comune (fig. 8) indica una sostanziale corrispondenza tra aree di partenza e aree di rientro, cui non mancano però le eccezioni. La maggiore riguarda il Sulcis-Iglesiente, dove nessun comune, ad eccezione di Portoscuso, già ricordato tra i nuovi insediamenti industriali, si segnala per l'intensità dei rientri, mentre l'emigrazione continua. La spiegazione va cercata, oltre che nel basso numero dei posti di lavoro creati a Portoscuso e a Sant'Antioco, nello scarso potenziale occupativo offerto dalle due città di Iglesias e Carbonia, anch'esse gravemente colpite dalla crisi mineraria, la cui terziarizzazione non ha potuto compensare i vuoti aperti nell'occupazione. Analoghe eccezioni, su scala minore, si ritrovano nei piccoli comuni agricoli della Marmilla e della Trexenta e in alcuni comuni pastorali della Barbagia.

L'indice migratorio, che confronta la corrente in entrata (iscritti dall'estero) con quella in uscita (cancellati per l'estero), rapportandone la differenza al totale del movimento (tab. 11), permette di individuare quattro categorie di comuni. Sui valori tra -1 e $-0,01$ si collocano quelli che hanno solo cancellati o comunque un numero di cancellati superiore agli iscritti, cioè i comuni in cui l'emigrazione continua. Quei comuni invece che fanno registrare valori tra 0 e 0,50 hanno un esubero di iscritti sui cancellati, ma di modeste dimensioni, poiché sull'emigrazione cominciano a prevalere i rientri. Un terzo gruppo (tra 0,50 e 0,99) è formato dai comuni in cui gli iscritti prevalgono decisamente sulle partenze. Vengono infine quelli dove l'emigrazione si può dire cessata e che avendo avuto soltanto iscritti fanno registrare un indice di 1.

Tab. 11 - Province e comuni della Sardegna per classi di valore dell'indice migratorio

Indice migratorio	Sassari comuni		Nùoro comuni		Oristano comuni		Cagliari comuni		Sardegna comuni	
	n.	%	n.	%	n.	%	n.	%	n.	%
—1/—0,01	6	7,4	9	9,2	7	9,4	13	12,8	35	9,8
0,00/0,50	22	27,2	32	32,7	22	29,3	45	44,1	121	34,0
0,51/0,99	26	32,1	40	40,8	21	28,0	26	25,5	113	31,7
1	27	33,3	17	7,3	25	33,3	18	17,6	87	24,5
Totale comuni	81	100,0	98	100,0	75	100,0	102	100,0	356	100,0
Valore medio	0,571		0,445		0,559		0,382		0,465	

A livello delle singole circoscrizioni comunali, i risultati si prestano ad equivoci, poiché, per esempio, alla categoria descritta per ultima potrebbero appartenere sia comuni in espansione che attraggono i rientri, come pure comuni dalla popolazione invecchiata che non alimentano più l'emigrazione ma accolgono ancora qualche rimpatrio, forse vecchi pensionati. Nel quadro d'insieme però dalla distribuzione dei comuni nelle quattro categorie si possono cogliere indicazioni circa lo stadio dell'evoluzione migratoria nel quale si trovano.

A livello delle province, si trova la conferma di quanto detto dinanzi (tab. 9): simili le condizioni di quelle di Sassari e di Oristano, nella prima perché l'emigrazione cominciata da più tempo si è ormai esaurita e molti comuni, anche per il maggior benessere economico raggiunto, non alimentano più l'emigrazione all'estero; nella seconda prevalgono i piccoli comuni nei quali si è ancora lontani dal benesse-

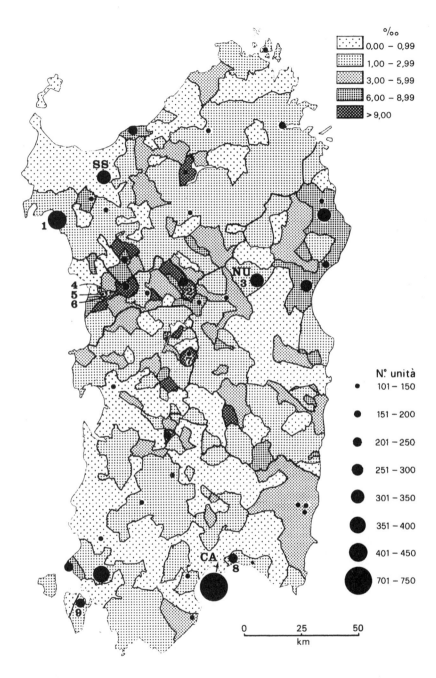

Fig. 8 - Distribuzione degli iscritti dall'estero nel 1972-77 nei comuni di maggior rientro (cerchi) e dell'indice dei rientri (per 1.000 ab.) (Fonte: Istat, *Popolazione e movim. anagr. dei comuni*).

re ma la cui popolazione piuttosto invecchiata non dà più espatri. Diversa invece la situazione delle altre due province, il Nuorese con la sua grossa quota di comuni che hanno rientri consistenti ma dai quali si emigra ancora, e il Cagliaritano, che è quella con i maggiori contrasti territoriali, perché, mentre ha ricevuto la più grossa fetta (in termini assoluti) dell'emigrazione di ritorno, ha ancora molti comuni con sensibili espatri e relativamente pochi da considerarsi esauriti dal punto di vista emigratorio. Contrasti spiegabili se si pensa agli effetti congiunti della crisi mineraria, dell'inurbamento e della creazione di nuovi posti di lavoro nell'industria su aree diversamente caratterizzate, da quelle profondamente rurali, fino ai nostri giorni, del Sarrabus, della Trexenta e dello stesso Campidano, a quelle nettamente minerarie del Sulcis, dell'Iglesiente e del Gerrei, all'area infine più strettamente legata alla città di Cagliari. Un effetto sensibile sul profilo migratorio della provincia ha poi la persistenza di alti valori di incremento naturale, rispetto al resto della regione.

La contemporaneità, anche negli anni 1972-77, di un certo flusso in uscita, seppure modesto, e del flusso di rientro fa sì che nella maggior parte dei comuni sardi (269 su 356) l'apporto dei rientri dall'estero venga più o meno controbilanciato dalle partenze. Il saldo migratorio, rapportato alla popolazione residente (*indice del bilancio migratorio*) è un indice dell'effettiva capacità di ritenuta dell'immigrazione di ritorno da parte delle comunità locali, almeno entro certi limiti.

L'emigrazione di oggi, evidentemente, è solo in parte costituita da rientrati che riemigrano, poiché sono presenti giovani che emigrano per la prima volta e meno giovani che d'abitudine trascorrono periodi di lavoro all'estero intervallati da soggiorni in patria.

Un bilancio positivo peraltro può essere indice sia di una situazione favorevole del mercato di lavoro locale, e quindi di maggiori richiami e minori partenze, come può semplicemente indicare gli effetti dell'invecchiamento della popolazione.

A livello provinciale, a fronte di una media annua regionale di appena 1,03 su 1.000 ab., le provincie di Nuoro e Oristano fanno registrare scostamenti positivi accentuati, mentre quella di Sassari è appena al di sopra e quella di Cagliari decisamente al di sotto. Analogamente, tra i capoluoghi di provincia, sono Nuoro e Oristano ad avere gli indici più alti. I valori più elevati quindi non sono quelli delle province che hanno avuto il massimo sviluppo urbano-industriale, e cioè

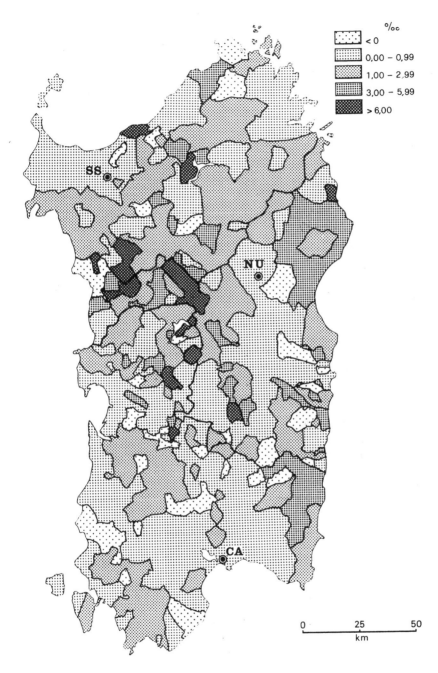

Fig. 9 - Distribuzione dell'indice del bilancio migratorio 1972-77 (per 1.000 ab.) nei comuni (Fonte: ISTAT, *Popolazione e movim. anagr. dei comuni*).

il Cagliaritano e il Sassarese, ma piuttosto quelli delle province dalle quali si è emigrato di più. Anche questo indice dunque conferma che con i rientri non si sono avuti grossi spostamenti interprovinciali.

Se si considera il quadro dei comuni ripartiti per classe di ampiezza demografica, si rileva che sono i più piccoli ad avere gli indici più alti, il cui valore si abbassa con il crescere delle dimensioni demografiche, tanto che il minimo riguarda le città con almeno 50.000 ab. (tab. 12).

Tab. 12 - Indice dei rientri, indice migratorio e indice del bilancio migratorio per classi di ampiezza demografica dei comuni.

Classi	Numero comuni	Indice rientri ‰	Indice migratorio	Indice del bilancio migratorio ‰
0/500	21	4,86	0,16	1,33
500/1.000	61	2,20	0,57	1,60
1.000/2.000	102	2,50	0,59	1,85
2.000/5.000	112	2,35	0,48	1,54
5.000/10.000	39	1,84	0,30	0,85
10.000/20.000	12	1,25	0,49	0,82
20.000/50.000	7	1,36	0,48	0,89
> 50.000	2	0,50	0,63	0,38
Totale	356			

Ciò conferma ulteriormente lo scarso potere attrattivo dei flussi di rientro da parte dei grandi comuni e pertanto la tendenza prevalente degli emigrati al rientro nei comuni di origine. La distribuzione dei valori comunali dell'indice del bilancio migratorio (fig. 9) mostra una sostanziale coincidenza con l'indice dei rientri. Coincidenza spiegabile, tra l'altro, con il fatto che è proprio la componente dei rientri a prevalere numericamente, mentre la corrente delle partenze, scesa a valori bassissimi, resta ancorata alle zone che già alimentavano l'emigrazione nel decennio del maggior esodo.

4. L'indagine campionaria

4.1. *Le indagini localizzate: la scelta dei comuni da esaminare*

I dati sinora utilizzati non permettono per il loro livello di aggregazione di analizzare nelle diverse realtà territoriali la qualità dei rientri (professione, grado d'istruzione, sesso, età) dai quali dipende il tipo d'impatto che l'immigrazione di ritorno può esercitare nelle aree verso le quali si dirige. A tale scopo si è proceduto ad effettuare un'indagine localizzata in alcuni comuni rappresentativi di diversi ambienti socio-economici e di diverse tendenze di sviluppo. Quest'indagine è basata soprattutto sull'applicazione di un questionario, la cui struttura e i cui concetti informatori sono stati descritti nel capitolo introduttivo. Secondariamente, si sono utilizzati dati di fonte anagrafica (movimento iscrizioni e cancellazioni con l'estero e sezione AIRE), completando infine i risultati con colloqui con gli amministratori comunali, i responsabili delle principali iniziative economiche e altre persone competenti sui vari aspetti legati al rientro degli emigrati nelle località prescelte.

Nella scelta dei comuni da esaminare si è tenuto conto anzitutto dell'opportunità di includere comuni rappresentativi dei tre tipi, urbani, semiurbani e rurali, e nello stesso tempo delle diverse realtà territoriali dell'isola, sempreché avessero richiamato consistenti rimpatri. Non sono stati considerati i comuni prettamente pastorali, che hanno scarsi rientri anche perché l'emigrazione all'estero non è stata molto significativa per i pastori e le loro famiglie, una categoria che ha preferito lo spostamento in altri comuni dell'isola o dell'Italia.

I nove comuni prescelti raccolgono circa 137.000 ab., pari all'8% della popolazione sarda e hanno ricevuto, tra il 1972 e il 1977, il 10,8% del totale dei rientrati in Sardegna. La proporzione degli intervistati, in totale 150, varia da circa il 10% degli iscritti dall'estero nei comuni maggiori a circa il 20% nei piccoli ed è mediamente del 9,2%[44].

Mentre rimandiamo alle tabelle (13 e 14) per le caratteristiche fondamentali della dinamica demografica, della struttura per età e per sesso, e della mobilità di questi comuni, ci soffermiamo a descriverne la fisionomia raggruppandoli per categoria.

[44] In alcuni comuni il totale degli intervistati è stato inferiore alle previsioni. In quello di Alghero, comune prescelto, oltre che per i suoi motivi di interesse, perché presentava un'alto indice di rientri, gran parte delle iscrizioni dall'estero è poi risultata connessa a stranieri, cosicché si è abbassato il numero degli intervistati. Nel comune di Nuoro, l'elevata rotazione degli abitanti di una città che attraversa ancora una fase di crescita disordinata e piena di problemi ha costretto ad un abbassamento del numero delle interviste, in parte perché parecchie persone sorteggiate per l'intervista si erano all'epoca già spostate altrove e in parte perché nei quartieri periferici, dove, com'è comprensibile, si trovano le case degli emigrati, la mancanza della toponomastica stradale e dei numeri civici — un fenomeno legato alla crescita edilizia caotica — hanno reso impossibile il reperimento degli interessati.

I comuni *urbani* prescelti sono quelli di Nuoro, capoluogo della provincia omonima, e di Quartu S. Elena, grosso comune della cintura di Cagliari. Di Nuoro abbiamo già ricordato la crescita rapida e disordinata degli anni Sessanta, soprattutto legata all'inurbamento dalla sua stessa provincia, ma anche incrementata dal rientro di emigrati direttamente dall'estero o dopo una breve permanenza nei comuni di origine. Città soprattutto amministrativa, lo sviluppo dei servizi ma anche dell'occupazione operaia ha ricevuto notevole impulso dalla nascita dell'agglomerato industriale di Ottana-Bolotana. Sia l'apporto naturale che quello migratorio sono stati qui più intensi che nelle altre città della Sardegna.

Quartu S. Elena, situata a soli 5 km dal centro di Cagliari, può considerarsi parte della sua periferia. La rapida crescita, sollecitata naturalmente dalla prossimità del capoluogo, ha fatto diventare questo comune il terzo in ordine di grandezza demografica della regione, senza che però si possa parlare di una vera e propria città. Quartu assolve da anni un ruolo sussidiario alla funzione abitativa di Cagliari, di cui accoglie una parte della popolazione che lascia la città per trovare migliori condizioni d'abitazione (un terzo circa degli iscritti all'anagrafe ogni anno proviene dal comune di Cagliari) oltre a captare una parte dell'inurbamento che in altre condizioni si riverserebbe sul capoluogo regionale. È pertanto facile che emigrati di ritorno, attratti dalla città, ripieghino piuttosto su questo comune in alternativa a Cagliari, ed è proprio per questo motivo che lo si è scelto per l'indagine. La sua popolazione per altro si può dire possieda ormai un carattere nettamente urbano, poiché al nucleo originario di agricoltori e di muratori si sono aggiunti larghi contingenti di operai e di artigiani di vario tipo, soprattutto di edili, ma anche di impiegati e di professionisti. Molto rappresentata è la fascia del sottoproletariato urbano, legato alle occupazioni precarie offerte dalla vicina città. In confronto a Nuoro, Quartu si dimostra meno strettamente legata al fenomeno dell'emigrazione all'estero, essendo estranea e lontana da quelle parti della provincia che più ne sono state colpite, a differenza del capoluogo delle Barbagie, direttamente inserito in un'area di intensa emigrazione.

I due comuni urbani presentano un modello di crescita demografica assai diverso da quello dei comuni rurali del nostro gruppo: mentre nel 1961-71 la popolazione dei primi è aumentata sostanziosamente (34,4%), quella dei secondi è diminuita (-18,7%). Negli anni Settan-

Tab. 13 - Alcuni caratteri demografici dei comuni d'indagine (*)

	31.XII 1980 ab. res.	Variazione ab. res. 1951-71 MF	Variazione ab. res. 1951-71 %	Indice vecchiaia 1971 (**)	Tasso del bilancio emigratorio (x 1.000 ab.) 1951-61	Tasso del bilancio emigratorio (x 1.000 ab.) 1961-71	Indice rientri (x 1.000 ab.)	1972-77 Indice migratorio	1972-77 Indice bilancio migratorio (x 1.000 ab.)
Comuni rurali									
Bolòtana	3.901	−999	−22,2	106,4	−135,3	−247,9	10,4	0,94	10,0
Flussio	574	−187	−25,2	113,8	−100,2	−252,8	15,1	0,75	13,0
Ortueri	1.828	−330	−14,8	59,0	−119,2	−310,6	10,2	0,97	10,0
Sàgama	303	−152	−31,9	141,0	− 83,8	−315,8	13,6	0,43	8,1
Tinnura	262	− 40	−11,3	93,8	− 13,8	−221,3	9,2	0,88	8,6
Comuni semiurbani									
Alghero	38.184	10.813	50,6	43,2	51,1	34,6	1,9	0,56	1,4
S. Antioco	12.672	1.497	15,3	44,3	− 72,1	−131,3	3,0	0,47	1,9
Comuni urbani									
Nùoro	37.000	14.084	83,1	28,9	117,8	94,4	1,7	0,36	0,9
Quartu S.E.	42.134	13.121	74,6	31,6	59,4	88,4	1,1	0,64	0,9

* Per la spiegazione degli indici si veda la nota 38 all'introduzione.
** N. vecchi su 100 giovani.
Fonte: ISTAT, *Popolazione e movimento anagrafico dei comuni; Censimento della popolazione.*

ta (1971-80) entrambi i gruppi sono in aumento, con una sensibile differenza (28,2% contro 4,2%). Oltre che al movimento migratorio, l'aumento è dovuto al fatto che le due città mantengono una natalità elevata (nel 1975-77, 22,4‰) di fronte ad una mortalità assai contenuta (5,6‰), mentre i comuni rurali sono ormai in una fase di demografia matura (natalità 13,8 e mortalità 11,8).

Tra i comuni che si possono definire *semi-urbani* sono stati scelti quelli di Alghero e S. Antioco, assai diversi l'uno dall'altro, sia per la loro storia, che per la struttura economica e la dinamica demografica.

Situata nel nord dell'isola, Alghero è un centro marinaro, la cui popolazione, di origine catalana, viveva in passato soprattutto di pesca e di agricoltura. La sua economia si fonda oggi sul turismo, in gran parte internazionale, favorito dalla vicinanza dell'aeroporto di Fertilia. L'occupazione industriale è stata incrementata dagli insediamenti industriali sorti nei pressi di Sassari e di Portotorres, centri con i quali Alghero intrattiene rapporti complessi e frequenti. L'elevato sviluppo delle attività connesse al turismo e la generale vitalità della cittadina hanno esercitato un'attrazione, sebbene modesta, sulla popolazione della provincia, cosicché i bilanci migratori globali dal 1951 al 1971 sono positivi e tali si mantengono anche in seguito.

Con la scelta di Alghero, si è voluto verificare un possibile collegamento tra rientro degli emigranti e iniziative nel settore turistico.

La cittadina di S. Antioco si colloca invece in un ambiente molto diverso, a prescindere dallo sviluppo, anche in quest'area, di un certo turismo. Situata all'estremità meridionale dell'isola, anch'essa sul mare, all'occupazione nelle miniere e nel movimento portuale ad esse legato, univa la pesca e l'agricoltura. La perdita migratoria legata alla crisi delle miniere contrasta con la fase di incremento migratorio, seppur modesto, degli ultimi anni. La vicinanza del polo metallurgico di Portoscuso e di Carbonia, pur nelle sue ridotte possibilità occupazionali, l'incremento dell'edilizia turistica e la nascita di industrie nello stesso territorio comunale hanno sollecitato un certo sviluppo del quale si sono avvantaggiate anche le famiglie tornate dall'estero.

Se si aggiunge che l'emigrazione è stata in passato forte e che quindi, in questo comune, all'effetto elastico del richiamo degli emigrati si aggiunge l'appello esercitato dalle nuove opportunità economiche, si comprenderà come S. Antioco registri un indice dei rientri che è il più elevato tra i comuni semi-urbani e urbani del nostro gruppo.

Tab. 14 - Paesi esteri di provenienza degli iscritti dall'estero nel 1972-77 nei comuni di indagine

Comuni	R.F.	Francia	Belgio	CEE	Svizzera	Europa n.	Europa %	Canada	USA	Argentina	America	Africa	Asia	Australia Oceania	ignoto	paesi extraeuropei	Totale n.	Totale %
Bolòtana	117	36	37	193	23	216	96,4	1	—	—	2	6	—	—	—	8	224	100,0
Flussio	9	13	5	27	22	49	100,0	—	—	—	—	—	—	—	—	—	49	100,0
Ortueri	82	6	15	104	—	104	100,0	—	—	—	—	—	—	—	—	—	104	100,0
Sàgama	17	2	2	21	4	25	100,0	—	—	—	—	—	—	—	—	—	25	100,0
Tinnura	9	4	—	13	—	13	100,0	—	—	—	—	—	—	—	—	—	13	100,0
Alghero	132	68	1	275	33	322	79,5	2	19	10	36	31	6	9	1	83	405	100,0
S. Antioco	53	72	3	142	79	222	98,2	—	2	—	3	—	—	1	—	4	226	100,0
Nùoro	159	105	14	279	20	308	87,0	1	1	7	23	20	2	1	—	46	354	100,0
Quartu S.E.	48	104	27	195	16	216	93,5	4	—	2	9	5	—	1	—	15	231	100,0
Totale	626	410	104	1.249	197	1.475	90,4	8	22	19	72	65	8	12	1	156	1.631	100,0

Fonte: Anagrafe dei comuni.

Tra i cinque comuni *rurali* facenti parte del gruppo, esistono alcune differenze degne di menzione. I tre più piccoli, Flussio, Sàgama e Tinnura, si trovano in un'area, la Planàrgia, che è stata realmente spopolata da un'emigrazione di vecchia data, aggravatasi negli anni Sessanta. L'agricoltura, insieme all'allevamento di poco bestiame e a certe forme di artigianato, costituiva la base dell'economia di questa area, che faceva capo alla cittadina di Bosa, oggi relativamente decaduta. L'esodo dall'agricoltura ha provocato una netta contrazione degli attivi in questo settore che negli anni Cinquanta superava l'80%. Anche negli anni Settanta l'emigrazione è continuata, pur non dirigendosi più verso l'estero. L'impoverimento demografico si manifesta con le sue conseguenze sulla struttura della popolazione, il cui livello di invecchiamento è ormai più che doppio della media regionale. Già da alcuni anni le morti cominciano a superare le nascite. Un apporto occupativo esterno consiste in pochi posti di lavoro di recente apertura nella zona industriale di Tòssilo (Macomer) e nell'agglomerato di Ottana. Altrimenti, le fonti di lavoro locali non hanno avuto impulso, se si esclude la creazione di una cooperativa vinicola e di una cooperativa di cestineria con un'occupazione soltanto femminile a Flussio.

Gli altri due comuni rurali di Bolòtana e Ortueri, pur trovandosi a breve distanza dai precedenti e nel territorio della stessa provincia, hanno caratteri molto diversi. Mentre Ortueri, grosso villaggio della collina viticola del Mandrolisai, è rimasto, a causa della sua posizione appartata, estraneo a qualsiasi insediamento di nuove attività, se si escludono pochi attivi nell'artigianato del sughero e alcuni pendolari, Bolòtana, collocata in buona posizione lungo l'asse di sviluppo Macomer-Nùoro, ha invece visto sorgere una delle fabbriche dell'agglomerato industriale di Ottana, da cui dista solo 13 km, fatto che ha contribuito fortemente ad aumentare la popolazione (+12% tra il 1971 e il 1980), dopo oltre un ventennio di sensibile calo. Nonostante l'invecchiamento, si è avuto un certo guadagno naturale, ma soprattutto si è registrato un bilancio positivo del movimento sia con l'interno che con l'estero. Lasciatosi alle spalle un periodo assai lungo di forte emigrazione, alimentata soprattutto da braccianti e da piccoli proprietari agricoli, il comune attraversa ora una fase di ripresa, che però non l'ha ancora riportato al livello del 1951.

Ortueri si trova invece in una posizione molto più svantaggiata, sia per la lontananza da Nuoro, capoluogo della provincia cui appartiene, che per i cattivi collegamenti con altre città. Questo comune ha pertanto continuato a perdere popolazione anche negli ultimi anni pur essendo il saldo con l'estero abbondantemente positivo. Paese prettamente agricolo, l'esodo rurale è stato tuttavia poco intenso, cosicché la popolazione, ancora prevalentemente occupata nell'agricoltura, conserva un incremento naturale discreto, che però viene annullato dall'emigrazione. Ortueri si può collocare in una fase evolutiva che precede quella di Bolòtana e degli altri comuni, dove l'abbandono delle campagne e l'evoluzione del comportamento demografico sono stati più precoci.

In sostanza, i comuni rurali prescelti rappresentano l'ambiente dell'agricoltura di collina del Nuorese e non quello pastorale. Un ambiente in cui predomina la piccola proprietà coltivatrice che non si è modernizzata e che ha espulso un'ampia fascia di bracciantato.

Nell'insieme i comuni di indagine sono molto diversi dal punto di vista della presenza di fattori di richiamo. Mentre nei due maggiori si sentono gli effetti della crescita urbana, con le sue conseguenze sull'edilizia e sul terziario, e in quelli semi-urbani lo sviluppo turistico e industriale pure giustifica un certo appello sull'emigrazione di ritorno, tra i comuni rurali la sola Bolòtana è direttamente coinvolta nell'apertura di posti di lavoro non agricoli. Negli altri, non solo non esistono localmente nuove possibilità lavorative, ma gli stessi settori tradizionali non si sono rinnovati cosicché continua il processo di espulsione della manodopera.

Dai registri d'immigrazione delle anagrafi dei comuni d'indagine risulta che gli iscritti dall'estero sono stati più numerosi nei primi quattro anni, specialmente nel 1975, coincidente con il massimo regionale, per poi diminuire negli ultimi due anni. Dati successivamente raccolti confermano per i due anni seguenti la continuazione di questo andamento.

Tra i paesi esteri di provenienza, la Repubblica Federale occupa il primo posto (38,4%) seguita dalla Francia (25,1%) e dalla Svizzera (12,1%). La quasi totalità (90,4%) proviene dai paesi europei; tra gli altri paesi vengono ai primi posti gli Stati Uniti e l'Argentina. I paesi africani, che da qualche tempo ricevono una nuova ondata migratoria a carattere temporaneo, non rappresentano che una quota minima. Pure in misura bassissima sono presenti alcuni dei paesi asiatici che ricevono manodopera italiana, come il Pakistan, la Corea e la Turchia (tab. 14).

La fonte dei dati considerata include naturalmente anche cittadini stranieri che, pur conservando la cittadinanza d'origine, hanno chiesto la residenza in uno dei comuni d'indagine. A parte pochi casi di mogli straniere, la quasi totalità riguarda soltanto i comuni urbani e semi-urbani. La presenza di stranieri incide per circa il 9% degli iscritti ed è massima nel comune di Alghero, dove il 24% degli iscritti nel seiennio sono stranieri. Sembra che in questo caso il fenomeno sia da collegarsi al flusso di turismo internazionale e soprattutto a motivazioni di carattere fiscale che rendono conveniente a cittadini stranieri di eleggere residenza in questo comune dove alcuni di loro possiedono un'abitazione per le vacanze. Anche a S. Antioco si riscontra un certo numero di iscritti stranieri, in conseguenza della presenza di una fabbrica a capitale misto anglo-italiano.

4.2. *Descrizione del campione*

4.2.1. *Sesso, età e condizioni familiari al momento dell'intervista e alla partenza*

Essendosi fatto riferimento alle iscrizioni tra il 1972 e il 1977, all'atto dell'intervista, effettuata nel 1981, l'intervistato si trovava nel comune di residenza dai 4 ai 9 anni, a partire dal suo rientro dall'estero. Si trattava quindi di emigrati ormai stabilizzatisi e che hanno da tempo superato quel periodo di incertezza caratteristico della fase immediatamente successiva al rientro. Lo conferma il fatto che abbiano dichiarato una scarsa propensione ad emigrare di nuovo. Inoltre, essi sono generalmente occupati, anche se pochi di loro in maniera soddisfacente. Coloro infatti che non si sono reinseriti sono molto probabilmente ripartiti, per l'estero o per altra destinazione. Il nostro gruppo di intervistati di conseguenza si può dire che rappresenti non l'intera categoria di emigrati di ritorno, ma ciò che risulta dalla selezione operata dal tempo e dalle difficoltà di reinserimento, di ordine sia occupativo sia sociale. In definitiva, si tratta di ex-emigrati che, rimesse radici nel luogo d'origine, come si vedrà, possono, per la generalità, considerarsi come «usciti dal giro» dell'emigrazione. Eliminati i casi di rientro non seguiti da reinserimento e i casi di ripetuta emigrazione, ci si può concentrare meglio su coloro che sono veramente tornati a far parte delle comunità locali.

Va, innanzitutto, rilevata la scarsità delle femmine, 17 (11,3%), contro 133 (88,7%) maschi, conseguente anche alla fonte utilizzata per la campionatura.

Circa l'età, va avvertito che, a causa della differenza tra data di rientro e data di intervista, al momento in cui questa ha avuto luogo l'età è sensibilmente più avanzata. Infatti, mentre all'atto dell'iscrizione dall'estero la classe di età più numerosa era quella di 31-40 anni (media 37,6), poi diventa quella di 41-50 (tab. 15).

Tab. 15 - Classi di età degli intervistati alla partenza e per anno di partenza, al rientro e all'intervista

Classi di età	Per anno di partenza						Totale		Al rientro		All'intervista	
	1941-50	51-55	56-60	61-65	66-70	71-77	n.	%	n.	%	n.	%
<15	—	—	—	—	3	—	3	2,0	—	—	—	—
15-20	1	2	10	20	7	2	42	28,0	3	2,0	—	—
21-30	—	2	24	26	13	1	66	44,0	33	22,0	9	6,0
31-40	1	1	3	10	8	2	25	16,7	62	41,3	49	32,7
41-50	—	—	3	3	6	—	12	8,0	37	24,7	63	42,0
51-60	—	—	—	1	1	—	2	1,3	9	6,0	19	12,7
61-65	—	—	—	—	—	—	—	—	4	2,6	3	2,0
>65	—	—	—	—	—	—	—	—	1	0,7	7	4,6
Ignota	—	—	—	—	—	—	—	—	1	0,7	—	—
Totale	2	5	40	60	38	5	150	100,0	150	100,0	130	100,0

Fonte: Risultati dell'inchiesta.

Sempre all'intervista, i coniugati rappresentano una forte percentuale (tab. 16), ma ancora abbastanza numerose sono le persone che non hanno una famiglia propria. Non pochi gli scapoli di età avanzata, alcuni dei quali vivono oggi del tutto soli (8 casi), mentre gli altri coabitano con congiunti. È noto come questa sia una delle conseguenze più comuni dell'emigrazione, che significa, per i maschi, il rinvio del matrimonio e l'allentamento dei rapporti con la comunità di origine. Alla partenza, i non coniugati erano oltre il doppio dei coniugati ed erano anche più numerosi tra i partiti nella prima metà degli anni Sessanta, mentre in seguito i due gruppi finiscono con l'eguagliarsi (tab. 16).

Tra i giovani di oggi infatti, è più comune l'emigrazione insieme al coniuge, mantenendo unita la famiglia, mentre i vecchi emigrati più facilmente rinviavano il matrimonio oppure lasciavano la moglie al paese. Cosicché, coloro che sono emigrati insieme ai familiari tendono ad

Tab. 16 - Intervistati per stato civile secondo l'anno di partenza e all'intervista

	Per anno di partenza						Totale		All'intervista	
	1941-50	51-55	56-60	61-65	66-70	71-77	n.	%	n.	%
Celibi/nubili	1	5	33	43	18	2	102	68,0	26	17,3
Coniugati	1	—	7	16	20	3	47	31,3	122	81,3
Vedovi	—	—	—	1	—	—	1	0,7	2	1,4
Divorziati	—	—	—	—	—	—	—	—	—	—
Totale	2	5	40	60	38	5	150	100,0	150	100,0

Fonte: Risultati dell'inchiesta.

essere più numerosi negli anni più recenti. Anche le poche donne presenti nel nostro campione erano per la maggioranza partite per l'estero da poco. La categoria più numerosa tuttavia, a prescindere dallo stato civile, è quella di chi ha vissuto da solo l'emigrazione (tab. 17).

Tab. 17 - Intervistati per anno di partenza e situazione familiare durante l'emigrazione

	Partiti con familiari	Raggiunti da familiari	Vissuti soli	Sposati con straniere	Totale
1941-50	1	1	—	—	2
1951-55	2	—	2	1	5
1956-60	2	17	17	4	40
1961-65	4	26	26	4	60
1966-70	20	6	10	2	38
1971-77	3	1	1	—	5
1941-77	32	51	56	11	150

Fonte: Risultati dell'inchiesta.

La dimensione media del nucleo familiare di appartenenza risulta, al momento dell'intervista, generalmente più piccola che alla partenza. Il numero medio dei conviventi è sceso da 4,8 a 3,4. In particolare è significativo il calo del numero dei minori di 18 anni conviventi, i quali sono passati in media da 2,2 a 1,7 per nucleo. Mentre il numero di famiglie in cui i minori sono assenti è rimasto quasi invariato, sono oggi di meno le famiglie con molti bambini. Presso gli emigrati celibi alla partenza ma ora accasati predomina il modello di famiglia nucleare composta da coniugi e da 2 figli (tab. 18).

Desta interesse il particolare che molti emigranti provenivano da famiglie di persone tutte adulte, cosicché non sussisteva la necessità di emigrare per allevare una prole numerosa. La motivazione predominante infatti è piuttosto quella di assicurarsi un lavoro e di risparmiare per costruirsi una casa in vista del matrimonio. In molte famiglie, i figli emigravano via via che raggiungevano una certa età.

Tab. 18 - Famiglie degli intervistati con minori conviventi

	Nessuno	1-2	3-4	5-6	7-8	9 e più	Totale
Prima della partenza (a)							
n.	44	44	28	16	5	2	139
%	31,7	31,7	20,1	11,5	3,6	1,4	100,0
All'intervista							
n.	45	63	35	6	1	—	150
%	30,0	42,0	23,3	4,0	0,7	—	100,0

(a) 11 risposte sono mancanti
Fonte: Risultati dell'inchiesta.

Ne è conferma il fatto che la categoria di parenti degli emigrati che ha più spesso vissuto l'emigrazione è costituita dai fratelli degli intervistati. Ciò indica la mancanza di una tradizione familiare dell'emigrazione, poco diffusa nella precedente generazione, come si è avuto occasione di dire. Il totale di casi dei parenti emigrati non è molto alto. Mentre un terzo degli intervistati non ne ha avuto affatto, circa i due terzi hanno avuto, mediamente, 1,8 parenti emigrati: in 1 caso i nonni, in 12 i genitori, in 82 i fratelli, in 12 i figli e in 14 i nipoti.

4.2.2. *I paesi esteri di provenienza*

Il quadro delle provenienze degli intervistati rispecchia quello dei rientri dall'estero in Sardegna, ma con una maggiore polarizzazione su tre soli paesi: Repubblica Federale, Francia e Svizzera raccolgono infatti il 91,2% dei rientri. Cade, stante l'esiguità dei casi, ogni possibilità di confronto tra emigrazione intraeuropea e transoceanica. Anche la nuova emigrazione verso paesi africani e asiatici non è in pratica rappresentata.

Il grado di coincidenza tra il paese estero di provenienza e il paese di primo soggiorno è alto. Certi spostamenti si giustificano sulla base delle variazioni del mercato del lavoro e dei salari cui si è già accennato: alcuni emigrati risultano infatti essersi mossi dal Belgio e dalla Francia verso la Germania occidentale e la Svizzera. Ciò conferma che i rimpatri da questi due paesi celano una certa quota di rimpatri originariamente proveniente da altri, soprattutto la Francia e il Belgio (tab. 19).

4.3. *Il ritorno e il reinserimento*

4.3.1. *Prevalgono i rientri nei comuni di partenza e i ritorni alle attività precedenti la partenza*

Il rientro ha riportato quasi tutti gli emigrati intervistati nei comuni di provenienza. Solo il 9,3% infatti era partito per l'estero da altri comuni, che in tre casi erano situati in altre regioni italiane.

Tab. 19 - Intervistati per paese estero di provenienza e primo paese di soggiorno

Primo Paese estero di soggiorno	Belgio	Francia	R F	Paesi Bassi	Svizzera	Ciad	Libia	USA	Australia	Totale
Belgio	4	—	2	—	1	1	—	—	—	8 / 6,3
Francia	1	32	4	—	2	—	—	—	—	39 / 26,0
R F	1	2	61	—	1	—	—	—	—	65 / 43,2
G. Bretagna	—	—	—	—	1	—	—	—	—	1 / 0,7
Paesi Bassi	—	—	—	3	2	—	—	—	—	5 / 3,3
Svezia	—	—	—	—	1	—	—	—	—	1 / 0,7
Svizzera	—	—	2	—	25	—	1	—	—	28 / 18,7
Libia	—	1	—	—	—	—	—	—	—	1 / 0,7
USA	—	—	—	—	—	—	—	1	—	1 / 0,7
Australia	—	—	—	—	—	—	—	—	1	1 / 0,7
Totale	6 / 4,0	35 / 23,2	69 / 46,0	3 / 2,0	33 / 22,0	1 / 0,7	1 / 0,7	1 / 0,7	1 / 0,7	150 / 100,0

Fonte: Risultati dell'inchiesta.

Una maggiore eterogeneità concerne il comune di nascita degli intervistati, nati, per il 25,3%, in comune diverso da quello di residenza attuale (tab. 20). La quasi totalità di questi casi riguarda, com'è da aspettarsi, i comuni di tipo urbano e semi-urbano. I comuni rurali invece spiccano per la coincidenza quasi totale tra comune di nascita, di partenza per l'estero e di intervista. Va sottolineato tuttavia che i trasferimenti in città in occasione del rientro dall'estero sono scarsi, mentre l'ampia gamma dei comuni di nascita (tutti sardi tranne due casi) testimonia di un inurbamento precedente che però non ha potuto impedire agli interessati di trovarsi nella necessità di espatriare. In genere, infine, i nati in altri comuni restano nell'ambito della stessa provincia.

In sostanza dunque la generalità dei casi ha effettuato un vero e proprio ritorno nel paese di partenza. Addirittura assai alta è la percentuale di chi è tornato ad abitare la stessa casa di prima (52 casi, pari al 34,7%) dove erano rimasti ad attenderlo i parenti. Una proporzione maggiore però (85 casi, pari al 56,7%) abita in una casa diversa, per lo più di nuova costruzione, ma sempre situata nello stesso comune. Pochi infine (13 casi, pari all'8,6%) abitano in un comune diverso da quello di partenza.

Su 150 intervistati, all'atto dell'intervista 119 vivevano in una casa di loro proprietà, 24 erano in affitto e 7 erano sistemati in altro modo, in genere in convivenza con parenti. Discreto è l'aumento dei casi di proprietà dell'abitazione rispetto a prima della partenza (92 in proprietà, 53 in affitto e 5 casi non conosciuti). Queste risposte tuttavia non svelano appieno il cambiamento avvenuto nei confronti della proprietà dell'abitazione, poiché spesso si trattava di giovani emigranti che prima di partire vivevano nella casa di proprietà dei genitori. La costruzione della casa è, anche per il nostro gruppo, la voce prevalente nell'impiego dei risparmi e l'alta proporzione di persone che vivono ancora in affitto dimostra come molti emigrati non siano riusciti a raggiungere quello che è considerato un obiettivo importante.

Se l'emigrante tende a tornare all'ambiente di origine non sempre però torna allo stesso lavoro. Il confronto tra l'attività lavorativa svolta al rientro e quella di prima della partenza rivela cambiamenti importanti.

Al momento dell'intervista, 54 persone (il 36,0%) avevano ripreso il lavoro precedente e 62 (41,3%), ivi compresi coloro che alla partenza erano in cerca di prima occupazione, avevano intrapreso un nuovo lavoro. Gli invalidi e i pensionati erano 16 (10,7%). Alto il numero dei disoccupati (16, il 10,7%), però quasi tutti donne (12, contro le 17 presenti nel campione), le quali, lavoratrici all'estero, non hanno trovato

Tab. 20 - Intervistati per comune di residenza all'intervista e per comune di partenza e di nascita

	Intervistati	Partiti dallo stesso comune	Partiti da altro comune	Nati nello stesso comune	Nati in altro comune
Bolòtana	23	23	—	23	—
Flussio	10	10	—	9	1
Ortueri	23	22	1	23	—
Sàgama	5	5	—	3	2
Tinnura	3	2	1	2	1
Alghero	20	14	6	10	10
S. Antioco	21	21	—	16	5
Nùoro	25	23	2	16	9
Quartu S.E.	20	16	4	10	10
Totale n.	150	136	14	112	38
%	100,0	90,7	9,3	74,7	25,3

Fonte: Risultati dell'inchiesta.

un'occupazione extradomestica dopo il ritorno e quindi si sono dovute rassegnare al ruolo di casalinghe. Due risposte sono infine mancanti.

Le persone che hanno ripreso l'attività lavorativa di prima della partenza sono così distribuite: 19 nell'edilizia, 11 nell'agricoltura, 7 nella falegnameria, 3 nella ristorazione, 2 nell'industria meccanica, 2 nel commercio, 2 nell'industria sugheriera e 8 nelle altre attività.

Predomina quindi il gruppo delle attività legate all'edilizia, l'«industria» che resiste sia nei piccoli che nei grandi centri. La possibilità di persistenza nella medesima attività si spartisce ugualmente tra gli intervistati senza rapporto con il tipo di comune in cui risiedono: però, nel caso delle città e delle cittadine, si tratta di edilizia e di attività terziarie, mentre nei comuni rurali l'agricoltura e l'edilizia insieme sono più rappresentate. Va detto che il ritorno alla medesima attività spesso si è verificato in condizioni diverse da quelle di prima della partenza, un argomento del quale si tornerà a parlare a proposito degli spostamenti di settore di attività prima, durante e dopo l'emigrazione.

4.3.2. *Tra i motivi del rimpatrio hanno scarso rilievo quelli legati alla crisi e più quelli familiari*

Le domande del questionario miravano a far emergere le diverse motivazioni, da quelle economiche e di lavoro a quelle familiari e strettamente personali, a quelle infine che potevano riandare all'ambiente di vita e di lavoro all'estero (tab. 21).

Tab. 21 - I motivi del rientro

ECONOMICI	n.	%	FAMILIARI	n.	%
Mancato rinnovo contratto di lavoro	—	—	Matrimonio	7	8,3
			Ricongiungimento	25	29,8
Licenziamento	5	7,8	Id. con i figli	10	11,9
Raggiungimento			Istruzione figli	30	35,7
obbiettivo	10	15,6	Altri	12	14,3
Offerta di lavoro	18	28,1	Totale	84	100,0
Avviamento di lavoro autonomo	10	15,6			
Diminuita convenienza	1	1,6			
Altri	20	31,3			
Totale	64	100,0			
PERSONALI			SOCIALI		
Salute	25	34,3	Cattivo alloggio	—	—
Disadattamento/ nostalgia	29	42,9	Cattivi rapporti di lavoro	2	25,0
Invalidità	3	4,3	Pochi amici	5	62,5
Pensionamento	4	5,7	Altri	1	12,5
Servizio militare	4	5,7	Totale	8	100,0
Altri	5	7,1			
Totale	70	100,0			

Fonte: Risultati dell'inchiesta.

Non fermandosi al motivo più importante, si è cercato di far luce anche su quelli di ordine secondario. Tuttavia ben 91 persone hanno espresso un'unica motivazione del rientro: sono prevalse le ragioni familiari (38 casi), seguite da quelle personali (27) e dalle economiche (21). I motivi concernenti l'ambiente sociale del paese di emigrazione erano praticamente assenti (un caso). Le altre 59 persone che hanno addotto più cause della loro decisione di tornare in patria hanno riferito motivi insieme di ordine economico e/o personale e/o familiare.

La motivazione economica dunque, pur restando importante, è però in secondo piano. Tra le cause familiari la più frequente è l'istruzione dei figli, spesso addotta come unico motivo del rimpatrio. La frequenza è spiegabile anche per l'alto numero di bambini in età prescolare e scolare nelle famiglie. Sono ben note le preoccupazioni alla base di questa scelta: non certo il timore che i figli ricevano all'estero un'educazione insufficiente, poiché i genitori si rendono ben conto della maggior efficienza del sistema scolastico in paesi come la Repubblica Federale o la Svizzera, rispetto alla Sardegna, ma piuttosto il timore che mettano radici in una cultura straniera, diventando estranei al loro paese di origine, con la prospettiva per i genitori di essere messi di fronte al dilemma di non tornare più in Sardegna o di separarsi dai figli.

Tra le motivazioni personali la più frequente è la nostalgia, il desiderio di ritornare nell'isola, anzi nella comunità di origine. Molto spesso il fattore nostalgico, cui si accompagna il mancato adattamento nella società di immigrazione, è mascherato sotto la motivazione della cattiva salute, anch'essa frequentemente ricorrente.

Tra i motivi economici, sono scarsi quelli di tipo espulsivo, in particolare attinenti all'ambiente di lavoro del paese estero: ci sono stati 5 casi di licenziamento (di cui 1 è stato un autolicenziamento), un caso di rientro per constatazione della diminuita convenienza del trattamento economico e nessun caso di mancato rinnovo del contratto di lavoro. Predominano invece quelli di carattere positivo e per lo più legati al paese nel quale si rientra. I più frequenti sono l'offerta di un lavoro alle dipendenze, il raggiungimento dell'obiettivo che ci si era proposto di realizzare con l'emigrazione, la possibilità di iniziare un'attività in proprio. Anche sotto la voce «altri motivi» si celano motivi economici. Soprattutto, ricorre la speranza di trovare lavoro nei nuovi impianti industriali. In particolare, la fase della costruzione degli impianti di Ottana ha provocato molti ritorni da parte di lavoratori che sono stati ingaggiati da imprese appaltatrici e successivamente, una volta entrate in funzione le fabbriche, sono riusciti a farsi assumere stabilmente. Va quindi sottolineato che i motivi di tipo nettamente espulsivo legati all'ambiente di lavoro e sociale nel luogo di immigrazione hanno avuto scarso peso, una constatazione che verrà richiamata allorché si esamineranno le risposte alla domanda sul grado di soddisfacimento dell'esperienza migratoria.

Nel quadro d'insieme, hanno maggior peso le considerazioni di ordine familiare e personale rispetto a quelle economiche. Queste ultime poi raramente indicano una situazione di delusione, di sconfitta, ma si riconnettono piuttosto alla conclusione di un'emigrazione che era stata programmata come un episodio. Non si può non sentire un contrasto stridente con quanto è stato scritto, in Italia ma anche in Sardegna, all'epoca dei maggiori rientri, su come il rimpatrio dei lavoratori italiani emigrati nei paesi dell'Europa centro-occidentale non fosse il frutto di una scelta, ma il risultato di una espulsione determinata dalla crisi economica, dal clima di ostilità verso gli stranieri e dalla concorrenza della manodopera proveniente da paesi extra-Cee.

Indubbiamente, una valutazione obiettiva dei risultati di questa inchiesta deve tenere conto del fatto che il campione intervistato rappresenta un gruppo selezionato dal tempo, come si è già detto, in quanto probabilmente un certo numero di emigrati, forse espulsi dalla crisi, è già riemigrato, verso altri comuni dell'isola o altre destinazioni. Peraltro, sulla base delle informazioni raccolte anche in altri comuni della Sardegna, nulla autorizza ad accogliere l'ipotesi che siano stati numerosi i rientri forzati e affrettati, perché compiuti a causa del licenziamento o anche sotto l'incubo dell'incombente perdita del posto di lavoro. Al contrario, predominano i rimpatri programmati nel tempo e soprattutto quelli incoraggiati dalle nuove prospettive di occupazione che si aprivano nell'isola. A cavallo degli anni Settanta si diffonde il mito dell'industria anche in comuni della Sardegna centrale che sino allora avevano avuto solo quella casearia. Un mito che doveva poi lasciare molte amarezze e deludere molte aspettative, come emerge anche dalla nostra indagine.

Nel rispondere su quali informazioni concernenti la Sardegna avevano eventualmente basato la loro decisione di rientrare, 57 persone hanno detto di essere venute a conoscenza dell'esistenza di possibilità di lavoro nell'isola. In due casi sono state le possibilità di alloggio ad avere, probabilmente, affrettato se non causato la decisione. Per tener conto anche di altre circostanze che possono avere, seppur marginalmente, favorito il rientro, va detto che 34 persone su 150 erano venute a conoscenza dei provvedimenti regionali per contribuire alle spese di rientro e di reinserimento degli emigrati all'estero. Provvedimenti che sono di carattere assistenziale, limitandosi ad un contributo alle spese di viaggio, trasloco e reinserimento, mentre non sono previsti interventi per l'edilizia o per il lavoro. Questi interventi non hanno né possono avere una funzione di richiamo. Anzi, le difficoltà burocratiche e le condizioni richieste per l'ottenimento dei contributi spiegano come il numero di coloro che lo hanno ricevuto sia piuttosto basso: su 150 persone, 60 non lo hanno neppure richiesto e degli altri 90 solo 64 lo hanno ottenuto. Il contributo è stato erogato molto più spesso per le spese di viaggio (48 casi) e di trasloco (32 casi) che di prima sistemazione (8 casi).

4.3.3. *L'insoddisfazione del lavoro svolto dopo il rientro contrasta con un quadro di reinserimento abbastanza buono*

Come si è visto, ad eccezione di quasi tutte le donne, gli intervistati si sono pressoché tutti reinseriti nel lavoro. Una percentuale non trascurabile del resto ha dichiarato di essere rientrata perché aveva in vista una concreta possibilità di lavoro in patria (18 persone) o perché si riteneva in condizioni di intraprendere un'attività in proprio (10 persone). In totale, queste due categorie rappresentano il 38% di coloro che hanno addotto motivazioni economiche del rientro.

Un gruppo consistente viceversa è tornato senza avere prospettive concrete e ha corso l'alea del lavoro temporaneo con ditte appaltatrici, riuscendo infine ad ottenere una sistemazione stabile, a prezzo di un periodo di incertezza anche piuttosto lungo. Incertezza che del resto non può dirsi ancora superata, poiché, all'epoca dell'intervista, non pochi intervistati erano tra gli operai dell'industria collocati in regime di cassa integrazione guadagni. La preoccupazione più diffusa è pertanto quella della stabilità del posto di lavoro. Non pochi quindi rimpiangono la sicurezza, seppure temporanea, che offriva loro il posto che avevano all'estero. Il reinserimento nell'ambiente di lavoro per alcuni non è stato facile, in quanto si sono sentiti circondati di ostilità da parte dei compagni di lavoro che avevano preferito non emigrare ma affrontare sul posto la disoccupazione, e che quindi consideravano gli ex-emigrati come dei privilegiati che fino al giorno prima avevano occupato un posto sicuro e ben retribuito e che poi comparivano all'improvviso come concorrenti per i pochi posti apertisi. Gli intervistati inoltre hanno più volte confrontato le condizioni di lavoro all'estero con quelle in Sardegna, esprimendo rimpianto per il maggior rispetto che là veniva praticato per le norme di sicurezza di lavoro, per i diritti del lavoratore e per la sua dignità. Era questo il caso dei lavoratori dell'edilizia. Viceversa, un'altra categoria molto diffusa, quella degli operai metallurgici, si dichiarava soddisfatta di aver potuto lasciare il lavoro pesante e malsano delle fonderie cui erano addetti all'estero.

In conclusione, l'insicurezza è il principale motivo di preoccupazione e di insoddisfazione per quanto riguarda il lavoro, del quale si dichiara scontento ben il 64,1% di coloro che lavorano. È spesso considerato negativo anche l'aspetto della retribuzione, da parte del

63,2%. Se assai pochi sono i «molto soddisfatti» del lavoro, ancora meno sono quelli che esprimono quest'opinione sul guadagno (tab. 22).

Tab. 22 - Grado di soddisfacimento espresso dagli intervistati sulla situazione trovata dopo il rientro (N.B.: una risposta relativa all'alloggio è mancante. Circa il lavoro e il guadagno si sono espressi soltanto gli attivi)

	No	Poco	Abbastanza	Molto	Totale
Sul lavoro					
n.	49	35	36	11	131
%	37,4	26,7	27,5	8,4	100,0
Sul guadagno					
n.	46	38	45	4	133
%	34,6	28,6	33,8	3,0	100,0
Sull'alloggio					
n.	19	11	51	68	149
%	12,7	7,4	34,2	45,7	100,0

Fonte: Risultati dell'inchiesta.

Questo scontento viene però controbilanciato dalla soddisfazione (79,9%) di vivere nella propria casa, costruita o rinnovata con i risparmi dell'emigrazione, e di essere riuniti alla propria famiglia e vedere i figli crescere e venire educati nell'ambiente di origine.

Se il marito rimpiange spesso l'ambiente di lavoro, la moglie, che lo ha accompagnato all'estero con i figli, si trova a dover rimpiangere l'assistenza sanitaria e sociale e il sistema scolastico del paese estero. Dalle risposte appare che è soprattutto il servizio di prevenzione delle malattie dell'infanzia praticato in Sardegna che dà alle madri di famiglia l'impressione di una grave carenza. Esse trovano anche difficile riabituarsi a dei servizi pubblici (trasporti, nettezza urbana, acqua potabile, negozi) tanto inferiori a quelli di cui fruivano negli anni trascorsi all'estero. Tuttavia anche per loro il riadattamento si compie presto, soprattutto grazie all'appagamento che deriva dal ritrovarsi nel cerchio delle parentele e delle vecchie amicizie. Nonostante tutto, il giudizio degli emigrati sul proprio reinserimento nell'ambiente di ritorno è in genere buono: 75 persone hanno dichiarato di trovarsi, rispetto alla comunità in cui sono rientrate, «come prima». D'altra parte, 49 hanno trovato «difficoltà» ad adattarsi ai cambiamenti intervenuti durante la loro assenza, e 13 infine, si sentono ora «più attaccate alla tradizione» di prima della partenza. Non sono molti, in totale, quelli che si sentono profondamente cambiati, sia nel loro intimo sia nei rapporti col prossimo: 29 persone si sentono «propense alle innovazioni» e 10 «più partecipi alla vita comunitaria». Evidentemente, in questi giudizi incidono molto sia il tempo già trascorso dal rimpatrio che la maturazione portata dall'età. Passata la fase immediatamente successiva al rientro, certamente la più traumatica, le difficoltà si sono attenuate anche nel ricordo e gli spigoli sono stati smussati dalla ripresa delle vecchie abitudini. Del resto, chi quelle difficoltà non è riuscito a superare, è con buona probabilità riemigrato.

Coloro che si trovano «come prima» nell'ambiente di origine sono per lo più gli stessi che hanno dichiarato di essersi adattati «abbastanza» e «molto» bene alla società straniera del luogo di emigrazione, un'opinione che però è condivisa anche dalla maggior parte di coloro che invece hanno avuto difficoltà di reinserimento. Evidentemente, in questo gruppo confluiscono due tipi umani molto diversi, gli estroversi, facilmente adattabili ai cambiamenti, i quali hanno visto o perlomeno si sono sforzati di vedere il buono in tutt'e due le situazioni, e, d'altro canto, coloro che all'estero si sono così allontanati nelle abitudini, nei gusti, nelle esigenze dall'ambiente di origine, da trovare poi difficile il reinserimento.

Alla domanda sull'eventuale intenzione di emigrare di nuovo, la maggioranza quindi ha risposto di no (110, pari al 73,3%). Non mancano però coloro che considerano una simile eventualità come possibile (32 si e 7 non so, un'ultima risposta essendo mancante), più che altro per l'insoddisfacente rapporto di lavoro e per il timore del peggio che esaspera coloro che sono in cassa integrazione. La presente situazione di preoccupazione e quasi di rabbia si aggiunge all'offuscamento operato dal tempo dei problemi e delle difficoltà certamente vissuti all'estero, cosicché la maggior parte è portata ad affermare che consiglierebbe, oggi, ai giovani di emigrare, in mancanza di un lavoro sul posto (97 sì contro 49 no e 4 non so).

Nonostante si sia avuto prevalentemente il ritorno nei comuni di partenza, una buona parte degli emigrati si è inserita in un'attività lavorativa diversa da quella esercitata prima. In altri casi invece si è tornati allo stesso lavori di prima, ma in migliori condizioni per la posizione professionale.

Il tasso di attività rispetto alla partenza è poco cambiato: i non attivi erano il 16,0% e sono poi il 20,7%. Alla partenza, oltre alle casalinghe (8), c'erano alcuni disoccupati (5) e molti giovani in cerca di prima occupazione (11). Dopo il rientro, restano alcuni disoccupati (4), crescono le casalinghe (12) e compaiono gli invalidi (1) e i pensionati (14). Durante l'emigrazione ovviamente tutti erano attivi, poiché le interviste sono state dirette ai soli lavoratori emigrati (tab. 23).

Dal confronto tra i settori di occupazione prima della partenza e dopo il rientro si rileva lo svuotamento, ma non totale, dell'agricoltura a vantaggio degli altri due settori.

Alla partenza, predominano gli addetti all'agricoltura e all'edilizia, con un contorno di artigiani (falegnami, sarti, meccanici) e di piccoli commercianti. Scarso il numero dei pastori, per le ragioni già ricordate.

Dopo il ritorno, alcuni tornano alle campagne, ma dedicandosi all'allevamento più di quanto non facessero prima della partenza, stante il maggior reddito di questa attività. Nel settore industriale, alcuni si sono inseriti negli stabilimenti tessili (Tirsotex di Macomer), chimici (Anic di Ottana) e metalmeccanici (Cherea di Bolòtana). La maggior parte però si è concentrata nell'edilizia e nelle varie attività connesse, soprattutto la falegnameria. Anche il terziario registra un'espansione: sono presenti commercianti, autisti, impiegati, addetti ai servizi ricettivi (tab. 23).

Nell'insieme del nostro gruppo, gli operai dell'industria sono eccezionalmente numerosi, grazie alla posizione di alcuni comuni di indagine rispetto alle nuove industrie della Sardegna centrale. In altri comuni invece le alternative all'occupazione nell'agricoltura o all'emigrazione quasi non esistevano. Ne abbiamo un esempio nel comune di Ortueri.

È anche a causa della presenza delle industrie sul posto che alcuni operai, che all'estero avevano lavorato in impianti metallurgici, hanno potuto una volta tornati in patria utilizzare l'esperienza fatta. Alla domanda infatti sull'utilità di tale esperienza agli effetti del reperimento del posto di lavoro in Sardegna, 43 persone hanno risposto positivamente, contro 75 no e 6 non so (i rimanenti sono i non attivi).

Riguardo alla posizione nella professione si riscontrano cambiamenti più significativi. Alla partenza, le due categorie numericamente più forti erano quelle dei non qualificati, i braccianti agricoli e i manovali, che insieme costituivano il 46,0% del totale. Al rientro, essi risultavano notevolmente diminuiti (19,3% del totale), mentre erano aumentati sensibilmente gli operai qualificati (gli operai delle nuove

Tab. 23 - Settore e ramo di attività economica di appartenenza prima della partenza e dopo il rientro

	PRIMARIO					SECONDARIO									TERZIARIO				TOTALE	Non attivi	TOTALE GENERALE
	Agricoltura	Pastoria	Misto	Pesca	Totale	Estrattiva	Alimentare	Tessile	Legno	Meccanica	Chimica	Costruzioni	Altre	Totale	Commercio	Trasporti	Altre	Totale			
Prima della partenza	43	2	4	2	51	1	2	2	10	4	1	39	—	59	5	4	7	16	126	24	150
Dopo il ritorno	2	1	10	—	13	—	2	4	10	13	9	38	2	78	6	8	14	28	119	31	150

Fonte: Risultati dell'inchiesta.

Tab. 24 - Posizione degli attivi nella professione prima della partenza e dopo il rientro

	PRIMARIO						ALTRE ATTIVITÀ											TOTALE GENERALE
	Bracciante	Compartecipante-affittuario	Coadiuvante	Coltivatore diretto	Pescatore in proprio	Totale	Manovale	Operaio semplice	Operaio qualificato	Applicato d'ordine	Applicato di concetto	Impiegato dirigente	Artigiano imprenditore	Coadiuvante	Mansioni varie poco qualif.	Mansioni varie più qualif.	Totale	
Prima della partenza	34	3	7	5	2	51	24	18	12	1	1	2	7	—	4	6	75	126
Dopo il ritorno	9	1	—	3	—	13	14	19	31	2	2	—	26	—	8	4	106	119

Fonte: Risultati dell'inchiesta.

industrie) e i lavoratori in proprio. Questa categoria, presente all'origine in scarsa misura (4 commercianti, 2 sarti, 1 falegname) è cresciuta e si è differenziata al suo interno (8 muratori, 6 falegnami, 2 meccanici, 5 commercianti, 3 autotrasportatori, 2 ristoratori). Sono entrati a farne parte alcuni dei muratori che prima erano alle dipendenze. Anche i falegnami avevano già lavorato in questo settore in patria o all'estero (tab. 24).

Come si tornerà a dire in seguito, la quasi totalità delle piccole imprese create dagli ex-emigrati è localizzata nelle città e nelle cittadine. I due esercizi del comparto della ristorazione si trovano ad Alghero, una scelta legata allo sviluppo turistico di questo centro.

Oltre a essere il comparto in cui si concentra la metà delle iniziative di attività in proprio, l'edilizia è anche quello che consente più spesso la continuità tra il lavoro svolto in origine e quello al rientro. Questa condizione si è realizzata per un gruppo piuttosto numeroso. Dei 119 attivi dopo il ritorno, 51 sono tornati a lavorare nello stesso comparto: 21 edili, 12 agricoltori, 9 nell'industria del legno (7 falegnami e 2 sugherieri), 3 nella ristorazione, 2 meccanici, 2 commercianti, 1 panettiere e 1 calzolaio. Mentre gli agricoltori sono concentrati nei piccoli comuni rurali, gli edili e i falegnami, presenti un po' dovunque, predominano nei centri urbani.

In conclusione, si possono individuare due tendenze della dinamica intersettoriale: la prima, di origine esterna all'ambiente tradizionale, è costituita dallo spostamento verso la nuova industria, la seconda rappresenta invece il ritorno all'attività precedente, soprattutto l'edilizia e l'agricoltura. Gli emigrati che ritornano si spartiscono tra queste due diverse realtà, nel cui incontro, o scontro, si riassume il tumultuoso processo di modernizzazione della Sardegna interna.

Di fronte all'inserimento nella nuova industria, gli ex-emigrati sono senz'altro meglio equipaggiati psicologicamente rispetto a chi non si è mai mosso dal paese. Per essi questa sistemazione ha significato l'avverarsi di desideri e di progetti lungamente accarezzati mentre erano all'estero. Oggi, la crisi di queste industrie minaccia di risospingerli nell'area della precarietà e forse dell'emigrazione causando incertezza, delusione e rabbia, non per un rinnegamento della scelta di rientrare, ma per la paura del futuro.

Coloro invece che sono tornati alle attività di prima, nelle quali certo si sono pure avuti, durante la loro assenza, cambiamenti, hanno meno problemi e quindi meno risentimenti e rimpianti. Anzi, trovandosi ora spesso a svolgerle in migliori condizioni, per l'acquisto di attrezzature, per la disponibilità di un piccolo capitale, o anche per la comodità di una casa confortevole, provano un senso di appagamento per la sensazione di aver realizzato un progresso personale.

4.4. *Le caratteristiche alla partenza e i rapporti con l'ambiente di origine*

4.4.1. *Età e grado d'istruzione alla partenza. Le cause dell'emigrazione e i canali di avvio*

Dalla distribuzione per anno di nascita e per stato civile risulta che il 62,7% degli emigrati si trovava tra i 15 e i 30 anni e che il 68,0% non era coniugato (tab. 15 e 16). La componente giovane era quindi assai elevata con predominanza dei ventenni (età media dell'intero gruppo 24,8 anni). Molti di questi giovani dunque avevano già avuto esperienze di lavoro. Il grado di istruzione era assai basso: il 28% non aveva nessun titolo di studio, il 59,3% era in possesso della licenza elementare, il 10% della licenza media inferiore, il 2% della licenza di istituto professionale e lo 0,7% di un diploma. Mentre la distribuzione delle età alla partenza per anno di partenza non si presta a particolari considerazioni, in quanto non ci sono concentrazioni significative, vale la pena di rilevare che i partiti negli anni più recenti hanno un'istruzione migliore. Di coloro che hanno la licenza di scuola media inferiore i 4/5 sono emigrati dopo il 1961 e tutti quelli che hanno proseguito gli studi oltre la scuola dell'obbligo dopo il 1967.

Alla prevalente giovane età si collegano le motivazioni addotte per spiegare la decisione di emigrare. Dei tre gruppi di motivi (economici, familiari e sociali) previsti nel questionario, il primo ha senz'altro la prevalenza, essendo presente in 126 risposte, mentre le cause familiari figurano solo in 66 risposte e quelle socio-ambientali in 59.

Tra le motivazioni economiche più frequentemente ricorrenti viene al primo posto la discontinuità del lavoro (55 casi, pari al 43,7% dei motivi di ordine economico). Ovviamente, sono soprattutto i braccianti e i manovali ad esprimere questa lamentela.

Dalle stesse categorie viene anche la seconda motivazione in ordine di importanza (42 casi, pari al 33,3%), quella del lavoro continuato ma scarsamente remunerativo. Coloro che provengono dall'agricoltura sono pressoché unanimi su questo punto. Una decina di persone, poi, è partita alla ricerca del suo primo lavoro (7,9% delle cause economiche). Sono i più giovani, che non riuscivano ad inserirsi in un'attività. Rari i casi di chi svolgeva un lavoro sgradito e che giudicava senza prospettive (9 persone, pari al 7,1%). Soltanto 3 persone (il 2,4%) sono state spinte a partire dal licenziamento. Altri infine hanno addotto varie cause sempre di tipo economico (5,6%).

Tra le cause di ordine familiare predomina la preoccupazione economica per il mantenimento della famiglia (con 37 risposte, pari al 56,1% delle risposte di questo gruppo); mentre un numero minore di persone (14, pari al 21,2%), soprattutto donne, è partito per ricongiungersi ad un familiare già emigrato. Ben pochi (8 persone, pari a 12,1%) hanno voluto evadere dall'ambiente familiare o sono partiti per altri motivi sempre riguardanti la famiglia.

Le motivazioni «sociali» hanno avuto un ruolo debole, come del resto era prevedibile [45]. L'unica che ricorra con frequenza è quella più strettamente legata alla condizione economica, e cioè la ricerca del miglioramento delle condizioni di vita (43 casi, pari al 72,9% delle risposte di questo gruppo). Qualcuno (6 casi, il 10,2%) ha parlato di spirito di avventura (tutti giovani senza carichi familiari) e ben pochi (4 casi, l'8,5%) sono stati spinti dal successo di altri emigrati. Quasi nessuno ha parlato dell'intenzione di sottrarsi all'ambiente ristretto e monotono del piccolo centro, o si è lamentato degli scarsi servizi.

Questo particolare, specie se collegato alle forti percentuali di ritorni nei piccoli comuni, che quasi sempre sono anche i più disagiati, è un'ulteriore dimostrazione dell'attaccamento dell'emigrato sardo al proprio paese di origine.

La carenza di servizi dei paesi di residenza, abbastanza grave negli anni Cinquanta e Sessanta, cui si riferiscono le partenze per l'estero,

---

[45] Il gruppo di motivazioni «sociali» riguarda il desiderio dell'emigrante di migliorare la propria condizione materiale (miglioramento del tenore di vita), di valorizzare le proprie capacità professionali, ad esempio cercando un'occasione di lavoro più adeguata alla propria preparazione, e, infine, di emulare il successo ottenuto da altri emigrati del suo paese. Un gruppo di motivi che, pur avendo più o meno copertamente una base economica, non si collega sempre ad una situazione di necessità, bensì dimostra la dipendenza del singolo da modelli di comportamento diffusi nell'ambiente in cui vive. Facevano parte di questa categoria anche altre motivazioni riferibili più strettamente all'ambiente socio-geografico, in quanto esprimono l'insofferenza della società ristretta del piccolo centro, del suo isolamento, della sua scarsità di servizi sociali. Infine, si contemplava anche la possibile spinta provocata da un certo spirito di avventura proprio dei giovani.

non è sentita come un motivo di emigrazione. Chi emigra all'estero infatti è motivato dall'esigenza di realizzare il maggior guadagno in un periodo di tempo il più breve possibile, alla fine del quale desidera rientrare nel paese di origine. La località estera, almeno inizialmente, non è mai considerata come possibile luogo di residenza stabile, e quindi non viene confrontata con il paese di origine. Se poi lo dovesse diventare, ciò avverrà in seguito alle circostanze della vita, raramente per scelta dell'emigrato.

Tuttavia, una volta nelle città straniere, molti vantaggi dei servizi urbani sono oggetto di apprezzamento da parte dell'emigrato e dei suoi familiari, per quanto si tenda ad usufruirne poco, in funzione di un maggior risparmio. Ma, rispetto alla possibilità di tornare a vivere nel paese di origine, nella casa di proprietà accanto ai propri parenti, la mancanza di comodità e di servizi passa in secondo piano.

Specialmente nei piccoli paesi, l'appartenenza ad una comunità ristretta fa sì che le informazioni che hanno fatto maturare la decisione di partire e canalizzano le direzioni, passino soprattutto attraverso i rapporti con i parenti e gli amici che già hanno vissuto l'esperienza migratoria. Questa è stata infatti la fonte informativa di 82 intervistati (54,7%). Un altro gruppo assai numeroso è quello di chi è emigrato sulla base delle informazioni avute tramite l'ufficio del lavoro (44 casi, il 29,3%). Molto pochi invece quelli che, essendosi recati personalmente all'estero per turismo o in visita a parenti od amici, hanno finito col restarvi a lavorare (4 casi, il 2,7%), come pure quelli che hanno attinto dalla lettura di giornali (3 casi, il 2,9% o dalla pubblicità di aziende straniere (5 casi, il 3,3%). Il rimanente ha utilizzato informazioni varie.

Di conseguenza, la maggior parte, una volta sul posto, ha trovato lavoro con l'aiuto di parenti o di amici (82 casi, il 54,7%), i quali erano spesso già dipendenti del medesimo datore di lavoro. Una percentuale consistente (52 casi, il 34,7%) ha trovato occupazione tramite uffici del lavoro italiani o stranieri, mentre i rimanenti se la sono cavata da soli.

Vale la pena di rimarcare ancora una volta il frequente uso da parte dei Sardi che emigrano degli organi periferici del Ministero del Lavoro (uffici regionali e provinciali del lavoro, uffici di collocamento) che hanno il compito di connettere la nostra emigrazione con il mercato di lavoro estero, fornendo un servizio che talvolta non viene utilizzato fino all'assunzione, ma solo a livello di informazione. Questa particolarità è considerata da alcuni come conseguente alla coscienza da parte della popolazione della convenienza di utilizzare un servizio pubblico specifico. Da altri viene piuttosto attribuita al fatto che i Sardi, poco abituati all'emigrazione fino alla metà degli anni Cinquanta, avevano poche connessioni personali con l'estero e quindi erano più propensi a seguire il canale d'avvio predisposto dallo Stato.

4.4.2. *Frequenti rapporti con l'area di origine durante la lontananza*

Nel corso della lontananza i contatti con il paese e la regione di origine sono stati intrattenuti generalmente per mezzo della corrispondenza e del telefono (in 145 casi), ma anche delle visite in patria (135 casi), più o meno frequenti, dell'invio di risparmi (93 casi) e della lettura di giornali (71 casi). Meno numerosi invece coloro che mantenevano delle proprietà nel paese d'origine (20 casi) o ne avevano acquistato delle nuove (13). Un altro modo di tenere i contatti con l'Italia era l'appartenenza ad associazioni di emigrati (26 casi). Sono in 1 caso la parrocchia del comune di origine aveva rappresentato un tramite.

Nella valutazione queste risposte si accompagnano a quelle riguardanti la frequenza, la durata e le circostanze dei ritorni temporanei dell'emigrato nella comunità di origine.

La frequenza di questi viaggi appare discretamente elevata: 93 persone (62,0% hanno dichiarato di essere ritornate ogni anno, 33 (22,0%) ad anni alterni e 18 (12,0) ogni tre anni. Infine 6 persone (4,0%) non sono mai rientrate nel periodo di emigrazione.

Anche la durata del soggiorno in Sardegna in quest'occasione era abbastanza elevata: su 144, 85 persone (59,0%) si fermavano 3-4 settimane, 35 (24,3) più di un mese, 19 (13,2) 1-2 settimane e 4 infine (3,5) meno di una settimana. Assai diffusa era infatti l'abitudine (113 persone su 144, pari al 78,4%), di venire a trascorrere nell'isola le ferie estive, anche se non tutti gli anni. Molto meno numerosi erano coloro che venivano in occasione delle feste di fine d'anno (37, il 25,7%) quando pure nei paesi di immigrazione sia alcuni datori di lavoro che le scuole concedono ferie prolungate e vengono organizzati treni speciali per l'Italia, allo scopo di consentire alle famiglie di trascorrere le festività in patria.

I turni di elezioni, com'è noto, attraggono poche persone (9, il 6,3%), nonostante l'incentivo della riduzione delle spese di viaggio concesso agli emigrati che rientrano per votare.

A parte quindi i rapporti di tipo telefonico e di corrispondenza, che sono generalizzati, il nostro gruppo di emigrati manteneva, per la stragrande maggioranza, contatti regolari con l'area di origine, soprattutto per l'abitudine di trascorrere le ferie estive in patria.

Una tale frequenza, probabilmente, non è inferiore a quella dei Sardi emigrati nel continente itlaiano. Anche per l'accresciuta abitudine ai bagni di mare, la ricorrenza dei ritorni da parte degli emigrati è un fenomeno ben noto, che contribuisce, insieme al normale turismo, a congestionare i trasporti per l'isola nel periodo estivo.

La frequenza dei rapporti va poi connessa con la vicinanza dei tre principali paesi di emigrazione, dai quali il viaggio per la Sardegna, attraverso il porto di Genova, non è molto lungo. Alcune città europee (Parigi, Stoccarda, Londra) sono poi direttamente collegate con voli regolari estivi agli aeroporti sardi, il che facilita i rientri soprattutto per le persone sole. Le famiglie infatti, per motivi di costo, preferiscono utilizzare il treno o il mezzo proprio e la nave. Coloro che sono emigrati in paesi molto lontani tendono a rientrare meno spesso. Peraltro, la casistica è varia, poiché, per esempio, mentre un emigrato è rimasto 14 anni in Australia senza mai rientrare in Sardegna, un altro, vissuto in Somalia, tornava regolarmente ogni anno.

In sostanza, il contatto diretto dell'emigrato con l'ambiente d'origine è molto frequente. Durante i soggiorni in patria, l'emigrato si informa personalmente sulle condizioni del mercato di lavoro locale e adegua rapidamente le proprie decisioni alle sue variazioni. Il contatto mediato, invece, attraverso la lettura di giornali italiani e sardi e l'appartenenza ad associazioni di emigrati, appare essere di gran lunga meno importante. L'invio di risparmi, nel corso dell'emigrazione, è anche un tipo di connessione frequente. Essi vengono destinati sia al mantenimento dei familiari che al graduale rinnovo dell'abitazione oppure alla costruzione della nuova casa, nella quale l'emigrato si impegna personalmente nel corso dei suoi soggiorni. Di scarso peso si è rivelato il legame connesso ad un patrimonio già esistente, cosa comprensibile se si pensa che la maggior parte degli emigrati era in giovane età alla partenza e che, ovviamente, proveniva da famiglie non agiate. Alquanto diffusa sembra la tendenza a trattenere i propri risparmi all'estero ed ad investirli in eventuali acquisti di immobili solo all'atto del rientro. In conclusione, i rapporti che gli emigrati intrattengono con il paese di origine dipendono soprattutto dalla presenza dei loro familiari e molto meno dal possesso di beni o dall'esistenza di attività produttive in corso.

Anche i modi della conservazione del risparmio realizzato, in attesa del ritorno in patria, indicano la forza dei legami che collegano l'emigrato alla sua comunità di origine. Infatti, il numero di coloro che hanno risposto di aver conservato tutti i propri risparmi (40 casi) o parte di essi (40 casi) in una banca o presso le Poste in Italia è più elevato rispetto a chi ha preferito la banca estera (19 casi per l'intero risparmio, 30 per parte di esso). Nessuno infine ha indicato i titoli di stato italiani come forma di investimento, nemmeno temporanea, come pure del tutto marginali risultano altre possibilità (6 casi per l'intero risparmio, 4 casi per parte di esso).

4.4.3. *La casa rimane la principale forma d'impiego del risparmio*

In molti casi le circostanze non hanno permesso agli emigrati di realizzare risparmi. Alla domanda sulle eventuali forme del suo impiego, 35 persone hanno risposto di non aver accumulato somme che consentissero una qualsiasi iniziativa. Oltre alle spese relative al mantenimento della famiglia all'estero, altre se ne sono dovute affrontare al momento del rimpatrio, per la prima sistemazione e per far fronte ad un eventuale periodo di mancanza di lavoro.

I rimanenti hanno effettuato gli impieghi descritti alla tab. 25.

Tab. 25 - Forme di impiego del risparmio in beni immobili e in attività lavorativi

	N. casi
Ristrutturazione di vecchia abitazione	32
Costruzione e/o acquisto di abitazione e/ di lotto edificabile	74
Idem di seconda casa	3
Acquisto di terreni agrari	15
Avviamento o potenziamento di un'attività produttiva:	
Agricoltura	31
Piccola industria	6
Artigianato	7
Commercio	5
Trasporti	1
Turismo	1

Fonte: Risultati dell'inchiesta.

Inoltre, 17 persone hanno impiegato parte dei risparmi per mantenere i figli alla scuola secondaria superiore e uno all'Università.

Va precisato che le varie forme di impiego del risparmio in più casi si cumulano nella stessa persona. Ad esempio, lo studio dei figli non compare mai come forma unica, ma è sempre insieme ad altri tipi di impiego, soprattutto la costruzione della casa. Si direbbe che la prima preoccupazione non sia quella di assicurare un salto di qualità per il futuro dei propri figli rispetto a quella che è stata la vita dei genitori, ma che si debba dare la precedenza a problemi più immediati.

L'acquisto di un'abitazione o il rinnovo di quella già posseduta rappresentano, come è ben noto, un'esigenza generalizzata. Nel caso della costruzione della nuova casa, spesso si procede all'acquisto di un lotto di terreno a questo scopo, anche molti anni prima di rientrare in patria. In totale, si può calcolare che il 90,4% di coloro che hanno realizzato un risparmio sufficiente per una qualche forma di investimento abbiano compiuto almeno una di queste operazioni: restauro della vecchia casa dei genitori, restauro di una vecchia abitazione di proprietà dell'emigrato, acquisto di una vecchia casa e suo eventuale restauro, acquisto di un lotto edificabile, acquisto di un'abitazione di nuova costruzione, costruzione di un'abitazione su un terreno appositamente acquistato. Queste scelte sono ovviamente legate all'entità del risparmio e possono anche cumularsi, nel corso della permanenza all'estero. I diversi interventi si susseguono con una successione ben precisa: dall'acquisto di un lotto si passa talvolta anche durante l'emigrazione, all'edificazione della casa. Dopo che si è restaurata la casa dei genitori, si passa all'acquisto o alla costruzione di una nuova casa. In alcuni casi (6), si è ancora alla fase dell'acquisto del lotto edificabile. In totale, il restauro delle vecchie abitazioni è molto meno frequente rispetto alle nuove costruzioni, anche se parte di queste sono ancora incomplete.

L'attività edilizia e il mercato immobiliare ricevono dunque una grossa spinta dal risparmio dell'emigrato. Il rinnovamento e l'ampliamento del patrimonio edilizio sono il più importante effetto economico dell'emigrazione nelle aree di origine. Il processo che viene così messo in moto si distribuisce su tempi lunghi, poiché il risparmio viene investito man mano che affluisce e lo stesso emigrato può impegnarsi di persona nel lavoro di costruzione o di restauro nei periodi di ferie. Anche ad anni di distanza dal rientro, non poche erano le case degli intervistati ancora in corso di completamento.

A partire dall'inizio degli anni Sessanta, il patrimonio edilizio dei paesi sardi ha attraversato una fase di intenso rifacimento e ampliamento. Interi rioni si sono aggiunti ai centri storici, soprattutto grazie al risparmio degli emigrati. La pressione esercitata sulle amministrazioni comunali ha portato ad effettuare alla periferia dei paesi nuove lottizzazioni, talvolta assegnando, anche per favorire gli emigrati, terreni di proprietà comunale. Le case degli emigrati si collocano così quasi sempre nelle periferie. In qualche caso sono sorte nuove gemmazioni di centri vicino al mare, come per la Caletta di Siniscola (Nuoro), oppure vicino a incroci stradali, o nelle parti del territorio comunale più prossime alle maggiori vie di comunicazione.

Nelle città e nelle cittadine dove è stata condotta l'indagine l'attività edilizia legata al risparmio degli emigrati è certo meno evidente che nei piccoli centri. Anche nelle città però gli emigrati abitano quasi sempre nei quartieri nuovi e in periferia. Il minor rilievo dell'attività edilizia promossa dagli emigrati non è solo dovuto alla loro minor incidenza sulla popolazione. La nostra indagine ha permesso di rilevare una significativa differenziazione tra città e cittadine da una parte e comuni rurali dall'altra in rapporto al risparmio e al suo impiego. Delle 35 persone che avevano dichiarato di non aver realizzato un risparmio sufficiente per una qualche forma di impiego, soltanto quattro (6,3%) si trovavano nei comuni rurali, mentre 11 (26,8%) erano rientrate nei comuni semiurbani e 20 (44,4%) nei comuni urbani. Questa distribuzione non va certo riferita ad una maggiore laboriosità o parsimonia, o capacità di guadagno di chi vive nei piccoli comuni, ma piuttosto va collegata ai più gravosi impegni e alle maggiori difficoltà che incontra chi si accinge ad investire denaro nei grossi centri, dove sia il costo dei suoli edificabili che quello della costruzione sono più alti. Inoltre, gli emigrati intervistati nei comuni non rurali in molti casi erano originariamente provenienti da altri comuni, il che significa che più raramente si trovano nella condizione di restaurare una vecchia casa di proprietà.

Sul fronte dell'impiego dei risparmi nell'abitazione, l'emigrato trova, comprensibilmente, condizioni meno favorevoli nelle città. È probabile che la considerazione di questo svantaggio, data la propensione ad investire nell'edilizia, abbia il suo peso nella decisione, da parte dell'emigrato, di trasferirsi o meno in città all'atto del rientro. Inoltre, stante la gradualità con cui il risparmio viene trasferito nel bene-casa, allo scopo anche di combattere l'inflazione, è facile che, al momento in cui si risolve a rientrare in patria, l'emigrato sia condizionato, nella decisione se rientrare o meno nel comune di origine, dall'iniziativa che può avervi già avviato. Peraltro, se il trasferimento in città può presentare il vantaggio di trovare lavoro più facilmente, le spese di prima sistemazione e l'eventuale periodo di iniziale disoccupazione gravano sul bilancio familiare molto più in città che nel piccolo comune, dove la solidarietà dei parenti, i proventi di attività agricole sia pure marginali ed eventualmente qualche giornata di lavoro nei campi, possono attenuare le difficoltà.

Resta ancora da dire che gli emigrati impiegano una parte non piccola dei risparmi per attrezzare le loro case, nuove o rinnovate. Si cerca di dotare l'abitazione delle moderne comodità, per cui sono diffusi ovunque elettrodomestici come il frigorifero, la lavabiancheria e il televisore. I vecchi mobili, seppure esistevano, cedono il posto al mobilio nuovo che nulla ha in comune con la tradizione locale ma che proviene dalle fabbriche settentrionali e risponde ai modelli diffusi da un'accorta pubblicità. Dato il costo elevato del trasloco, raramente gli emigrati portano in patria gli arredi già posseduti all'estero, a meno che non abbiano buone probabilità di usufruire del contributo regionale a questo scopo erogato.

Gli investimenti in attività produttive riguardano quasi sempre l'attività lavorativa che lo stesso emigrato ha intrapreso al ritorno. Un numero abbastanza elevato (34 persone, il 29,8% di coloro che hanno investito risparmi) ha quindi investito nel proprio lavoro. Non si deve però pensare che ciò abbia provocato un sensibile aumento delle capacità produttive del lavoratore. In 20 casi si è investito nell'agricoltura, con l'acquisto di poca terra (in genere una vigna per farsi il vino in casa), di pochi capi di bestiame e di qualche macchina agricola. Poiché sono soltanto 13 le persone tornate al lavoro agricolo, se ne deduce che anche qualcuno dei non agricoltori ha ritenuto di investire in questo settore. Questa forma di impiego risulta esclusiva degli intervistati dei comuni rurali, con l'eccezione di un solo caso. Va poi detto che in 29 casi l'emigrato ha suddiviso il proprio risparmio tra la casa e l'agricoltura, mentre soltanto in 5 casi l'azienda agricola ha rappresentato l'unica forma di impiego.

Viceversa l'impiego in attività produttive non agricole riguarda i comuni urbani e semi-urbani, con una sola eccezione, quella di un emigrato che ha investito denaro nella lavorazione del sughero nel comune di Ortueri. Dei 15 casi di questo settore (pari al 13,2% di chi ha impiegato risparmi) 14 quindi si trovano nei comuni semi-urbani e urbani. Le attività interessate sono: 4 negozi, 3 falegnamerie, 2 imprese edili, 1 bottega artigianale, 1 officina meccanica per auto, 1 officina-carrozzeria, 1 ristorante, 1 scuola guida. In 5 casi, tutti gli sforzi dell'emigrato si sono concentrati sull'attività intrapresa, nella quale ha profuso per intero i suoi risparmi.

In conclusione, il quadro delle forme di impiego dei risparmi è analogo a quanto si è già riscontrato in altre regioni meridionali [46]. La casa costituisce l'obbiettivo prioritario, cui cedono il posto le altre esigenze. Nel campo delle attività produttive, l'agricoltura, nonostante la frequenza non trascurabile con la quale vi è stato investito denaro, occupa un posto assai marginale, dato che non si è riscontrato nessun caso di formazione o ammodernamento di aziende degne di rilievo. Viceversa, il risparmio impiegato nelle attività legate alla imprenditorialità degli emigrati appare senz'altro destinato a una maggiore produttività. Esso si concentra quasi esclusivamente nelle città e nelle cittadine, di preferenza nel settore terziario e nell'industria delle costruzioni.

4.5. *Le vicende dell'emigrazione*

4.5.1. *La condizione familiare, l'alloggio, gli spostamenti, il lavoro*

Il gruppo più numeroso di intervistati è vissuto, all'estero senza compagnia di familiari. Del resto, la maggior parte degli emigrati era costituita da non coniugati, e parecchi che non si sono mai sposati. Un numero quasi altrettanto elevato, pur essendo partiti da soli, si sono fatti poi raggiungere dai familiari. Molti di essi erano già coniugati alla partenza e hanno richiamato presso di sé i familiari dopo aver trovato un alloggio conveniente, altri hanno contratto matrimonio con donne sarde, qualcuno (11, il 7,3%) con straniere. Un certo numero infine era partito con i familiari fin dall'inizio (tab. 17).

---

[46] Per la Sardegna, si veda quanto rilevato da F.O. BURATTO, *L'integrazione dei rimpatriati in Sardegna: risultati di un'indagine-pilota*, in «Rass. di Serv. Soc.», 1977, 4, pp. 77-96.

Si è riscontrato che il modo di conservare i risparmi variava a seconda del tipo di convivenza familiare seguito durante l'emigrazione. Coloro che sono vissuti soli tendevano a mandare il risparmio in Italia, mentre quelli che sono partiti con i familiari o sono stati da questi raggiunti, più spesso tenevano i risparmi all'estero, tutti o in parte. Se ne deduce quindi che negli ultimi tempi, facendosi l'emigrazione più familiare e meno individuale, il risparmio tendesse ad affluire in minor quantità e meno regolarmente in Italia, venendo piuttosto accantonato per il momento del rientro in patria. Questa constatazione fornisce un'ulteriore conferma di un fenomeno ben noto al livello nazionale.

Con la presenza di nuclei familiari mutano anche i rapporti che durante l'emigrazione vengono intrattenuti con l'area e con la cultura italiana di origine: nel nostro campione si è constatato che coloro che vivevano soli più spesso inviavano risparmi in patria con regolarità ed erano migliori frequentatori delle associazioni di emigrati che non le famiglie.

A causa dell'alta proporzione di persone sole alla partenza, una percentuale elevata (85 persone, il 57%) ha utilizzato come primo alloggio quello predisposto dal datore di lavoro. L'incidenza di questo tipo di sistemazione è notevole anche perché è alto il numero di coloro che sono emigrati tramite il Ministero del Lavoro e si sono avvantaggiati dell'obbligo del datore di lavoro di fornire l'alloggio. In altri casi, si è preferita la soluzione dell'alloggio individuale, in genere una camera presso una pensione privata (15 casi, il 10,1%), oppure, la camera in affitto insieme ad altri lavoratori (12 casi, l'8,0%). Tutti coloro che erano partiti con i familiari hanno preferito affittare da subito un appartamento in proprio (38 casi, il 25,4%).

L'ultimo alloggio occupato è spesso diverso dal primo, perché in seguito al matrimonio, o all'arrivo di familiari, o per stanchezza della vita promiscua degli alloggi di fabbrica e delle pensioni, la scelta si è volta verso gli alloggi individuali in maggior misura. Prima del ritorno in Italia, solo 38 persone (il 25,3%) vivevano negli alloggi del datore di lavoro, 13 erano in pensioni (8,7%), 20 (13,3%) in camere in affitto con altri lavoratori e ben 76 (50,7%) in appartamenti affittati con i familiari. Soltanto 3 pesone (il 2,0%) avevano potuto acquistare un appartamento dove abitare.

Dunque, nel corso della permanenza, si sono via via rifiutate le soluzioni più precarie e più economiche, anche per effetto del ricongiungimento con i familiari. È pure piuttosto cambiato l'atteggiamento nei confronti della vita che si conduce all'estero. Gli scapoli che erano emigrati per lo più verso la fine degli anni Cinquanta e gli inizi dei Sessanta, con molto spirito di sacrificio si accontentavano degli alloggi collettivi messi a disposizione dalle ditte, alloggi che a quell'epoca erano davvero poco confortevoli. Negli anni più recenti, i giovani mostrano una maggiore tendenza a portare con sé la famiglia e pertanto preferiscono spendere di più pur di vivere in appartamenti indipendenti.

Sulla continuità o meno della permanenza all'estero, 133 persone (l'88,7%) hanno risposto che il soggiorno è stato continuato e solo 16 (una risposta è mancante) che è invece stato discontinuo. I casi di permanenza discontinua sono un po' più frequenti tra coloro che sono partiti dopo il 1963. Prevale quindi la tendenza di recarsi all'estero per un periodo abbastanza lungo, senza interruzioni, anche perché probabilmente sono mancate, nel frattempo, offerte alternative in patria.

Ne è conferma la lunga durata media dell'emigrazione, che è risultata essere di 10,9 anni. Per durata dell'emigrazione, gli intervistati si distribuiscono come dettagliato nella tab. 26.

Tab. 26 - Gli intervistati per durata del soggiorno all'estero

Anni	1-2	3-4	5-6	7-8	9-10	11-12	13-14	15-16	17-18	19-20	20	Tot.
Intervistati	7	10	16	13	25	19	20	18	16	4	2	150
%	4,7	6,7	10,7	8,7	16,6	12,7	13,3	12,0	10,6	2,7	1,3	100,0

Fonte: Risultati dell'inchiesta.

In questa distribuzione la classe modale (9-10 anni) raccoglie il 16,6% del totale e apre un gruppo (dai 9 ai 18 anni di durata) che raccoglie il 65,3% dei casi. Ricordiamo tuttavia che l'emigrazione di breve durata è certamente sottostimata stante la modalità con la quale è stato raccolto il campione.

Il grado di soddisfazione circa il lavoro svolto è pressappoco uniformemente distribuito in rapporto alla durata dell'emigrazione. Per quanto riguarda la remunerazione e le condizioni di alloggio invece, esso tende ad essere più elevato per coloro che sono rimasti all'estero più a lungo, il che potrebbe essere una motivazione importante nel caso dei soggiorni prolungati. Tuttavia, va anche tenuto presente che tale giudizio è espresso da emigrati partiti dalla Sardegna negli anni Cinquanta, quando le differenze salariali con i paesi esteri di emigrazione erano forti e che quindi le loro aspettative erano probabilmente inferiori rispetto agli emigrati degli anni Settanta, il cui apprezzamento è assai meno marcato. Il grado di soddisfacimento del guadagno realizzato è poi migliore in confronto che per l'alloggio, il che conferma la disponibilità dell'emigrato a contentarsi di condizioni abitative mediocri anche per lungo tempo, se il trattamento economico è considerato buono.

Il giudizio dato dall'emigrato sul proprio grado di adattamento all'ambiente del paese di emigrazione rappresenta per molti un parere riassuntivo delle condizioni trovate in merito ai tre punti fondamentali, il lavoro, il guadagno e l'alloggio, anche se, evidentemente, sono in gioco pure altri condizionamenti riguardanti i rapporti sociali e le aspettative dell'emigrante alla partenza. Nel nostro gruppo il giudizio espresso sul proprio grado di inserimento nell'ambiente del paese di emigrazione risulta fortemente connesso all'opinione posseduta sul lavoro ivi effettuato, sul salario e sull'alloggio. Infatti, coloro che lo hanno giudicato «abbastanza» (il 44,7%) e «molto» (il 33,3%) buono, in totale il 78% degli intervistati, rappresentano anche l'84,0% di coloro che hanno giudicato allo stesso modo il lavoro, l'87,4% di chi ha espresso analoga opinione sul salario e l'85,8% sull'alloggio.

L'emigrazione ha comportato, nel nostro gruppo, uno spostamento di settore economico di attività in un gran numero di casi. Se si confronta l'ultima attività svolta in Sardegna con la prima effettuata all'estero, si rileva che l'agricoltura quasi scompare (dal 40,5% degli attivi al 2,0%), il terziario subisce una certa contrazione (dal 12,7% all'8%), mentre si rigonfia l'industria (dal 46,8% al 90,0%). Le industrie in cui gli intervistati hanno trovato occupazione sono quelle più note per l'alta percentuale di lavoratori stranieri: l'edilizia, la metallurgia, la meccanica, l'estrattiva. La prima ha un'incidenza ridotta rispetto a quella avuta prima della partenza, mentre le miniere e la meccanica ne hanno una ben maggiore. La metallurgia non figurava affatto. I pochi emigrati che si sono trovati a poter svolgere lo stesso tipo di lavoro che facevano in patria erano muratori e falegnami. Soltanto 3 persone su 150 hanno esercitato un'attività indipendente.

Nel corso della permanenza, i cambiamenti di datore di lavoro sono stati numerosi, ma non molto, tenuto conto dell'elevata durata media dell'emigrazione. Il 28,7% addirittura non ha mai cambiato lavoro, mentre l'11,3% lo ha cambiato una volta, il 20,7% due volte, una quota equivalente tre volte, il 10,0% quattro volte e il rimanente 8,6% dalle cinque alle nove volte.

Dal confronto tra la prima e l'ultima attività svolta prima del ritorno in patria si riscontra una certa variazione nella distribuzione dei lavoratori tra i vari comparti. Diminuiscono soprattutto quelli attivi nelle miniere, dove numerosi Sardi, per motivi già spiegati, avevano trovato lavoro in passato. Un certo calo mostrano anche altre industrie che da anni vedono una diminuzione della manodopera italiana, come le costruzioni e la metallurgia. Un piccolo aumento registra invece la meccanica. Assai modesto lo spostamento verso il terziario.

Per la maggioranza gli intervistati si sono dichiarati abbastanza soddisfatti del lavoro svolto all'estero e in forte proporzione addirittura molto soddisfatti. Non si può certo allontanare il sospetto che la positività del giudizio espresso sia almeno in parte dovuta al tempo trascorso e in parte ancora maggiore alle delusioni incontrate con il reinserimento nell'ambiente di lavoro in Sardegna. Confrontando le risposte con l'ultima attività svolta all'estero, appare che coloro che hanno lavorato nel terziario sono più soddisfatti di chi ha lavorato nell'industria. Tra questi ultimi, alcuni hanno lamentato il carattere malsano e pericoloso del lavoro nelle fonderie, altri hanno giudicato negativamente l'industria meccanica.

Nonostante si siano verificati vari casi di frequenza a corsi di aggiornamento e di formazione professionale, di mobilità del posto di lavoro, di cambiamento anche del paese di emigrazione, allo scopo di perseguire migliori condizioni lavorative e di salario, si riscontra una bassa promozione professionale tra la prima attività esercitata all'estero e l'ultima. Le mansioni inferiori (braccianti, manovali, operai semplici) che raggiungevano il 66% nel primo caso sono poi scese solo al 60%. Nel terziario invece si rileva una certa tendenza a ricoprire le mansioni via via più elevate, il che poi contribuisce a spiegare il maggior soddisfacimento espresso dagli interessati sia per il lavoro che per il guadagno.

La posizione nella professione, nell'ultimo lavoro svolto, risulta condizionare parecchio le risposte circa il grado di soddisfacimento del lavoro e del guadagno: un giudizio maggiormente positivo è stato espresso dalle categorie superiori (dagli operai qualificati agli impiegati), dichiaratisi abbastanza e molto soddisfatti, per il lavoro al 91% e per il guadagno all'83%. In confronto, i manovali e gli operai semplici (senza distinzione di settore economico) sono stati della stessa opinione all'85% e al 78%.

4.5.2. *Alcune caratteristiche dei rientri a seconda del paese di soggiorno. Differenze significative*

La concentrazione degli intervistati in tre paesi di emigrazione, la Francia, la Germania occidentale e la Svizzera, rende opportuno limitare l'individuazione delle differenze a questi paesi, le cui rispettive correnti migratorie abbiamo già visto essere piuttosto diverse.

I confronti a questo scopo effettuati si riferiscono solo ad alcuni aspetti, giudicati di maggior interesse, che riguardano soprattutto il giudizio complessivo dell'emigrato sulla sua esperienza migratoria, mentre sono stati tralasciati altri punti per i quali non si presentavano risposte significative.

Una prima differenza emerge al livello della durata del soggiorno all'estero e dell'età dell'intervistato al rientro in patria. Di fronte ad una durata media, si è detto, di 10,9 anni, i rimpatriati dalla Francia sono stati assenti mediamente 12,8 anni, quelli dalla Svizzera 11,4 e quelli dalla Repubblica Federale 9,1. Inoltre, mentre mediamente il 47,3% degli intervistati è rientrato dopo una permanenza fino a 10 anni, dalla Francia sono rientrati il 30,8%, dalla Svizzera il 53,6% e dalla Repubblica Federale il 58,5%.

La Francia si conferma dunque come il paese nel quale gli emigrati rimangono più a lungo. Conseguentemente, coloro che rientrano da questo paese sono più anziani: al rientro, il 45,7% si trovava oltre i 40 anni, contro una media del 33,3% di tutti gli intervistati.

Le risposte fornite alla domanda circa gli spostamenti di località durante la permanenza all'estero indicano una generale bassa mobilità: più della metà degli intervistati infatti non ha compiuto spostamenti oltre a quello destinato al raggiungimento della località di emigrazione, dalla quale non si è mossa se non per fare ritorno in patria. Ci sono però alcune differenze legate al paese estero. I più mobili sono stati quelli che si sono recati in Svizzera, seguiti da quelli che si sono recati in Francia e poi da quelli che sono stati nella Repubblica Federale. Se questa forma di mobilità indica insoddisfazione da parte dell'emigrato delle condizioni trovate sul posto, se ne potrebbe concludere che sia stata la Svizzera ad offrire più motivi di scontento. Peraltro, come si è avuto occasione di dire, in tali spostamenti talvolta ci si è diretti dalla Francia e dal Belgio verso la Svizzera e la Repubblica Federale, un fenomeno ben noto agli studiosi della mobilità migratoria dei lavoratori italiani.

Alcune differenziazioni emergono anche a proposito della fuizione da parte dell'emigrato di una qualche forma di assistenza durante l'emigrazione. Va precisato che nella domanda non si chiedeva di specificare se l'assistenza fosse stata erogata da un ente tedesco, da un ente italiano o dal datore di lavoro, associazioni, ecc. Un suo riferimento soltanto al paese di residenza sarebbe quindi arbitrario.

In totale, 73 emigrati su 147 (due risposte sono mancanti) hanno dichiarato di aver goduto di una qualche forma di assistenza in maniera continuata (il 49,7%), contro 17 che ne hanno fruito in modo saltuario (l'11,6%) e 57 che non he hanno fruito affatto (il 38,7%). L'impressione positiva che se ne ricava si attenua molto quando si apprende che l'assistenza continuata si riferiva per lo più alla fornitura dell'alloggio da parte del datore di lavoro (73 casi), molto frequente in un gruppo in cui gli emigrati soli erano così numerosi. Tranne pochi casi di assegnazioni di case popolari, è stato riferito di concessione di sussidi e prestiti (in 12 casi), di forme varie di assistenza ai figli (in 14 casi, per lo più vacanze pagate, corsi di lingua, doposcuola gratuiti) e di frequenza a corsi di formazione professionale e di aggiornamento (13 casi).

Non pare tuttavia casuale che sia proprio la Svizzera il paese nel quale si è stati meno assistiti: il 47% di coloro che ne sono ritornati ha dichiarato di non aver fruito di alcuna assistenza, contro il 38% dei rientrati dalla Francia e il 36% dei rientrati dalla Repubblica Federale.

Il grado di soddisfacimento espresso sulla situazione di lavoro, di guadagno e di alloggio, riferito al paese estero di provenienza, risulta di incerta interpretazione. La Francia registrerebbe la più alta frequenza di soddisfazione per il lavoro e per il guadagno e molto buona anche per l'alloggio. Invece coloro che sono rientrati dalla Repubblica Federale si sono dichiarati largamente soddisfatti per il lavoro, meno per il guadagno e per l'alloggio. La Svizzera segnala un grado un po' meno elevato di soddisfazione rispetto agli altri due paesi per il lavoro, migliore che nella Repubblica Federale anche per il guadagno, ma più alto per l'alloggio, mentre ci si aspetterebbe forse il contrario. Del resto, il giudizio sulle condizioni trovate può essere influenzato da vari elementi, non ultimo l'età. Il fatto che gli emigrati rientrati dalla Francia siano mediamente più anziani può forse spiegare la loro più facile contentabilità.

I giudizi più positivi sul grado di adattamento all'ambiente trovato nel luogo di emigrazione sono comunque quelli espressi dai rimpatriati dalla Francia, che hanno risposto «abbastanza» e «molto» per il 97,1% dei casi, seguiti a distanza dai rimpatriati dalla Svizzera, che hanno dato lo stesso tipo di risposta solo per il 78,8% e dai provenienti dalla Repubblica Federale, per il 68,1%.

Il modo in cui si sono vissuti i problemi del reinserimento in patria non sembra invece legato al paese di provenienza. Coloro che al ritorno si sono sentiti «come prima» nei confronti dell'ambiente locale si distribuiscono in proporzioni assai simili tra la Repubblica Federale, la Francia e la Svizzera (dal 41 al 47% del totale rientrato da ciascuno di questi stati).

5. Conclusioni

La rassegna fatta in queste pagine della recente storia migratoria dell'isola, che per tanti versi ricalca quella dell'Italia, ci permette di giungere alla conclusione che, agli inizi degli anni Ottanta, siamo ormai di fronte alla fine di un'ondata migratoria, quella che, nata negli anni Cinquanta, ha visto la sua massima espansione nel decennio successivo per poi ridursi e cedere il posto alla fase di prevalenti ritorni. Ormai, la contrazione delle nascite e l'industrializzazione bene o male avviata, nonché l'esaurimento della pressione della manodopera rurale, creano condizioni diverse da quelle che hanno generato l'ondata migratoria. Non che l'emigrazione sia finita, essa si sta trasformando in una forma di mobilità più temporanea, orientata verso paesi nuovi, quelli del Terzo Mondo, e basata su capacità tecniche che nel passato non esistevano. Questa mobilità rappresenta un nuovo tipo di ondata migratoria, diverso dal precedente, perché non consiste semplicemente di uno spostamento geografico degli emigranti, che si muovono verso l'Arabia Saudita, la Libia, l'Iran, come verso nuove Svizzere e Germanie. I rapporti di lavoro e con la società del paese ospitante sono del tutto diversi, anche se è vero che varie forme di sfruttamento possono esistere pure in queste mutate condizioni.

Giunta dunque alla sua fase di esaurimento, l'emigrazione all'estero degli anni Sessanta si conclude, in una certa misura, nel rientro. Un rientro che sarebbe ben più massiccio se le condizioni economiche dell'isola dessero maggiori possibilità. Dopo la breve illusione degli anni Ottanta che, anche dietro la spinta della crisi del petrolio, incoraggiò numerosi rientri, si è giunti al punto in cui i rientri si fanno ad onta, e a sfida delle condizioni del mercato di lavoro isolano. Sono i rimpatri di chi è arrivato alla fine del proprio ciclo migratorio. Esaurito l'effetto congiunturale, il ritorno in patria continua ad essere alimentato dalle decisioni individuali, cosicché, diminuendo gli espatri, esso domina ancora la scena migratoria.

Come si è visto, anche negli anni in cui il fenomeno ha assunto maggior peso, l'emigrazione di ritorno non ha avuto, in Sardegna, un grosso rilievo numerico. O meglio, non l'ha avuto nell'insieme dell'isola, ma piuttosto nei piccoli comuni dell'interno. Anzi, non esitiamo a dire che il rientro degli emigrati è tipico dei comuni dell'interno e che va considerato come uno degli aspetti significativi della loro evoluzione demografica ed economica, accanto all'emigrazione, allo spopolamento montano, all'invecchiamento, al deflusso dei capitali e delle iniziative. Un aspetto che, per una volta, è però di segno contrario rispetto agli altri.

Rifacendosi alle premesse che hanno orientato la nostra indagine, vorremmo ora trarre delle conclusioni sull'entità e la qualità dell'impatto del rientro degli emigrati all'estero nelle aree che più ne sono state interessate, ma anche nell'intera isola. Un impatto che, stante la lunghezza dell'esperienza di vita di questi emigrati in paesi così diversi dalla Sardegna, in ambienti di lavoro così lontani da quelli consueti del muratore o dell'artigiano o del contadino sardo, non può che essere rilevante. Per certi versi, le conseguenze dei rientri sugli individui e sulle comunità dei paesi dell'interno sono difficilmente conoscibili, né ciò era del resto negli intenti di quest'inchiesta. L'approfondimento di aspetti quali il cambiamento dei comportamenti sociali e politici, delle aspettative, del modo di confrontarsi con i problemi quotidiani che è messo in moto oltre che dalla maggiore scolarizzazione dei giovani e dalla diffusione delle comunicazioni di massa, anche dal rientro degli emigrati, deve essere oggetto di indagini appositamente finalizzate. In questa sede verranno invece valutate quelle che sono le conseguenze più largamente geografiche e territoriali dei rientri, che, partendo da una determinata distribuzione geografica, possono, a seconda delle loro connotazioni qualitative e della differenziazione spaziale dei flussi, contribuire a sanare gli squilibri territoriali della popolazione e dell'economia, o viceversa, ad ulteriormente accentuarli.

Indubbiamente, di fronte all'intento di giungere a valutazioni conclusive valide se non per l'intera isola almeno per certe aree interne e in funzione soprattutto della differenziazione città-campagna, disponiamo di un materiale limitato, essendo le interviste state condotte su un numero modesto di emigrati e in pochi comuni scelti per la peculiarità delle loro situazioni. Senza voler generalizzare i risultati a tutta l'isola, quanto è stato riscontrato nei comuni d'indagine può tuttavia illuminare su certi aspetti qualitativi dei rientri, già del resto parzialmente noti attraverso le statistiche ufficiali e altre fonti.

In prima istanza, la notevole durata media dell'emigrazione, con tutto quello che comporta: dalla presenza di famiglie formatesi nel suo corso, con figli nati all'estero, dove in parte hanno anche ricevuto l'istruzione primaria, al lungo periodo di lavoro effettuato fuori dalla Sardegna, alla prolungata lontananza in un'epoca di grandi cambiamenti per l'isola. Questi cambiamenti gli emigrati che ritornano non li hanno vissuti direttamente. Essi sono slegati dall'ambiente dei giovani lavoratori di oggi, della classe operaia che si è formata con la recente industrializzazione. Sono infatti gli emigrati della fine degli anni Cinquanta e degli inizi dei Sessanta che ritornano, con la loro bassa scolarizzazione, la mancanza di qualificazione, la provenienza da mansioni nient'affatto qualificate o addirittura dalla campagna e dall'ovile. Essi hanno vissuto l'emigrazione e ora affrontano la situazione del rientro, con uno spirito tutto diverso da quello dei giovani, che sono meno disposti al sacrificio, più consci dei propri diritti.

Il fatto poi che il rientro non sia particolarmente legato all'espulsione dal posto di lavoro, ma sia avvenuto per lo più dietro la spinta di motivi familiari, o semplicemente per effetto del raggiungimento degli obiettivi che ci si era prefissi emigrando, toglie ad essi quella tinta di drammaticità che forse avevano assunto in un certo momento di maggiore acutezza della crisi. In effetti, questi rientri si accompagnano ad un inserimento effettivo nell'area di ritorno che ha connotazioni più positive che negative, anche se esso avviene talvolta in condizioni non molto diverse da quelle di partenza o se l'emigrato trova con difficoltà il modo di inserirsi negli interstizi di sistemi produttivi che si sono formati o modificati in sua assenza.

Il diverso modo con cui l'emigrato si reinserisce oltre ad essere legato ad una varietà di fattori connessi con le capacità personali, le condizioni familiari, l'esperienza vissuta, trova certamente riscontro anche nelle condizioni dell'ambiente di rientro e nelle diverse prospettive che questo gli offre. Si potrebbe pensare che sulla base di questa considerazione, le città, i poli industriali, i comuni di sviluppo turistico polarizzino una quota importante degli emigrati di ritorno. Se ciò avvenisse in misura sensibile, il rientro degli emigrati, partiti soprattutto dai piccoli comuni privi di risorse delle zone interne, confluendo verso le città e le aree costiere, aggraverebbe gli squilibri esistenti.

In Sardegna, dove le differenze città-campagna in termini di mercato del lavoro, di reddito, di servizi, sono ancora assai sensibili, non si è riscontrata una particolare gravitazione dei rientri su quelle che generalmente vengono chiamate le aree «forti». Essendo rare e di piccola estensione le zone di agricoltura moderna ed intensiva, l'attrazione potrebbe sostanzialmente venire esercitata dalle città, dai comuni non urbani che sono stati scelti per localizzazioni industriali e, infine, in misura modesta, dai comuni turistici.

Le città, sarde, fatta eccezione per Carbonia e per Iglesias, colpite dalla crisi delle miniere, hanno alimentato un'emigrazione all'estero tutto sommato modesta, e pertanto, nella fase di prevalenti rientri, ricevono quote di emigrati basse in rapporto alla loro popolazione. I quatto comuni capoluogo di provincia con il 27% della popolazione sarda hanno ricevuto, tra il 1972 e il 1977, solo il 10% dei rientri dall'estero. Anche se si prendono in considerazione tutti i comuni con più di 20.000 ab., l'incidenza dei rientri resta al di sotto della media regionale. Il quadro non cambia se si considerano, insieme ai comuni capoluogo di provincia i comuni di cintura. Come si è detto, prevale largamente in Sardegna la propensione a rientrare nei comuni di origine.

Resta tuttavia degno di nota il fatto che, sotto il profilo semplicemente numerico, il bilancio positivo con l'estero rappresenta una quota importante del declinante guadagno migratorio delle città sarde. Nella loro esiguità — 253 iscritti dall'estero in media all'anno nei quattro capoluoghi — i rimpatriati acquistano rilievo di fronte ad una situazione di diminuito urbanesimo. Addirittura il saldo con l'estero ha rappresentato, sempre per i quattro capoluoghi, il 30% del saldo migratorio totale nello stesso periodo. Inoltre, la mobilità degli ex-emigrati, e cioè gli spostamenti successivi all'iscrizione dall'estero, appare, dalla nostra ricerca, maggiore nei grandi comuni che nei piccoli. Nel corso del campionamento, si è riscontrato che un 10% degli estratti per il presente studio nei comuni urbani si era già cancellato per altri comuni, contro solo il 4-6% nei comuni rurali. Una differenza che potrebbe essere interpretata come conseguenza di maggiori difficoltà di reinserimento per chi rientra nelle città, ma anche come manifestazione di aspettative più elevate.

Anche se modesto numericamente, tuttavia il flusso dei rientri che si è diretto verso le città mostra, dalla nostra indagine, delle differenziazioni significative, se confrontato con il flusso captato dai comuni rurali. Oltre ad essere più vario sotto il profilo della provenienza, esso si rivela composto da persone più scolarizzate, anche in quanto comprendono i soli diplomati presenti tra gli intervistati. All'atto della partenza gli emigrati provenienti dalle città non solo in nessun caso venivano dal lavoro agricolo ma comprendevano vari operai specializzati, alcuni diplomati e lavoratori in proprio. Al ritorno, più alta è tra quelli che si sono stabiliti nelle città la proporzione di attivi nei servizi, specialmente i trasporti e le attrezzature ricettive. Ma soprattutto sono più numerose le attività in proprio, dal commercio, alle varie forme di artigianato legato all'edilizia, al trasporto privato.

In conclusione, appare evidente che le città sarde, anche se non attraggono una quota ingente dell'emigrazione di ritorno, ricevono però emigrati abbastanza selezionati sotto il profilo del grado d'istruzione, della professione e delle capacità imprenditoriali. In pratica, le città rappresentano il luogo dove si concentra la piccola impresa costruita con i risparmi dell'emigrazione. La particolare qualificazione dei rientri che le concerne provoca in definitiva un ulteriore impoverimento dei piccoli comuni rurali, drenandone le energie migliori. Non si deve tuttavia pensare che addirittura la città desertifichi la campagna delle iniziative dovute agli emigrati. Ogni paese sardo presenta le sue piccole attività in proprio (negozi, trasporti, imprese edili) dovute agli emigrati. Ma è un risultato della nostra inchiesta che la città tende ad averne di più.

Per contro i comuni rurali presentano alcuni caratteri omogenei, ma di tutt'altro tipo. intanto, essi comprendono la quasi totalità di coloro che alla partenza erano occupati nell'agricoltura, vale a dire quasi il 40% degli attivi.

Sotto l'aspetto della coincidenza tra comune di partenza e comune di ritorno, i rientrati nei comuni rurali presentano una notevole compattezza, poiché pochi estranei si inseriscono nei comuni rurali al momento del ritorno, al massimo qualche coniuge, magari straniero. La categoria degli ex-agricoltori, molti dei quali tornati poi alla campagna, è anche quella meno istruita; su 49, ben 28 non avevano nemmeno conseguito la licenza elementare e alcuni erano analfabeti. Tra loro, prevaleva l'appartenenza alle categorie inferiori, addirittura 34 braccianti, contro un solo operaio specializzato (un trattorista). Altri caratteri, come la giovane età alla partenza, la prolungata permanenza all'estero e la scarsa frequenza di accompagnamento da parte dei familiari, contribuiscono a dare una connotazione arcaica al gruppo dei provenienti dai comuni rurali.

Anche il quadro delle attività all'estero, riferito a questo sottogruppo, si qualifica differentemente e non in senso positivo: due sono stati attivi nell'agricoltura, i soli tra tutti gli intervistati, una decina sono stati minatori, il che vuol dire quasi tutti i minatori del gruppo (almeno come primo lavoro), molti vengono dalle fonderie, tipico lavoro degli strati più bassi della manodopera emigrata. Su 49, 12 sono poi tornati a fare gli agricoltori al ritorno dall'estero, il che vuol dire tutti gli agricoltori del nostro campione tranne uno. Anche al momento di emigrare la motivazione economica addotta (bassa remunerazione, insicurezza e discontinuità del lavoro) era dominante e strettamente collegata al tipo di lavoro svolto (alto era il numero dei braccianti). Tra le motivazioni del ritorno, nessuno ha dichiarato di essere tornato per riprendere il lavoro dei campi. In effetti, questa soluzione è stata semplicemente imposta dalla mancanza di alternative nel comune di residenza. Lo dimostra la differenza tra i due comuni, entrambi rurali, di Ortueri e di Bolotana, i quali hanno avuto, con pressappoco lo stesso numero di intervistati, il primo 10 casi di ritorno all'agricoltura e il secondo soltanto uno, ma grazie alla presenza di un impianto industriale di oltre 400 addetti. Che il ritorno alla campagna sia imposto dalle circostanze lo conferma il fatto che i tornati all'agricoltura si siano tutti dichiarati poco o nulla soddisfatti del lavoro e solo uno si sia dichiarato soddisfatto della remunerazione. Chi è tornato alla campagna addirittura trova maggiori problemi: gli affittuari dei terreni coltivati e dei pascoli non vogliono restituirli; in alcune zone sono subentrati i pastori venuti dal Nuorese, che avvantaggiandosi del vuoto creato dall'emigrazione, hanno chiesto ed ottenuto i pascoli comunali, dai quali ora non vogliono più allontanarsi.

Sotto il profilo dell'acquisizione di nuove capacità professionali, il quadro è molto modesto: degli emigrati dai comuni rurali, nessuno ha seguito corsi di formazione professionale, quasi tutti hanno svolto durante l'emigrazione mansioni generiche e solo uno ha intrapreso, al ritorno, un'attività in proprio.

Non mancano tuttavia anche gli aspetti positivi dei rientri nei piccoli comuni, che anzi sono rilevanti. L'infusione dei risparmi provenienti dall'estero ha incrementato soprattutto l'edilizia, e in genere tutti i consumi. Poi va detto che il contributo demografico dei rientri è prezioso per i piccoli comuni rurali. Esso ha dato l'apporto più importante all'andamento demografico degli ultimi anni. Nei cinque comuni rurali del nostro gruppo, il totale dei rientri dall'estero è stato di 437 unità nei sei anni tra il 1972 e il 1977, contro un guadagno di sole 42 unità per l'eccedenza naturale e un'emigrazione, per l'estero, di sole 27 persone. Il peso demografico dei rientri acquista un'importanza anche maggiore se si tiene conto della bassa età media dei rientrati. In quelli tornati nel comune di Ortueri, il più remoto e più marcatamente rurale del gruppo, dei 102 iscritti dall'estero, 26 erano bambini sotto i sei anni e costituivano la classe d'età più cospicua. I rientri dall'estero possono quindi rivitalizzare i piccoli comuni in misura notevole, più che le stesse città. Si possono a tale scopo confrontare le piramidi delle età degli iscritti dall'estero nel comune di Nuoro e dei due comuni rurali di Bolotana e di Ortueri, che insieme totalizzano un numero di rientrati pari a quello della città (fig. 10). I due comuni rurali presentano una più forte incidenza di due fasce d'età, i giovanissimi sotto i 15 anni e gli adulti tra i 30 e i 45, come effetto di una più numerosa presenza di famiglie con figli piccoli, rispetto alla città. Giovani emigrati dei primi anni Sessanta, quando l'insorgere dell'emigrazione nella campagna nuorese era insieme subitaneo e travolgente, tornano oggi con una famiglia, il che contrassegna nettamente la com-

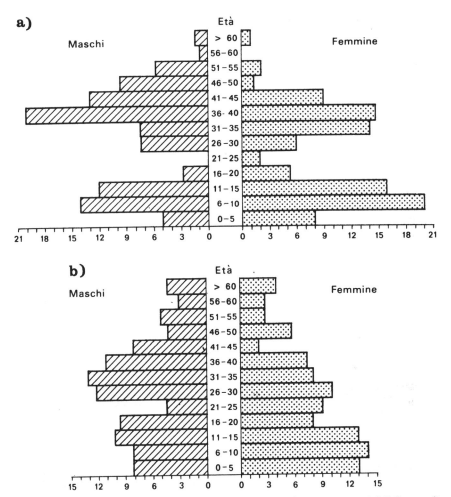

Fig. 10 - Piramidi delle età degli iscritti dall'estero nel 1972-77 (età al 1981) nei comuni di Bolòtana e di Ortueri (a) e in quello di Nùoro (b) (in %) (Fonte: Anagrafe dei comuni).

posizione dei rimpatri rispetto alla città, la quale, per il carattere più eterogeneo e sfumato della sua mobilità, tende ad amalgamare e ad attenuare le differenze.

In generale, sotto l'aspetto demografico, i rientri esercitano un chiaro effetto riequilibrante rispetto allo spopolamento prodottosi nel recente passato. Effetto che si cumula con l'attenuarsi dell'inurbamento e il formarsi di notevoli bacini di pendolarismo che rivalutano la residenza nel comune rurale, anche a vantaggio dell'emigrato, che per lo più ha destinato i suoi risparmi alla costruzione di una casa. Il rinsanguamento demografico si colloca, per importanza, sullo steso piano dell'infusione dei risparmi degli emigrati nell'economia locale nel determinare, se non una ripresa, perlomeno l'arresto della decadenza.

D'altronde, la dispersione delle famiglie emigrate in tanti piccoli comuni rende più difficile, per l'ente pubblico, l'affrontare i vari problemi connessi al rientro, che vanno dalla riconversione professionale degli adulti all'istruzione e al reinserimento dei figli, alle speciali difficoltà della donna che, già lavoratrice all'estero, non trova, nei piccoli paesi, nessuna possibilità di lavoro extra-domestico.

Negli ultimi anni, il fenomeno dei rientri, tende, si è detto, a ridursi, pur restando preminente sulle partenze. Il che significa che il loro effetto e i problemi relativi diminuiscono d'importanza. Non è però impossibile che si assista ad una ripresa, specie se le condizioni del mercato del lavoro dell'isola miglioreranno. Tra le decine di migliaia di Sardi e loro figli che oggi risiedono all'estero e nel continente italiano, il mito del rientro è intensamente coltivato. Un rientro, naturalmente, da farsi solo a certe condizioni, soprattutto sulla base di un lavoro sicuro e soddisfacente. A tenere stretti i legami con l'isola contribuisce, a differenza che presso altre regioni meridionali, l'esistenza di una rete fitta e attiva di «circoli», finanziati dal governo regionale, che sono qualcosa di più delle spontanee associazioni regionali degli Italiani all'estero e anche nelle maggiori città in Italia. Questi circoli sono un punto di riunione, di solidarietà, di diffusione dell'informazione sulla regione d'origine che in ultima analisi contribuisce a mantenere il senso di un'individualità già di per sé ben radicata.

È molto probabile che i rientri ancora per qualche anno continuino a presentare caratteristiche non molto diverse da quelle descritte in queste pagine, almeno per quella parte che passa attraverso le registrazioni anagrafiche. Nei comuni esaminati infatti, il quadro delle età che risulta dalle sezioni speciali dei residenti all'estero (Aire) è ancora piuttosto giovane. Lo dimostrano le piramidi delle età qui riportate, per Nuoro e per Ortueri (fig. 11). In particolare, in quest'ultimo comune, al 1981, il 35% degli iscritti all'Aire aveva meno di 16 anni e solo il 26% era oltre i 40. Certamente, in altri comuni nei quali l'emi-

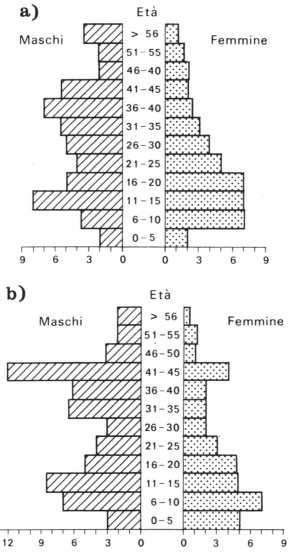

Fig. 11 - Piramidi delle età degli iscritti all'AIRE nei comuni di Nùoro (a) e di Ortueri (b) al febbraio 1981 (in %) (Fonte: Anagrafe dei comuni).

grazione si è sviluppata da più tempo, l'età è mediamente più avanzata, per quanto la prevalente temporaneità degli espatri, che abbiamo visto costituire una costante dell'emigrazione sarda, abbia provocato un continuo ricambio. Anche la caratteristica concentrazione in tre soli paesi è destinata a durare a lungo, se non altro per quella specie di inerzia che tende a perpetuare le destinazioni scelte.

È invece probabile che aumenti, tra gli ex-emigrati, la quota di operai qualificati, sfornati in numero elevato negli anni Sessanta e Settanta dalle scuole di formazione professionale e anch'essi in gran parte avviati all'emigrazione. Come pure aumenterà la percentuale dei familiari, essendo cresciuta la tendenza dei lavoratori emigrati a portarli con sé nell'emigrazione.

Considerato dunque il possibile serbatoio dell'emigrazione di ritorno, è probabile che i rientri continuino ad essere un fenomeno degno di attenzione ancora per qualche anno, soprattutto per le sue conseguenze sulle aree interne. Anche se certe categorie di emigrati, come si è detto, sono maggiormente attratte dalle città, i rientri conservano, pure per le aree rurali più sfavorite, certe connotazioni positive che ne fanno un elemento a favore del riequilibrio territoriale. Un'opinione condivisa dagli osservatori delle realtà locali che concordemente giudicano preponderanti gli aspetti positivi costituiti dalle capacità produttive, dall'esperienza, dall'apporto di risparmio, di fronte ai casi di sradicamento, di deviazione, di fallimento che il multiforme mondo dell'emigrazione di ritorno pure presenta.

La Sardegna e l'Argentina

L'emigrazione sarda in Argentina all'inizio del Novecento. Popolazione e territorio attraverso una rassegna della stampa isolana *

MARGHERITA ZACCAGNINI

(1991-92)

"Da Ploaghe. Anche qui si sentono gli effetti dell'emigrazione, la quale porterà e produrrà danni immensi nell'economia morale e sociale del paese: giacché fino a questo momento i due terzi della gioventù abbandonarono il paese per cercare migliori proventi sia nell'America lontana, sia nei vari corpi armati. Se si continua di questo passo, a Ploaghe non resteranno che gli inabili, poiché anche gli ammogliati seguono i passi dei giovani, abbandonando mogli e figli alla ventura. [...] La nota comica: si annunzia che anche il sacrista maggiore della parrocchia intenda emigrare, perché, dice lui, non può campare. A quando l'emigrazione... anche del campanile?" La Nuova Sardegna, 31-1 novembre 1909.

"Da Fonni. L'emigrazione è sempre in aumento; il sesso debole ne è impensierito perché mancano gli uomini e vi è gran pletora di donne. I giorni scorsi tennero un comizio di protesta ed ove non si arresti l'emigrazione proposero lo sciopero generale e fanno bene". La Nuova Sardegna, 11-10 gennaio 1910.

1. Gli autori che si sono occupati delle grandi correnti migratorie, che tra la fine dell'ottocento e gli inizi del novecento hanno lasciato l'Italia, sono concordi nel rilevare il fatto che l'emigrazione della Sardegna si è manifestata in misura molto contenuta rispetto al resto del paese ed in ritardo rispetto alle altre regioni italiane. E per spiegare tale fatto, dopo aver ricordato che fino ai primi anni del novecento l'isola si trovava ancora in una fase *pre-industriale* o *pre-moderna*, caratterizzata da un lento ritmo di incremento naturale dovuto al persistere della natalità e della mortalità su livelli elevati, vengono sottolineate sia "la situazione di isolamento della società nell'insieme e a livello dei singoli insediamenti", sia "la persistenza di una società patriarcale

---

* Il lavoro è stato realizzato nell'ambito del progetto finanziato al 40% "L'emigrazione italiana nelle Americhe", coordinatrice nazionale prof. M.C. Giuliani Balestrino e coordinatrice per la Sardegna prof. M.L. Gentileschi.

arcaica, il basso livello dei consumi e la debole densità di popolazione (Gentileschi, 1980, p. 207 e 208).
Viene inoltre evidenziato non solo il fatto che la Sardegna detiene la percentuale più alta di emigrazione tardiva (Aa.Vv., 1987, vol. II, p. 77), ma anche che i sardi in tutto l'arco di tempo compreso tra il 1876 e il 1925 "non mostrano particolare predilezione per l'Argentina" (Nascimbene 1987, p. 564). Parimenti si sottolinea come tra il 1857 e il 1920, il periodo di cosiddetta *alluvione immigratoria* nel quale sono entrati in Argentina cinque milioni di emigrati, la Sardegna — sola insieme all'Umbria e al Lazio — non raggiungeva l'1% dell'emigrazione totale verso l'Argentina (Giuliani Balestrino, 1989, vol. I, p. 124).

Viene anche sottolineata la specificità dell'emigrazione sarda che, a differenza di quella meridionale che ebbe prevalente destinazione transoceanica, presentava invece una forte componente europea (specie in direzione della Francia). Tanto che nel periodo 1876-1903, mentre il Mezzogiorno alimentava un flusso transoceanico pari all'88,8%, gli espatri sardi verso l'Europa ed il bacino mediterraneo raggiungevano il 64,1% e quelli transoceanici coprivano solo il 35,9%, di cui il 17,0% verso l'Argentina (Rudas, 1974, p. 19).

Ma se si osservano i dati ad un livello di minore aggregazione, sia nello spazio che nel tempo, appare con evidenza il ruolo importante che anche per la Sardegna ha ricoperto l'emigrazione verso l'Argentina. Già analizzando i dati riportati da Nascimbene nel citato volume *Euroamericani* (1987, p. 562) e riportati nella tab. 1, si osserva che la Sardegna nel periodo 1876-1925, come numero assoluto di emigrati, è agli ultimi posti insieme a Lazio ed Umbria, tuttavia, se si considera l'incidenza del flusso verso l'Argentina sull'emigrazione totale dall'isola, risulta che la Sardegna — con il 17,0% — supera la media di tutto il Sud (15,5%) e si colloca addirittura al sesto posto tra le regioni con la più alta percentuale, dopo Marche (38,0%), Liguria (32,5%), Calabria (27,6%), Basilicata (21,5%) e Piemonte (19,3%), superando tutte le rimanenti regioni italiane.

Se poi si esaminano i dati ad un livello di ancora minore aggregazione e si osserva l'andamento annuale dell'emigrazione sarda, appare chiaro che — anche se concentrata in un ristretto numero di anni — l'emigrazione verso l'Argentina ha avuto un peso non trascurabile sia rispetto al totale che rispetto all'emigrazione verso le Americhe (tab. 2 e fig. 2).

Ed è proprio questa prima corrente che sembra aver posto le basi attraverso la "catena migratoria", per le due correnti successive, che seguirono rispettivamente nel periodo interbellico e nel secondo dopoguerra. Se, come è ovvio, è quest'ultima che costituisce la maggior parte della attuale collettività sarda in Argentina, è anche vero che essa è caratterizzata da una continuità, basata su rapporti, persone e strutture precedenti, che sembra connotare in modo particolare proprio i sardi dell'Argentina. Al punto che essi rappresentano quella che è stata definita "la più consistente e organizzata collettività sarda al di fuori dell'Europa" (Regione Autonoma della Sardegna, 1989, p. 200), e che trova espressione in alcune associazioni che organizzano i sardi emigrati e che sono state costituite, in tempi diversi e in diverse località, in Argentina, unico paese delle Americhe che ospiti attualmente ben sei "circoli" sardi [1].

Per quanto sia difficile quantificare la consistenza attuale delle collettività italiane all'estero, il Ministero per gli Affari Esteri, per i sardi in Argentina, fornisce il dato di 34.116 unità al 1983, che corretto sulla base di una quota relativa di "non classificati" potrebbe salire a 37.084 [2].

Il altri termini, l'emigrazione sarda verso l'Argentina, se viene commisurata alla grande corrente migratoria che dall'Italia si è orientata verso il paese americano, e per di più nell'intero arco di tempo preso in considerazione — essendo pari a circa 20.900 unità tra il 1876 e il 1925 — non può che apparire irrilevante e di scarso peso rispetto al contributo dato dalle altre regioni italiane, in particolare da Piemonte (368.400), Calabria (288.700), Sicilia (242.000) e Lombardia (227.000) (tab. 1).

[1] Si noti che l'associazionismo degli emigrati sardi è molto attivo nei paesi di destinazione, tanto che oggi si calcola che i circoli sparsi nel mondo superino largamente il centinaio: 57 nelle altre regioni italiane, 72 in Europa, 6 in Argentina, 3 in Brasile, 3 in Canada, 2 in Australia, 1 negli Stati Uniti d'America, 1 in Venezuela (*Il Messaggero sardo*, 1991, n. 8-9).

[2] Tale cifra però, nel citato *Rapporto conclusivo dell'indagine sull'emigrazione sarda*, pubblicato a cura della Regione Autonoma della Sardegna, viene ritenuta poco attendibile: "per eccesso, qualora si tenga conto dei soli soggetti nati nel territorio del Regno o della Repubblica Italiana; per difetto, qualora il calcolo avvenga sulla base di un dato etnico riferito alla discendenza, a prescindere dal luogo di nascita". Il rapporto stima in alcune migliaia i viventi nati in Sardegna e stabilmente residenti in Argentina, che porta a una decina di migliaia considerando i nuclei familiari. Ma osserva che, se si volessero considerare sardi tutti coloro che hanno una diretta o indiretta, totale o parziale, ascendenza sarda, allora si dovrebbero ipotizzare cifre espresse in centinaia di migliaia di unità (Regione Autonama della Sardegna 1989, p. 195).

Ma se si sposta l'attenzione sulla Sardegna e si considera l'emigrazione sarda in relazione all'isola, e non alle altre regioni italiane, e se si esamina, al suo interno, l'attrazione esercitata dall'Argentina, proprio nel primo periodo di forte emigrazione, allora le conclusioni potranno anche essere diverse e non sembrerà inutile soffermare l'attenzione su un episodio che, fermandosi ai grandi numeri, potrebbe essere considerato secondario.

2. Appare infatti evidente come proprio nel periodo — i nove anni compresi tra il 1906 e il 1914 — in cui le statistiche documentano per la prima volta un intenso esodo in assoluto dalla Sardegna, nel quale l'emigrazione sarda verso le Americhe si conta ormai nell'ordine delle migliaia di unità all'anno, è proprio l'Argentina il paese che, soprattutto rispetto a quelli oltreoceano ma talvolta anche rispetto a quelli europei, ha attivato i flussi più cospicui di emigrati sardi (tab. 3).

Allo scopo di avere un quadro estremamente sintetico, ma efficace, dell'evoluzione demografica dell'isola nel corso del tempo è utile considerare i valori dei deficit migratori intercensuali della Sardegna dal 1871 al 1981 che, calcolati col metodo dei residui, sono riportati nella tab. 4. Si nota addirittura un bilancio migratorio positivo nel decennio 1871-81 — ma è l'unico caso in più di un secolo — attribuibile all'immigrazione di persone attive nel commercio e nelle attività minerarie, richiamate dall'attivazione di numerose miniere nella seconda metà del secolo (Gentileschi, 1980). Ma per il resto, la storia demografica della Sardegna è soprattutto una storia di emigrazione, per quanto tardiva e contenuta essa sia rispetto alle restanti regioni italiane.

In effetti negli anni successivi al 1876 (allorché prende avvio una regolare rilevazione dei movimenti migratori italiani ad opera della Direzione Generale della Statistica) l'emigrazione dalla Sardegna risulta essere molto bassa potendosi contare nell'ordine delle poche centinaia di individui all'anno, quando non delle decine[3]. Solo per due

---

[3] Esistono, è vero, testimonianze storiche di episodi di emigrazione dalla Sardegna che risalgono a periodi antecedenti, come quella verso l'Algeria negli anni 1843-48 studiata da Del Piano (1962). Viene anche citata da Ortu l'emigrazione di 7.894 sardi che sarebbero sbarcati a Montevideo nel periodo 1835-42 e di altri 2.738 che sarebbero partiti per Buenos Aires nel 1856. Egli ritiene di poter dedurre una forte incidenza dell'emigrazione sulle condizioni socioeconomiche della Sardegna proprio dalla reazione della autorità piemontesi, che intervennero immediatamente emanando provvedimenti restrittivi (1983, p. 16). In realtà è necessario consi-

anni, nel 1896 e nel 1897, gli emigrati superarono il migliaio di unità (2.510 e 2.760) (fig. 1), poiché si attivò un'importante corrente verso il Brasile che però, dati i risultati fallimentari che ebbe, si esaurì immediatamente (Lo Monaco, 1965).

Per i venticinque anni compresi tra il 1876 e il 1900 il totale degli emigrati sardi viene calcolato in 8.135 unità (con una media di 325 emigrati all'anno) a fronte dei 5.257.830 emigrati in complesso dall'Italia (con una media di 210.313) (Favero e Tassello, 1978, p. 22). È solo dopo il 1900, e nei primi decenni del secolo, che il numero di emigrati dalla Sardegna può essere contato in migliaia di unità all'anno e non in centinaia. Nei quindici anni compresi tra il 1901 e il 1915 gli espatri dall'isola ascendono a 89.624 (con una media annua di 5.974 unità) a fronte degli 8.769.680 dall'Italia tutta (con una media di 584.645 unità) (Favero e Tassello, 1978, p. 26).

Ma il periodo di più intensa emigrazione è nel complesso assai ristretto, essendosi quest'ultima rapidamente ridotta in concomitanza della prima guerra mondiale e, successivamente, per il concorso di una serie di fattori negativi che ne ostacolarono la ripresa, dalla grande crisi economica degli anni trenta, alle leggi limitative che istituirono "quote" di immigrati per gli Stati Uniti d'America, alla politica di contenimento attuata dal governo fascista in Italia. A partire dal 1915 l'emigrazione sarda verso le Americhe, come quella totale, subì un forte calo e solo per qualche anno isolato, dopo la fine della prima guerra mondiale, fu superato il migliaio di unità. La corrente per l'Argentina a sua volta scese, già sul finire degli anni '20, ad alcune decine di unità. Solo nel secondo dopoguerra, con quella che è considerata la terza ondata migratoria, l'emigrazione dalla Sardegna riprenderà in misura consistente (Rudas, 1974; Gentileschi, 1980; Zaccagnini, 1980b, Merler 1987).

Data l'entità dell'emigrazione sarda appare dunque di particolare importanza questo periodo di inizio secolo e, al suo interno, gli anni 1906-1914, unici nei quali il solo flusso orientato verso le Americhe conta ugualmente migliaia di emigrati all'anno (fig. 2).

derare che, nei documenti anteriori al 1861, per "sardi" non si intendevano gli abitanti dell'isola di Sardegna, geograficamente intesa, ma i sudditi del Regno di Sardegna (Merler, 1987). E proprio al riguardo, Ruocco sottolinea la forte incidenza di liguri fra i sudditi "sardi" che erano emigrati sul Rio della Plata e la cui presenza si rafforzò proprio negli anni '30 e '40 (1991, p. 85 e segg.).

C'è finalmente un triennio, il 1908-1909-1910, nel quale l'emigrazione sarda per l'Argentina copre la maggior parte dell'emigrazione complessiva verso le Americhe (rispettivamente il 77,5%, il 71,2% ed il 73,3%). Si è perciò ritenuto di analizzare più a fondo l'emigrazione sarda di questo triennio, tracciando anzitutto un quadro dettagliato delle regioni dell'isola più colpite dall'emigrazione. La fig. 3 è stata costruita rappresentando il numero medio di emigrati per comune nel triennio considerato e calcolandone la percentuale sulla popolazione censita al 1911 (Fonte: Direzione Generale della Statistica, *Statistica dell'emigrazione italiana per l'estero*).

Purtroppo non è nota la destinazione per comune di questi flussi (cosa che avrebbe consentito di tracciare il quadro esatto dell'emigrazione per l'Argentina), ma si è ritenuto che anche un quadro dell'emigrazione complessiva possa avere un notevole interesse, anche in considerazione dell'importanza, in quegli anni, dei flussi verso l'Argentina. Il cartogramma, in cui sono rappresentati solo i comuni che presentano valori percentuali superiori alla media regionale (0,9%), documenta in modo inequivocabile quali sono le aree più colpite della Sardegna. Essa è integrata dalla fig. 4, basata sui valori assoluti, in cui sono rappresentati i comuni da cui siano partiti almeno 10 emigrati (sempre come numero medio del triennio).

Si evidenzia in modo chiaro il maggior contributo dato all'emigrazione dalla Sardegna settentrionale, rispetto a quella meridionale. Qui solo alcuni comuni minerari dell'Iglesiente, a ovest, e alcuni dell'Ogliastra e del Gerrei, a est, presentano valori significativi ed in alcuni casi anche elevati. Ma è soprattutto la Sardegna settentrionale, anzi nord-occidentale, che è stata particolarmente colpita dall'emigrazione, sia come valori assoluti che come valori relativi.

Mentre il circondario di Cagliari presenta un'incidenza migratoria sulla popolazione pari allo 0,3%, quello di Ozieri — il più colpito — ha un'incidenza del 2,2% (tab. 5). Ma altrettanto interessante è analizzare i valori assoluti dell'emigrazione e considerare quanti comuni ne siano stati colpiti: nel circondario di Cagliari solo il 50%, laddove nell'intera provincia di Sassari tale percentuale sale al 96% e ben tre circondari (quelli di Ozieri, di Sassari e di Tempio Pausania) raggiungono il 100%: in tutti i comuni è stato registrato almeno un emigrato in media nel triennio.

Tuttavia, valori assoluti e valori relativi richiedono di essere opportunamente integrati per cogliere appieno l'incidenza del fenomeno. Così i 166 emigrati da Cagliari sono appena lo 0,3% della popolazione del comune, o i 418 emigrati da Sassari ne coprono l'1%, mentre nei comuni più piccoli bastano i 22 emigrati di Modolo o i 43 di Mara per far salire le percentuali, rispettivamente al 4,9% e al 4,6% della popolazione censita al 1911. Parimenti, per i comuni della Gallura bisogna considerare che se tutti, nessuno escluso, sono stati colpiti dall'emigrazione, tuttavia tutti, nessuno escluso, presentano valori molto bassi e percentualmente sempre inferiori alla media regionale.

Tenendo dunque conto sia dei valori assoluti che di quelli relativi, si possono individuare le regioni dell'isola più colpite: il Logudoro ed il Meilogu, il Montacuto, la Planargia e il Montiferru con l'alto Oristanese, il Marghine ed il Goceano ed infine i centri barbaricini del versante settentrionale del Gennargentu. Come si è detto, si devono poi aggiungere, nella parte meridionale, la fascia dei comuni minerari dell'Iglesiente e diversi centri dell'Ogliastra e del Gerrei.

Rispetto a quanto evidenziava Lo Monaco (1965) in merito all'emigrazione verso il Brasile, appare dunque più marcato il predominio del Capo di sopra rispetto al Capo di sotto, che era allora rappresentato da numerosi comuni del Campidano di Cagliari. Ma per il resto anche in quegli anni, con l'emigrazione verso l'Argentina, vengono nuovamente interessate le regioni che erano state colpite dall'emigrazione verso il Brasile.

Giustamente lo Monaco sottolinea l'importanza delle principali vie di comunicazione per la diffusione dell'informazione ed il ruolo svolto dalle agenzie attraverso tali direttrici. Non bisogna dimenticare che gli emigrati sardi per le Americhe si imbarcavano a Genova e che qui giungevano partendo da Porto Torres. Certamente dunque la possibilità, per la Sardegna settentrionale, di più facili collegamenti con il continente può aver influito nel favorire il maggior contributo che essa diede all'emigrazione.

Ma in Sardegna, come nel resto d'Italia, l'emigrazione era rappresentata per la maggior parte da popolazione rurale, e che lavorava in agricoltura. Specialmente numerosi erano, tra gli emigrati, i braccianti e i piccoli proprietari: è perciò utile considerare le forme di conduzione più diffuse nelle campagne sarde e la loro distribuzione regionale [4].

In effetti se si considerano in prima approssimazione le condizioni sociali delle campagne, ci si potrebbe aspettare un maggiore contributo all'emigrazione non tanto dal nord dell'isola quanto dalle pianure cerealicole della Sardegna meridionale. Qui infatti le campagne erano caratterizzate da una forte polarizzazione sociale tra "un gruppo di ricchi e una maggioranza di poveri" (così Le Lannou, 1941, p. 192). Anzi l'autore spiega il persistere dell'*openfield* nei Campidani proprio a causa di queste forti disuguaglianze sociali tra una minoranza di ricchi proprietari e una maggioranza di piccolissimi possessori: questi, impossibilitati a trarre i propri mezzi di sussistenza dai loro soli beni, avrebbero trovato la possibilità di sopravvivere proprio nella gestione collettiva delle terre anche se, a sua volta, sarebbe la stessa organizzazione comunitaria ad aver favorito la conservazione di due classi nettamente differenziate. Nella Sardegna nord-occidentale invece, dove il rilievo più tormentato delle colline marnose e dei coni trachitici avrebbe lasciato maggiore spazio all'appropriazione individuale della terra, la legge delle chiudende del 1820 avrebbe consolidato l'esistenza "tanto della media quanto della piccola — ma non troppo piccola — prorietà" (Le Lannou, 1941, p. 217).

Un esame più recente e più approfondito sulle forme di conduzione della terra, tuttavia (Marrocu, 1980), pur confermando la forte polarizzazione sociale della Sardegna meridionale, evidenzia la diffusione in queste campagne di una forma particolare di braccantato "a contratto annuo", che verosimilmente garantiva in qualche modo i lavoratori della terra. Nella Sardegna settentrionale invece viene rileva-

---

[4] A questo riguardo F. Coletti (1912), esaminando le "classi più tipiche della popolazione rurale", sottolinea la propensione ad emigrare dei braccianti che definisce moderni "soldati di ventura" (p. 180) e, all'opposto, l'attaccamento alla terra dei proprietari che siano in buone condizioni economiche. Ma non trascura di sottolineare come quei piccoli proprietari "che non posseggono altro che un frustolo di terra ed una misera casetta o, come avvien [...] in Sardegna una più che misera capanna" rappresentino al contrario una categoria tra le più proclivi all'emigrazione (p. 176). In effetti l'autore, nella sua lucida analisi sulle cause dell'emigrazione, dopo aver rilevato la complessità dei fattori che vi concorrono ed aver messo in guardia da indebite generalizzazioni, richiama l'attenzione su quello che definisce "criterio psicologico": esso deve essere visto non come un fattore da aggiungersi agli altri, ma piuttosto come *punto di vista* da cui tutto deve essere considerato. Mi sembra che questo approccio non voglia negare la necessaria considerazione delle condizioni materiali di vita delle diverse classi, ma evidenzi giustamente il momento centrale in cui viene presa la decisione di emigrare.

ta la diffusione di una proprietà terriera che si applicava alla conduzione diretta soprattutto negli oliveti e nei vigneti del Sassarese e dell'Algherese, privilegiando però il bracciantato giornaliero. È proprio questo che potrebbe aver alimentato l'emigrazione, insieme al piccolo affitto (fatto solo per un anno e per una data coltivazione) che era diffuso soprattutto nelle zone cerealicole del nord, presso contadini che, terminati i lavori sul fondo affittato andavano poi essi stessi a lavorare a giornata. Peraltro in una delle prime opere che si occupano dell'emigrazione della Sardegna venivano documentate, con una descrizione dai toni drammatici, le condizioni di estrema miseria in cui versavano non solo i braccianti, ma anche i piccoli e piccolissimi proprietari (Vinelli 1898, pp. 37 segg.). Non sembra dunque infondato, tra i molteplici fattori che possono avere contribuito ad alimentare l'emigrazione dalla Sardegna settentrionale, indicare, oltre che le più facili comunicazioni con il porto di imbarco per Genova, anche il diverso configurarsi dei rapporti di produzione nelle campagne.

Per quanto riguarda poi il versante settentrionale del Gennargentu, unica parte della Barbagia pastorale ad esserne interessata in misura cospicua, si può forse formulare l'ipotesi che abbia giocato un ruolo favorevole la pratica della transumanza, proprio agli effetti della diffusione dell'informazione. Sebbene le condizioni della vita pastorale in Sardegna possano far pensare ad uno stretto isolamento[5], infatti, la transumanza, che i pastori del versante nord-occidentale erano soliti effettuare verso le aree pianeggianti della Sardegna settentrionale come il Campo di Chilivani o gli altipiani di Campeda e del Marghine, metteva il pastore in contatto non solo con ambienti di vita diversi, ma anche, come si è detto, con aree fortemente colpite dall'emigrazione. Inoltre non bisogna dimenticare che proprio il versante settentrionale del Gennargentu è forse la parte della Barbagia nella quale più si è affermata l'appropriazione privata della terra a seguito della legge delle chiudende: dove dunque, verosimilmente, le condizioni di vita dei pastori avevano subito un sensibile peggioramento.

[5] "Il più selvaggio pastore della aspre giogaie del Gennargentu in quel di Nuoro" (contrapposto all'operaio più qualificato di Milano) viene presentato a F. Coletti (1912) come una categoria che, a causa dell'isolamento e delle aspre condizioni di vita, difficilmente si risolverà ad emigrare. E tuttavia lo stesso autore sottolinea l'ambivalenza della pastorizia e la facilità a viaggiare e a spostarsi proprio dei pastori, abituati ad accompagnare il gregge da una regione all'altra (p. 181).

3. Tra gli autori che si sono occupati dell'emigrazione in generale dalla Sardegna c'è nel complesso, pur con diverse sfumature e accentuazioni, una generale concordanza sia sulle cause che sulle conseguenze. È qui sufficiente ricordare come vengano unanimemente sottolineate le condizioni di gravissima miseria in cui versava la popolazione sarda. E accennare — in estrema sintesi — alla crisi economica, che aveva le sue radici più prossime nei provvedimenti adottati a partire dalla prima metà dell'Ottocento, tendenti ad instaurare la proprietà perfetta della terra e ad adeguare le condizioni della produzione dell'isola a quelle del resto dello stato (dalla legge delle chiudende del 1820 al riscatto dei feudi del 1839, dall'abolizione dei diritti di ademprivio e di cussorgia del 1865 all'istituzione dell'imposta unica fondiaria e del catasto nel 1851-65, che con un'iniqua ed esosa pressione fiscale aggravò ulteriormente le difficili condizioni economiche dell'isola)[6].

Particolare evidenza viene poi attribuita alle gravi conseguenze della politica protezionistica degli ultimi decenni del secolo, che comportò per la Sardegna la perdita dell'importante mercato francese, cui si aggiunse la crisi mineraria del settore piombo-zincifero degli anni '90, l'inasprirsi del banditismo e il fallimento di diversi istituti bancari sardi. L'agricoltura sarda, basata soprattutto sulla produzione del grano e della vite, risentì gravemente del crollo dei prezzi del frumento e della diffusione della fillossera che distrusse gran parte dei vigneti. Agli inizi del novecento poi l'introduzione dei caseifici da parte di industriali continentali provocò una notevole contrazione delle terre coltivate a vantaggio di quelle lasciate a pascolo, aggravando le condizioni dell'agricoltura. Ciò finì per alimentare una forte emigrazione di contadini, orientata soprattutto verso il Nord-Africa, che si intensificò nel 1906 e nel 1907 (Ortu, 1983) (fig. 2 e tab. 3).

Il complesso delle trasformazioni che interessarono le strutture produttive della Sardegna a seguito dell'espansione capitalistica di

---

[6] Rudas, 1974; Gentileschi, 1980; Ortu, 1983. Si discosta in parte da questi autori Lo Monaco (1965), non per negare la crisi economica, ma piuttosto per spiegare — in termini di sfasamento del ciclo storico ed economico — il ritardo dell'emigrazione sarda rispetto al resto dell'Italia. Da questo autore le trasformazioni in atto nell'ottocento (dalla legge sulla consegna dei feudi, alla costruzione della rete stradale e ferroviaria allo sviluppo delle attività minerarie) sono interpretate come una serie di fattori innovativi che, all'inizio, potevano far sperare in un miglioramento delle condizioni di vita. (p. 4).

quegli anni fu accompagnato da fenomeni di degradazione e di emarginazione e da un aumento costante del costo della vita che colpì sia gli operai che i contadini. Ne derivò un movimento popolare di eccezionale ampiezza che si diffuse un po' in tutta l'isola, portando a violenti scontri con le forze dell'ordine che provocarono morti e feriti. I fatti più gravi si verificarono nell'Iglesiente (eccidio di Buggerru, 1904), e poi nel 1906 a Cagliari, a Villasalto nel Gerrei e a Bonorva nella Campeda (Sotgiu, 1986). Non si può non rilevare, al riguardo, che Iglesiente e Gerrei sono proprio le due regioni della Sardegna meridionale che risultano interessate da una forte emigrazione negli anni 1908-10 (fig. 3).

Anche le condizioni naturali avverse, con la gravissima siccità che colpì la Sardegna per alcune annate successive, accompagnata da un'estesa moria di bestiame (Lei Spano, 1922), possono spiegare l'altro picco dell'emigrazione che appare evidente nel diagramma in corrispondenza degli anni tra il 1912 e il 1914 (fig. 2). Lei Spano osserva inoltre come sia difficile sostenere che la Sardegna abbia tratto dall'emigrazione i benefici di cui avrebbero goduto altre regioni, dimostrando come la media delle rimesse pro-capite degli emigrati sardi fosse, nel periodo 1911-14, nettamente inferiore alla media del Mezzogiorno e conclude: "Aprioristicamente può dirsi che l'emigrazione sarda, essendo la meno illuminata ed essendo stata l'ultima ad arrivare nei centri di lavoro, abbia trovato le peggiori condizioni di ambiente e di salario ed abbia dovuto subire la concorrenza di tutta la mano d'opera di rifiuto.[...] Per mia esperienza personale posso affermare che l'emigrante nostro parte povero e indebitato e sovente, dopo aver liquidato il peculio paterno e materno, torna dall'estero completamente privo di mezzi e talvolta indebitato anche nelle spese di viaggio". (p. 51).

Se può essere ritenuto superfluo soffermarsi ulteriormente sulle interpretazioni economiche del fenomeno dell'emigrazione, in quanto ormai ampiamente approfondite dalla storiografia, almeno un aspetto secondo il geografo, merita di essere sottolineato. L'analisi storica, che ha evidenziato le conseguenze negative per la Sardegna della rottura commerciale con la Francia degli anni 1887-1888, sottolinea il "duro colpo" inferto proprio alla parte settentrionale dell'isola dalla guerra doganale con la Francia (Sotgiu, 1986, p. 239) e si sofferma in modo particolare sulle ripercussioni che questa ebbe sull'allevamento bovino della provincia di Sassari, che subì un vero e proprio tracollo con la chiusura dei mercati francesi. Le regioni in cui l'allevamento era particolarmente importante vengono accuratamente elencate: esse sono soprattutto la zona di Ozieri, con tutto il Logudoro, e poi il Marghine e la Planargia (Gerlat, 1966, p. 264). In altri termini esse coincidono con quelle aree della Sardegna nord-occidentale che agli inizi del secolo daranno il maggior contributo all'emigrazione.

Ma piuttosto che soffermarsi sulle interpretazioni, ormai note, degli studiosi che si sono occupati dell'emigrazione e in genere dei problemi demografici dell'isola, può essere interessante delineare il quadro che emerge da una rassegna della stampa isolana in quegli anni, allo scopo di vedere come allora l'emigrazione era presentata e come il problema era sentito nell'isola[7].

Anzitutto colpisce la continua presenza ed il grande rilievo che viene attribuito all'argomento. Lunghi articoli di prima pagina, riferendo del dibattito alla Camera sul "Bilancio degli Esteri", si soffermano sulla situazione degli italiani in America[8], mentre altri danno notizia della relazione del Commissariato per l'emigrazione al fine di modificare le leggi di tutela degli emigranti[9] o della riforma della legge sull'emigrazione[10] o di una interrogazione sulle condizioni degli emigranti in Argentina[11]. Inoltre, vengono evidenziati i vantaggi che possono derivare alla Marina italiana dal trasporto di un così gran numero di emigranti, grazie ai noli pagati dai passeggeri[12].

Grande attenzione viene dedicata alla discussione alla Camera del disegno di legge sull'emigrazione, dalla quale si conoscono quelli che erano considerati i danni dell'emigrazione (l'abbandono della terra per la mancanza di mano d'opera) e i benefici (oltre l'arricchimento materiale e culturale degli emigranti, la possibilità di espansione commerciale)[13]. In particolare per quanto riguarda l'abbandono della terra, si osserva come per la Sardegna sia di notevole importanza il rap-

---

[7] Dato il netto predominio dell'emigrazione dalla Sardegna settentrionale, dei due quotidiani pubblicati nell'isola è stato scelto *La Nuova Sardegna*, edito a Sassari, e ne è stato fatto lo spoglio per le tre annate considerate.
[8] La Nuova Sardegna, 23-24 giugno, 24-25 giugno, 25-26 giugno 1910, 1-3 dicembre 1910.
[9] La Nuova Sardegna, 11-12 agosto 1910.
[10] La Nuova Sardegna, 10-11 ottobre 1909.
[11] La Nuova Sardegna, 3-4 gennaio 1909.
[12] La Nuova Sardegna, 14-15 dicembre 1909.
[13] La Nuova Sardegna, 16-17, 18-19, 21-22, 22-23 giugno 1910.

porto tra emigrazione e colonizzazione e come sia necessaria per un'isola spopolata la colonizzazione interna.

Il quadro di insieme che si ricava dalla lettura dei numerosi articoli dedicati all'argomento documenta inoltre come diversi fattori, proprio in quegli anni, potessero favorire il flusso dell'emigrazione verso l'Argentina. Per quanto riguarda quelli che possiamo definire fattori diretti, anzitutto vengono esaltate le possibilità di lavoro per il Sud America in generale:

> Il Sud America se non ha il carbon fossile ha però i suoi grandiosi corsi d'acqua ed ha l'infinita e misteriosa potenza che viene dalla terra, un'immensa estensione di terre quasi vergini, estensione che è sei volte la superficie dell'Italia [14].

e per l'Argentina in particolare, dove

> l'oratore vorrebbe evitare che la maggior parte dei nostri emigranti si fermi a Buenos Ayres, che è ormai satura di popolazione, ed all'uopo vorrebbe una linea di navigazione del porto di Baia Blanca, opera mirabile di ingegneri italiani, donde si accede al meraviglioso *interland* della Pampas centrale, molto preferibile alle torride regioni delle provincie del nord [15].

Ancora vengono indicate le prospettive che si offrono agli emigrati in Argentina

> in considerazione delle grandiose opere pubbliche che colà si stanno per intraprendere a cura del governo [16].

Pur nel suo carattere particolare, sembra assumere un effetto "rassicurante" anche un lungo articolo che ricorda la partecipazione dei sardi alla storia della colonizzazione dell'Argentina e addirittura alla fondazione di Buenos Aires:

> tra gli arditi un sardo, Lazzaro Griveo, che diede al luogo della costa del Rio su cui Juan de Gary edificò la città il nome di Santa Maria de Bonaria, protettrice del paese di Sardegna ov'era nato [17].

---

[14] La Nuova Sardegna, 23-24 giugno 1909.
[15] La Nuova Sardegna, 23-24 giugno 1909.
[16] La Nuova Sardegna, 24-25 giugno 1909.
[17] La Nuova Sardegna, 30-31 maggio 1910. La presenza di un cagliaritano, dal nome di Leonardo Gribeo, è documentata anche in Giuliani Balestrino (1989, p. 23) che cita J.F. SERGI, *Historia de los italianos en la Argentina*, Editora Italo-Argentina, Buenos Aires, 1940. A sua volta

Questo antico legame che univa la Sardegna all'Argentina assume particolare risonanza se si considera che ancora oggi la Madonna di Bonaria, nel suo santuario cagliaritano, è venerata come protettrice dei naviganti e "patrona massima della Sardegna" e che nel 1992, in occasione del quinto centenario della scoperta dell'America, il titolo di un quotidiano locale recita: "A Bonaria e in Argentina si festeggia da oggi la Patrona della Sardegna"[18].

A questi fattori se ne aggiungono un'altra serie che può parimenti aver incoraggiato l'emigrazione verso l'Argentina, anche se indirettamente. Si tratta delle difficoltà incontrate dagli emigrati in altre importanti destinazioni di emigrazione che, ripetutamente e a più riprese, vengono segnalate da numerosi articoli. Negli Stati Uniti d'America innanzi tutto[19], dove la crisi economica del 1907-08 determinava la disoccupazione dei nuovi arrivati[20], e alimentava anzi una cospicua corrente di rientri[21]. E poi nell'Africa settentrionale, dove specialmente l'Algeria costituiva un paese di tradizionale e antica emigrazione per i sardi e per la quale si segnala che non c'è più posto per i nuovi arrivati[22]. E poi in Brasile, dove alla disoccupazione dovuta a una crisi di sovrapproduzione del caffè[23] si aggiungevano le condizioni quasi "schiavistiche" di lavoro dei contadini:

> "Un inferno, signore, un inferno. Morirei piuttosto di fame, di sete, di freddo, di stenti, ma non farei ritorno in quella terra maledetta. Voi che siete giornalisti, voi dovreste far conoscere tutte le infammie, tutti i maltrattamenti, tutte le torture che sopportano laggiù gli emigranti.[...] Se non si muore di malattia - febbre gialla, tifo e vaiuolo - si muore di stenti e di crepacuore, o si vive una vita misera, in un abbruttimento completo, sottoposti al volere dispotico del *fazendeiro*, che laggiù è tutto: il giudice, il ministro, il re"[24].

Briani (1975) ricorda la presenza del "sardo Lazzaro Griveo, al quale fu concesso l'onore speciale di battezzare col nome di *Ciudad de Maria Santissima* il punto del Plata ove il 2 febbraio furono poste le fondamenta del presidio [...] Nello stesso punto, più tardi don Giovanni Garay doveva fondare la città che dal nome della protettrice del suo paese nativo, Santa Maria di Buonaria, o Buon Aria, divenne Buenos Aires". (p. 160).
[18] L'Unione Sarda, 23 aprile 1992.
[19] La Nuova Sardegna, 29-30 gennaio 1908.
[20] La Nuova Sardegna, 15-16 gennaio 1908; 20-30 gennaio 1908; 10-11 aprile 1909.
[21] La Nuova Sardegna, 12-13 maggio 1908; 7-8 agosto 1910.
[22] La Nuova Sardegna, 18-19 ottobre 1908.
[23] La Nuova Sardegna, 23-24 giugno 1909.
[24] La Nuova Sardegna, 7-8 settembre 1908.

Ma se sono interessanti le prime pagine del quotidiano, con lo sguardo aperto al mondo ed ai problemi generali dell'emigrazione, altrettanto, se non più interessanti sono le pagine interne, con la cronaca dai diversi paesi. Specie per il 1908, ma anche per il 1910, è un continuo sgranarsi di brevi segnalazioni riguardanti l'"emigrazione", gli "emigranti", "l'esodo", "il triste esodo", dalle quali si apprende che un gran numero di emigrati lasciavano i paesi del Logudoro, del Meilogu, del Montiferru, della Planargia, del Marghine, del Nuorese, dell'Ogliastra, per recarsi a Porto Torres, e di qui raggiungere Genova e imbarcarsi per l'Argentina o per quelle che vengono quasi sempre definite le "lontane Americhe".

Nelle brevi cronache locali o nei lunghi articoli di commento e riflessione che vengono dedicati al fenomeno in Sardegna — al di là del linguaggio particolarmente colorito e forse talvolta retorico [25], dietro alcune espressioni ricorrenti quasi come uno slogan — ritornano come motivi conduttori la denuncia delle condizioni di "miseria" non solo dei braccianti ma anche dei piccoli proprietari, attribuite all'inerzia dei governi e all'esosità e all'iniquità del sistema fiscale e aggravate in quegli anni dalla siccità, e — soprattutto — la preoccupazione per lo spopolamento di un'isola già scarsamente popolata.

> Noi comprendiamo che dove è esuberanza di popolazione, è un bene l'emigrazione. Ma in Sardegna, dove la popolazione presenta la percentuale più bassa?! [...] Quel che più sorprende è l'esodo dai comuni più cospicui, dove fino a pochi anni or sono vi era una relativa agiatezza, come Ozieri, Pattada, Ploaghe, Ittiri. Non basta: emigrano anche possidenti, quelli che potrebbero trarre dalle loro terre non disprezzabili cespiti e concorrere ad accrescere la produzione [26].
>
> Si è abbastanza osservato come da molti villaggi della nostra spopolata Sardegna emigri addirittura tutta la popolazione più valida, lasciando a casa solo le donne, i vecchi e i fanciulli; si è anche notato che quasi tutti gli operai sono coltivatori dei campi. Quali sono le cause e quali le conseguenze di questo fenomeno sociale?

---

[25] Ma proprio a proposito delle "lontane Americhe" non è male tenere presente la lunghezza dei viaggi via mare, come è testimoniato da un articolo che, sotto il titolo *Il record dei viaggi fra l'Italia e Buenos Aires*, esaltava il fatto che il nuovo piroscafo che trasportava gli emigrati da Genova a Buenos Aires, impiegasse "solo 14 giorni" (La Nuova Sardegna, 24-25 giugno 1909).

[26] La Nuova Sardegna, 6-7 ottobre 1908.

Le cause di questi esodi in massa, non devono ricercarsi soltanto nell'attrazione che possono esercitare le terre nuove e nella speranza di una rapida fortuna: le popolazioni non si muovono se non costrette da urgenti necessità; il grande fattore dell'emigrazione operaia rimane sempre il disagio economico [27].

Ma intanto, il villaggio si spopola, le braccia lavoratrici e produttrici esulano; i campi rimarranno incolti e l'industria farà dei passi giganteschi verso... qualche secolo addietro [28].

Se dunque la preoccupazione dello spopolamento appare come dominante, per le sue conseguenze negative sulla produzione, diventa allora interessante cercare un riscontro nelle condizioni demografiche della Sardegna degli anni successivi per capire se questa preoccupazione avesse qualche fondamento.

Ebbene, un esame della struttura demografica attuale dimostra che vi è una coincidenza pressoché totale tra le aree maggiormente interessate dall'emigrazione di quegli anni (fig. 3 e 4) e quelle che oggi possono essere definite le aree "più vecchie" dell'isola (Zaccagnini, 1980b). Nel secondo dopoguerra, già a partire dagli anni '50, appaiono impostate quelle caratteristiche della struttura demografica sarda che saranno poi rinforzate dalle cospicue correnti migratorie degli anni '60.

Logudoro, Meilogu, Montiferru, Planargia, Marghine, Goceano, alto Oristanese e perfino Gerrei, in provincia di Cagliari, sono le regioni che si segnalano per avere i più alti indici di vecchiaia della Sardegna. Non solo, se si considera anche la struttura per sesso della popolazione, si osserva che le medesime regioni (con l'eccezione del Gerrei) si distinguono anche per la più bassa percentuale di maschi rispetto alle femmine (Zaccagnini, 1980a).

Se si considerano poi le condizioni demografiche dei comuni che negli anni 1908-10 sono contraddistinti dai tassi più alti di emigrazione (3% della popolazione), si osserva che in quegli anni ancora un buon numero di essi (12 su 27) presentava tassi di natalità superiori alla media regionale di allora (32,9‰), e praticamente lo stesso numero (13) presentava tassi di mortalità superiori alla media (20,7‰). Incominciava però a delinearsi già da allora l'impoverimento demo-

---

[27] La Nuova Sardegna, 1-2 gennaio 1910.
[28] La Nuova Sardegna, 12-13 ottobre 1909.

grafico del Montiferru e della Planargia, dove si trova il più cospicuo numero di comuni che presentavano un incremento naturale nettamente inferiore alla media (12,2‰). Questi ultimi, escludendo due comuni del Campidano, uno della Barbagia e uno dell'Ogliastra, erano Cuglieri (1,7‰), Modolo (6,0‰), Sagama (8,1‰), Suni (4,7‰) e Tresnuraghes (2.9‰), mentre Sennariolo presentava addirittura un bilancio negativo (−7,0‰) che si riscontrerà poi anche nel secondo dopoguerra.

Verosimilmente in questa area incominciavano a farsi sentire le conseguenze di quella che è stata la prima cospicua corrente migratoria della Sardegna, quella verso il Brasile degli anni 1896-97. È probabile che soprattutto la Planargia, la regione che ha i comuni demograficamente più piccoli della Sardegna, abbia risentito in modo particolare dell'impoverimento demografico conseguente all'emigrazione sia di fine ottocento che dei primi del novecento.

E per concludere, c'è un altro aspetto, a sua volta già individuato da Lo Monaco (1965), che merita forse di essere ripreso e sottolineato. Come si è detto, gli autori che si sono occupati dell'emigrazione sarda — e anche quest'ultimo — spiegano l'avvio dell'emigrazione sottolineando la grande povertà e la miseria della popolazione sarda, che non si trovava in condizioni certo migliori del resto del Mezzogiorno.

Si trovano allora di fronte alla difficoltà di spiegare il "ritardo" di questa emigrazione rispetto al resto dell'Italia. Ricordano perciò sia la scarsa densità di popolazione dell'isola, sia l'isolamento della Sardegna e dei centri abitati al suo interno, sia lo sfasamento del ciclo storico ed economico, sia il persistere a lungo di un'evoluzione demografica "premoderna", caratterizzata da un lento ritmo di incremento naturale e quindi tale da non determinare una pressione demografica che sfociasse nell'emigrazione.

Sicuramente tutti questi fattori "oggettivi" hanno variamente concorso a determinare quel ritardo dell'emigrazione sarda che tutti hanno sottolineato. Ma probabilmente è necessario allargare l'attenzione dal razionale ma astratto *homo oeconomicus* all'esperienza vissuta di quello che nella geografia umanistica è stato chiamato *homo sapiens* (A. Buttimer). Si riterrà allora necessario considerare — e con maggior rilievo — un fattore "soggettivo" come quello peraltro già ipotizzato da Lo Monaco (1965): "Forse più che l'inerzia e la naturale diffidenza per l'espatrio verso paesi sconosciuti, giuocò un ruolo determinante la paura che l'emigrazione fosse giudicata dalla comunità paesana come atto di resa, come una dichiarata incapacità a resistere abbarbicati nelle proprie posizioni, benché anguste e senza speranza." (p. 4).

Lo spoglio del quotidiano *La Nuova Sardegna* degli anni 1908-10 ha consentito di ritrovare proprio questa preoccupazione, non solo accennata qua e là a più riprese, ma anche dichiarata apertamente in un articolo dal titolo *Nuova piaga che sanguina*:

> Sfibrato ed avvilito dall'oscura, tenebrosa lotta combattuta coraggiosamente per anni ed anni contro la miseria, il nostro lavoratore non trova più ospitale la terra natia e l'abbandona: abbandona la sposa, i figli, i genitori vecchi e cadenti, i compagni di sventura, la povera casetta triste, le vacche smunte, il campo (se pur glien'è rimasto), tutto, tutto ciò che di più sacro aveva al mondo, egli abbandona, per fuggir lontano lontano, in cerca di fratelli amorevoli che lo soccorrano e lo strappino dalle branche della miseria offrendogli del lavoro. *Non chiamate quindi, questa, la fuga del vigliacco che non osa resistere alle bufere della vita: chiamatela invece dolorosa fuga consigliata dalla peggiore delle consigliere: la disperazione* (corsivo mio).
> *L'assoluta mancanza di lavoro, l'umiliante inumana mercede data ai pochi fortunati* che riescono a trovarne, l'orda devastatrice di certi barbari pirati che in lingua moderna si chiamano *strozzini* [...], tutto ciò, dico, ha contribuito a costringere questa massa affamata di lavoratori a batter strade ignote, *che non avrebbe mai desiderato di conoscere* (corsivo nel testo) [29].

Oggi, che l'approccio antropologico ci consente, se non di andare a fondo, almeno di intuire motivazioni profonde della "mentalità collettiva" in Sardegna, sembra che la considerazione anche di questo fattore "soggettivo" per spiegare il ritardo dell'emigrazione sarda possa — e forse debba — essere rivalutata.

"La *balentia* è la virtù che consente all'uomo barbaricino, al pastore barbaricino di resistere alla propria condizione, di restar uomo, soggetto, in un mondo implacabile e senza speranza nel quale esistere è resistere: resistere a un destino sempre avverso nell'unico modo in cui ciò può essere fatto salvando se non altro la propria dignità umana: *a fronte parada*". Queste parole di Pigliaru, ricordate da Angioni (1989), sembrano in questo senso davvero illuminanti, ma Angioni os-

---

[29] La Nuova Sardegna, 12-13 ottobre 1909.

serva anche (p. 251 segg.): "Si può forse dire seriamente che [i sardi] non hanno nessun bisogno di giocare col caso: per loro il rischio, la scommessa, l'azzardo sono una rude necessità ordinaria. E la si affronta con fredda razionalità, disincantata e ironica, più che infastidita e brontolona.[...] Forse è una costante, un tratto elementarmente umano, che là dove si vive al limite e sovente al di sotto della sussistenza, non si fa ricorso a esperienze temerarie. E forse gli esperti in aiuti ai paesi sottosviluppati dovrebbero meditarci un po': quando il rischio noto e normale è già elevato, la gente non è disposta ad aggiungervi il rischio dell'ignoto".

Tab. 1 - Emigrazione italiana: totale e verso l'Argentina (1876-1925) *(migliaia)*.

regione	totale	Argentina	%
Piemonte	1910,8	368,4	19,3
Lombardia	1615,2	227,0	14,1
Liguria	296,2	96,2	32,5
Veneto	3632,1	157,3	4,3
Emilia	799,2	54,0	6,8
totale Nord	8253,5	903,1	10,9
Toscana	911,0	61,5	6,8
Marche	474,4	180,2	38,8
Umbria	195,7	7,6	3,9
Lazio	238,6	10,6	4,5
totale Centro	1819,7	259,9	14,3
Abruzzi e Molise	1050,7	139,7	13,3
Campania	1702,5	163,7	9,6
Puglia	490,7	63,7	13,0
Basilicata	431,1	92,6	21,5
Calabria	1046,1	288,7	27,6
Sicilia	1661,2	242,0	14,6
Sardegna	123,1	20,9	17,0
totale Sud	6505,4	1011,3	15,5

Fonte: M.C. Nascimbene (1987).

Tab. 2 - Emigrazione sarda: totale, verso le Americhe e verso l'Argentina (1900-1924).

anni	totale	Americhe	%	Argentina	%
1900	694	20	2,9	6	0,9
1901	2182	63	2,9	8	0,4
1902	3382	125	3,7	21	0,6
1903	2436	90	3,7	1	0,0
1904	4572	231	5,1	107	2,3
1905	2801	433	15,5	17	0,6
1906	6672	2003	30,0	226	3,4
1907	11659	3350	28,7	965	8,3
1908	6575	3408	51,8	2642	40,2
1909	5630	2576	45,8	1835	32,6
1910	10663	6272	58,8	4600	43,1
1911	5359	1317	24,6	394	7,4
1912	9131	4234	46,4	2187	24,0
1913	12274	7130	58,1	4294	35,0
1914	5351	1974	36,9	707	13,2
1915	937	170	18,1	52	5,5
1916	1128	110	9,8	10	0,9
1917	510	16	3,1	-	0,0
1918	368	28	7,6	2	0,5
1919	3573	529	14,8	147	4,1
1920	6621	1542	23,3	331	5,0
1921	1102	168	15,2	79	7,2
1922	1893	231	12,2	159	8,4
1923	3161	1017	32,2	725	22,9
1924	3786	909	24,0	821	21,7

Fonte: Direzione Generale della Statistica, *Statistica dell'emigrazione italiana per l'estero*, Roma (elaborazione).

Tab. 3 - Emigrazione sarda: principali paesi di destinazione (1906-1915).

anni	Francia n	Francia %	Nord Africa* n	Nord Africa* %	USA n	USA %	Argentina n	Argentina %
1905							17	0,6
1906	641	9,6	3524	52,8	1679	25,2	226	3,4
1907	2833	24,3	4991	42,8	1189	10,2	965	8,3
1908	2056	31,3	607	9,2	644	9,8	2642	40,2
1909	2165	38,5	475	8,4	706	12,5	1835	32,6
1910	3003	28,2	575	5,4	1641	15,4	4600	43,1
1911	2780	51,9	575	10,7	804	15,0	394	7,4
1912	3098	33,9	785	8,6	1340	14,7	2187	24,0
1913	3244	26,4	687	5,6	2429	19,8	4294	35,0
1914	2137	39,9	594	11,1	964	18,0	707	13,2
1915	364	38,8	274	29,2	109	11,6	52	5,5
1916							10	0,9

* Algeria per gli anni 1906-7; Tunisia per gli anni 1908-15.
Fonte: Direzione Generale della Statistica, *Statistica dell'emigrazione italiana per l'estero*, Roma (elaborazione).

Tab. 4 - Bilanci migratori intercensuali in Sardegna (1871-1981).

periodi	n. assoluto	per mille
1871-1881	+3000	+4,6
1881-1901	−10000	−13,6
1901-1911	−23963	−28,7
1911-1921	−48000	−55,3
1921-1931	−8000	−8,6
1931-1936	−3000	−3,0
1936-1951	−28000	−24,3
1951-1961	−77728	−57,7
1961-1981	−147991	−102,3
1971-1981	−20138	−13,1

Fonte: Gentileschi, 1980; Zaccagnini 1980b; Istat (elaborazione).

Tab. 5 - Emigrazione sarda per circondari e province (media annua del triennio 1908-1910 sulla popolazione del 1911).

circondari	popolazione	emigrazione	%
Cagliari	204390	569	0,3
Iglesias	106172	751	0,7
Lanusei	79104	427	0,5
Oristano	130547	1470	1,1
provincia di Cagliari	520213	3217	0,6
Alghero	49121	621	1,3
Nuoro	75512	1197	1,6
Ozieri	50390	1101	2,2
Sassari	107862	1332	1,2
Tempio	49309	157	0,3
provincia di Sassari	332194	4408	1,3
Sardegna	852407	7625	0,9

Fonte: Direzione Generale della Statistica, *Statistica dell'emigrazione italiana per l'estero*, Roma (elaborazione).

Fig. 1 - Emigrazione sarda (1876-1900)

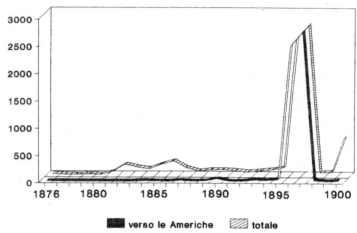

Fonte: RUDAS, 1974.

Fig. 2 - Emigrazione sarda (1900-1924)

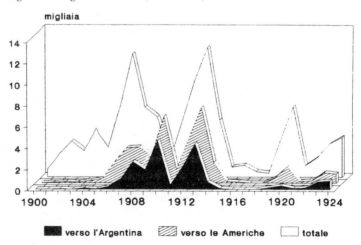

Fonte: Direzione Generale della Statistica.

La Sardegna e l'emigrazione verso l'Argentina   163

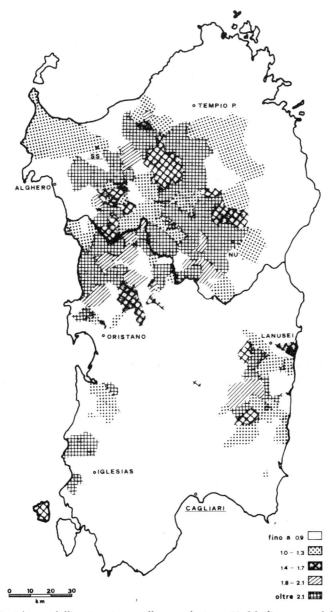

Fig. 3 - Incidenza dell'emigrazione sulla popolazione %. Media annua del triennio 1908-1910.

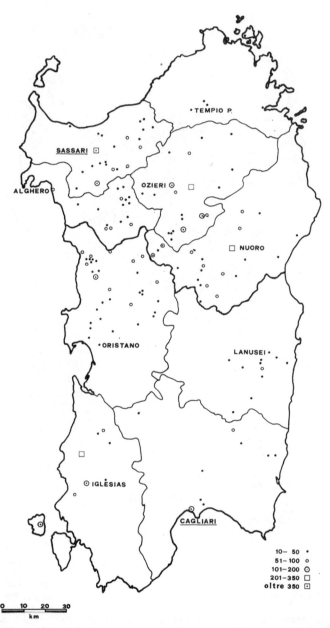

Fig. 4 - Numero di emigrati per comune. Media annua del triennio 1908-1910.

Bibliografia

AA.VV. (1987), *Euroamericani*, vol. II: *La popolazione di origine italiana in Argentina*, Torino, Fondazione Giovanni Agnelli.

ANGIONI G. (1989), *I pascoli erranti. Antropologia del pastore in Sardegna*, Napoli, Liguori.

BRIANI V. (1970), *Il lavoro italiano all'estero negli ultimi cento anni*, Roma, Italiani nel Mondo.

BRIANI V. (1975), *Il lavoro italiano oltremare*, Roma, [M.A.E.].

COLETTI F. (1912), *Dell'emigrazione italiana*, in "Cinquant'anni di storia italiana (1860-1910)", Milano, Hoepli.

CORRIDORE C. (1902), *Storia documentata della popolazione di Sardegna*, Torino, Clausen.

DIREZIONE GENERALE DELLA STATISTICA, *Statistica dell'emigrazione italiana per l'estero*, Roma.

FAVERO L. e TASSELLO G. (1978), *Cent'anni di emigraizone italiana (1876-1976)*, in *Un secolo di emigrazione italiana 1876-1976* a cura di G. Rosoli, Roma, Centro Studi Emigrazione, pp. 9-64.

GENTILESCHI M.L. (1980), *Bilancio migratorio*, in AA.VV., *Atlante della Sardegna*, Roma, Kappa, vol. II, pp. 207-215.

GERLAT S., (1966), *Les répercussions de la rupture commerciale franco-italienne de 1887-1888: la crise économique sarde*, "Cahiers d'histoire", n. 3, pp. 257-284.

GIULIANI BALESTRINO M.C. (1989), *L'Argentina degli italiani*, Roma, Istituto Enciclopedia Italiana G. Treccani, 2 voll.

LEI SPANO G. (1922), *La questione sarda*, Torino, Bocca.

Le Lannou M. (1941), *Pâtres et paysans de la Sardaigne*, Tours, Arrault (trad. it. *Pastori e contadini di Sardegna*, Cagliari, Edizioni Della Torre, 1979).

LO MONACO M. (1965), *L'emigrazione dei contadini sardi in Brasile negli anni 1896-1897*, "Riv. Storia dell'Agricoltura", 2, giugno, pp. 34 (estratto).

MARROCU L. (1980), *Su meri e su sotsu. Relazioni contrattuali e stratificazione sociale nelle campagne sarde dell'ultimo Ottocento*, "Quaderni sardi di storia", n. 1, pp. 123-149.

MERLER A. (1987), *L'emigrazione sarda in Brasile e in America Latina*, in CEISAL, ASSLA, USP, *"Emigrazioni europee e popolo brasiliano"*, Roma, Centro Studi Emigrazione, pp. 355-369.

NASCIMBENE M.C. (1987), *Storia della collettività italiana in Argentina (1835-1965)*, in "Euroamericani", vol. II, Torino, Fondaz. Giovanni Agnelli, pp. 203-613.

ORTU L. (1983), *L'emigrazione in Sardegna dall'Ottocento al 1950*, in ORTU L. e CADONI B., *L'emigrazione sarda dall'Ottocento ad oggi*, Cagliari, Editrice Altair.

REGIONE AUTONOMA DELLA SARDEGNA (1989), *Rapporto conclusivo dell'indagine sull'emigrazione sarda*, "Convenzione programmatica dell'emigrazione" (Quartu S. Elena, 8-11 marzo 1989) (dattiloscritto).

RUDAS N. (1974), *L'emigrazione sarda*, Roma, Centro Studi Emigrazione.

RUOCCO D. (1991), *L'Uruguay e gli italiani*, "Memorie della Società Geografica Italiana", vol. XLVII.

SOTGIU G. (1986), *Storia della Sardegna dopo l'Unità*, Bari, Laterza.

SVIMEZ (1961), *Un secolo di statistiche italiane: Nord e Sud 1861-1961*, Roma.

VINELLI M. (1898), *La popolazione ed il fenomeno emigratorio in Sardegna*, Cagliari, Tipografia dell'Unione Sarda.

ZACCAGNINI M. (1980), *Movimento naturale della popolazione*, in AA.Vv., *Atlante della Sardegna*, Roma Kappa, pp. 188-198.

ZACCAGNINI M. (1980a), *Caratteristiche strutturali della popolazione*, ibidem, pp. 198-207.

ZACCAGNINI M. (1980b), *Mutamenti di popolaizon in Sardegna nel periodo 1951-1971*, in "Annali Fac. Magistero Univ. Cagliari", *nuova serie vol. IV*, pp. 205-256.

I rientri dall'Argentina in provincia di Sassari: l'impiego del risparmio per la casa nel villaggio di Mara

Maria Luisa Gentileschi e Antonio Loi - Università di Cagliari *
(1992)

Premessa

L'emigrazione nelle Americhe è stata, in Sardegna, un fatto episodico, circoscritto e limitato quanto a numero di emigranti ed effetti sulla popolazione di origine. Premesso che è forse più giusto — almeno per questo tema — comparare le vicende dell'isola a quelle dell'Italia nord-occidentale piuttosto che a quelle del Meridione, va spiegato che il motivo del ritardo della sua partecipazione al flusso oltreoceano viene visto nell'essere stata la Sardegna un retroterra remoto rispetto ai punti del territorio nazionale nei quali si collocavano, tra Ottocento e Novecento, i terminali delle partenze per le Americhe e dai quali si diffondeva l'informazione sulle condizioni di lavoro che vi si prospettavano.

Uno di questi terminali, il più antico e per lungo tempo il più importante, era Genova, alla quale soprattutto la Sardegna settentrionale faceva direttamente capo per i collegamenti marittimi con il continente italiano ed europeo e per i molti legami culturali ed economici che continuavano ad unire la regione a quello che era il porto principale del vecchio Regno di Sardegna. È quindi logico che Genova divenisse il principale canale dell'emigrazione verso le Americhe per gli abitanti dell'isola.

La scelta di Mara, villaggio in provincia di Sassari di appena 918 ab. al 1990, posto a circa 50 km dal capoluogo provinciale, ha lo scopo di saggiare gli effetti territoriali dell'emigrazione nel retroterra agricolo che, sia pure più lentamente che altrove, ma con punte di partecipazione in alcuni casi tuttavia notevoli, ha alimentato il flusso diret-

---

* Il lavoro è stato realizzato nell'ambito del progetto "L'emigrazione italiana nelle Americhe" finanziato con i fondi di ricerca 40% (Responsabile nazionale M.C. Giuliani, coordinatrice locale M.L. Gentileschi). L'elaborazione dei dati, delle figure 1, 2, 4, e dei paragrafi 2.1 e 2.2 è opera di A. Loi, la parte restante di M.L. Gentileschi.

to oltreoceano che attraverso Sassari e Porto Torres, ha trovato in Genova il luogo di raduno per l'imbarco. L'importanza di questo punto di riferimento è chiaramente visibile nella ricostruzione dei comuni di provenienza dell'emigrazione degli anni 1908-10 che ne ha fatto M. ZACCAGNINI (1992).

La partecipazione all'emigrazione nelle Americhe a cavallo del secolo segnò per Mara la rottura con un passato di chiusura e di autocontenimento, e l'inizio di un genere di vita che vedrà l'emigrazione per lavoro come un'esperienza obbligata che si estende alla stragrande maggioranza dei maschi adulti. Per tre generazioni, di padre in figlio, la storia familiare include praticamente sempre uno o più soggiorni all'estero. I ritmi della vita familiare sono sottolineati da questo comportamento: il matrimonio, la nascita dei figli, il ritiro dalla vita attiva, si legano a partenze e a rientri. La piccolezza della comunità produce una forte omologazione nelle scelte delle destinazioni, nel tipo di lavoro svolto, insomma nella vicenda migratoria. In questo microcosmo si vedono agire i meccanismi che — al livello regionale — spiegano come la partecipazione migratoria avesse punte elevate, seguite da improvvise cadute, e una distribuzione areale caratterizzata da forte disomogeneità, a seconda di come l'informazione si diffondeva nelle piccole comunità e di come queste reagivano alle esperienze dei loro membri.

A cavallo del secolo e fino agli anni Venti, la popolazione di Mara ha preso parte soprattutto al flusso volto verso l'Argentina. Il nome di una strada, via Buenos Aires, resta a ricordare la destinazione più importante, ma anche la forma prevalente di impiego di risparmio: la costruzione di case per abitazione. In questo caso di studio, la ricerca empirica si propone di verificare il tipo di impatto che l'emigrazione comportava nella comunità di origine, in riferimento alla demografia, al patrimonio edilizio, all'occupazione e alla famiglia. L'impatto negativo è stato — nella pubblicistica dell'emigrazione — ampliato o ridotto a seconda delle tesi che si volevano sostenere. La sua enfatizzazione è stata fatta per esempio da coloro che temevano lo svuotamento demografico delle campagne e la conseguente penuria di forza-lavoro. Inoltre, gli effetti economici dell'emigrazione — specialmente al momento del rientro — sono anzitutto poco conosciuti e generalmente minimizzati per il prevalere di correnti politiche che non vi ravvisano vantaggi economici né per il paese di origine né per il migrante.

1. Il metodo

Ricorre spesso nella storia migratoria dei paesi sardi la concentrazione del flusso verso un solo paese estero: questi casi sono stati ricordati più volte negli scritti che la riguardano (Lo Monaco, 1965; Rudas, 1974; Leone, Loi, Gentileschi, 1979; Ortu, 1983; Campus, 1985; ecc.) e trovano sostanzialmente spiegazione nel modo in cui l'informazione circola nelle piccole comunità, dove le esperienze vissute da parenti ed amici hanno un effetto predominante su altre fonti, oltreché nei canali di avvio messi in atto dalle autorità o da altri soggetti. Le catene di richiamo tra gli abitanti del posto hanno favorito certamente anche la concentrazione su particolari destinazioni e persino attività lavorative.

A distanza di tempo sono assai scarse le fonti che consentono di ricostruire la storia migratoria di Mara: gli archivi comunale e parrocchiale sono del tutto privi di documenti utili alla ricostruzione degli espatri e dei rientri. La stessa Aire (Anagrafe degli Italiani all'Estero, costituita con la circolare Istat n. 34 del 5 giugno 1964) contiene informazioni utili per la situazione attuale, ma rappresenta una fonte frammentaria e poco affidabile per lo studio di una corrente migratoria che si colloca in un passato ormai piuttosto lontano. Nel progettare la ricerca, si è pertanto deciso di basarla sulla ricognizione delle case "argentine", cioè sugli immobili del paese che sono stati in tutto o in parte costruiti col risparmio degli emigrati in Argentina. L'individuazione è stata fatta interrogando i pochi protagonisti ancora in vita, figli e altri parenti degli emigrati deceduti, nonché altri abitanti che potessero comunque fornire informazioni. Sono state individuate così 55 unità immobiliari, che rappresentano con buona probabilità il totale delle case "argentine".

Per ciascuna unità una intervistatrice del posto [1] ha compilato una scheda informativa articolata in due parti: la prima riguardante i caratteri individuali, la vicenda migratoria e la storia familiare della persona il cui risparmio è stato impiegato nella costruzione della casa, e la seconda le caratteristiche e la storia dell'immobile. Le domande sono state ridotte all'essenziale, in quanto ci si era resi conto dei limiti oggettivi di risposte date per lo più da persone che non erano state

---

[1] Si ringrazia la sig.na Daniela Sale, di Mara, per aver effettuato le interviste.

testimoni diretti dei fatti che narravano. Se si vuole, la ricerca ha una base forte, costituita dalle case che per ubicazione, caratteri morfologici e articolazioni degli spazi costituiscono un tipo di dato oggettivo, e una debole, la storia migratoria, una storia orale i cui limiti sono — come sempre — quelli del tempo e della memoria. Una storia che diventa geografia nel momento in cui permette di fermare una fase di transizione di un microterritorio che, apertosi all'emigrazione verso lontane destinazioni, ne ha ricevuto segni incancellabili. Pur nei limiti che le fonti di informazione ponevano, ci sembra che non piccolo merito della ricerca sia di "fermare" sulla carta un momento della storia urbana e migratoria del paese prima che il passare del tempo finisca di obliterarlo.

2. I risultati della ricerca

2.1 Gli emigrati

Lo spoglio delle 55 schede relative ad altrettante abitazioni "argentine" e dunque anche ad un pari numero di emigrati da Mara in Argentina, consente di pervenire a una serie di risultati il cui interesse, sicuramente limitato a causa della piccolezza dei numeri, appare tuttavia notevole al fine di testimoniare fatti, situazioni, vicende che hanno avuto come protagonisti un piccolo gruppo di sardi, che però possono agevolmente rappresentarne molti altri, non solo del Logudoro, ma anche di altre parti dell'isola ugualmente interessate all'emigrazione in Argentina (ZACCAGNINI, 1992).

La storia migratoria dei Maresi in Argentina comincia nel 1909, ma non dura a lungo perché non supera, se non eccezionalmente, la prima metà degli anni '20. Dopo di allora infatti si registrano, salvo rare accezione, soltanto rientri (fig. 1). Le partenze tuttavia si scaglionano nel tempo così da poter individuare una prima fase (1909/1916) durante la quale queste sono state poche, saltuarie e contrappuntate dai rientri che iniziano a distanza di pochi anni dalla partenza dei primi emigrati (1912). La seconda fase si avvia nel 1918 e si conclude nel 1924 [2], anno nel quale dal porto di Genova si imbarcarono per l'Argentina 18 cittadini di Mara in una sola volta. La successiva drastica

---

[2] In questo periodo la progressione si interrompe nel 1921 e nel 1923, anni nei quali da Mara sono partiti rispettivamente uno e due migranti.

discesa della curva delle partenze segnala l'altrettanto repentina fine dell'emigrazione marese in Argentina.

La curva dei rientri invece prende a salire nel 1922, prima in modo incerto poi in maniera più decisa fino al 1930. Dopo di allora i rientri, numericamente inferiori alle partenze fino al 1931, si fanno esigui pur continuando fin oltre gli anni cinquanta. Non tutti gli emigrati infatti sono tornati dopo breve tempo, anzi, quattro di loro sono rimasti in Argentina fino alla morte, mentre alcuni hanno prolungato la permanenza oltre il previsto, per motivi politici (guerra di Spagna) o per altre ragioni.

La durata media del soggiorno relativa ai 55 emigrati da Mara con destinazione l'Argentina è stata pari a 7,6 anni, ma se si escludono quanti non sono mai rientrati e i soggiorni prolungatisi per motivi diversi da quelli economici, la permanenza media scende a 5,8 anni. È questa una cifra che si ottiene sulla base di una lista nella quale gli emigrati compaiono ordinati per numero di anni di soggiorno, lista nella quale il numero più frequente è cinque (12 emigrati), mentre un solo emigrato si è fermato per più di dieci anni (12 anni) e un altro per soli due. In realtà, più della metà (il 57,4%) dei 47 emigrati che sono partiti in anni diversi e sono comunque rientrati, hanno trascorso in Argentina non più di cinque anni.

I fatti della macrostoria sono responsabili del fenomeno che si sta descrivendo forse quasi quanto quelli della storia degli individui i quali percorrevano la via dell'emigrazione soprattutto per realizzare una loro migliore collocazione nel tessuto sociale ed economico del paese di origine nel quale il possesso della casa era un fattore determinante. Partenze e rientri si collocano infatti in momenti significativi della recente storia italiana: le prime iniziano e si intensificano subito dopo la fine della prima guerra mondiale, le cui conseguenze sull'occupazione sono ben note, mentre i rientri, in gran parte strutturali, erano incoraggiati dal regime fascista che proprio nel 1922 era arrivato al potere (MATTONE, 1986).

2.2 L'occupazione alla partenza e al rientro

Gli emigrati maresi in Argentina erano in maggioranza braccianti e mezzadri (36) oppure servi-pastori (4), condizioni socio-economiche e professionali paragonabili allora allo stato servile tanto era forte la dipendenza da un piccolo numero di famiglie del paese, le quali possedevano la quasi totalità delle risorse economiche, cioè la terra e il bestiame [3]. Questa condizione di dipendenza è da considerare del tutto particolare, anche nella Sardegna di allora, come dimostra la tab. 1. Infatti le famiglie il cui capo conduceva in proprio l'azienda e dunque le sole che possedevano la terra, erano a Mara molto meno numerose che nella media dei comuni della provincia di Sassari, mentre la figura professionale meno protetta, quella dei giornalieri, era molto più diffusa nel piccolo centro del Logudoro dove i lavoratori a giornata costituivano più della metà della popolazione agricola, che nel complesso dei comuni della provincia di Sassari dove gli stessi erano poco più di un terzo.

Tab. 1 - Popolazione agricola per sistema di conduzione delle aziende, secondo il catasto agrario del 1929.

Posiz. prof. del capo famiglia	Famiglie Mara		Prov. Sassari		Componenti Mara		Prov. Sassari	
	n.	%	n.	%	n.	%	n.	%
Cond. terreni propri	23	10,6	8.347	23,7	108	11,7	37.015	23,2
Fittavoli	5	2,3	3.812	10,8	20	2,2	17.877	11,2
Coloni	43	19,8	5.237	14,8	199	21,5	25.307	15,8
Giornalieri	124	57,2	13.171	37,3	501	54,3	56.717	35,5
Altri addetti	22	10,1	4.746	13,4	95	10,3	22.961	14,3
Totale	217	100,0	35.313	100,0	923	100,0	159.877	100,0

Dopo il ritorno la professione degli emigrati appare poco cambiata. La fig. 2, che riporta la mobilità professionale al rientro rispetto alla partenza, mostra infatti che quasi tutti i braccianti sono tornati all'occupazione precedente come pure i mezzadri e i pochi muratori. Solo alcuni, una volta tornati a Mara, hanno acquistato la terra e sono diventati coltivatori diretti e pochi altri da servi-pastori sono diventati allevatori in proprio. In questi casi l'emigrazione è servita a realizzare una emancipazione dallo stato di dipendenza attraverso il possesso della terra e/o del bestiame, obiettivo anche di alcuni che prima di

---

[3] Ma fra i 55 non mancano però anche altre figure la cui partenza non è forse del tutto spiegabile con la condizione di povertà, e cioè due allevatori, tre muratori, un cantoniere, un cavatore, un macellaio e una guardia di finanza.

emigrare esercitavano attività extra-agricole. I più invece sono tornati a fare i pensionati o non sono più rientrati.

I risparmi tenacemente raccolti durante il periodo migratorio in genere si dimostravano appena sufficienti a costruire una casa la cui tipologia era generalmente molto povera. L'acquisto di terra da coltivare era del resto reso difficile, non solo dall'esiguità dei risparmi di quanti rientravano, ma anche dalla scarsa disponibilità a vendere dei proprietari della terra e del bestiame, i quali in tal modo cercavano di mantenere gli equilibri sociali preesistenti.

2.3 *La casa "argentina"*

La consistenza accertata delle case "argentine", di 55 unità, viene anzitutto messa in rapporto con il tessuto urbano del paese. La loro distribuzione (fig. 3) riportata su una planimetria che data pressappoco al 1970, andrebbe riferita all'epoca della loro costruzione. La data non può essere documentata esattamente e deve quindi riferirsi all'epoca del soggiorno all'estero degli emigranti che le hanno costruite, di fatto negli anni tra il 1909 e il 1930-31.

In assenza di planimetria dell'epoca, si può grosso modo dire che il loro numero era in rapporto di 1 a 4 nuclei familiari del 1931, quando Mara aveva 1.135 ab., valutando in 5 persone la dimensione media familiare (allora 227 famiglie). Ciò equivale a dire che il 25% delle famiglie di Mara, negli anni Trenta, abitava in case "argentine".

Al 1981 le unità immobiliari per uso abitativo di Mara sono 358 e le famiglie 315. La popolazione è infatti diminuita, ma ha subito un decremento anche la dimensione del gruppo familiare (solo 3). Non si può tuttavia valutare l'incidenza delle case "argentine" in modo analogo, perché gran parte delle case di allora sono state ampliate o fuse con altri immobili vicini. La planimetria della fig. 3 dà comunque la dimensione visiva della loro incidenza sul tessuto urbano odierno.

Quasi tutte le case sono sorte ovviamente alla periferia dell'abitato di allora, che si allineava lungo la strada principale, inerpicantesi dal bivio della strada per Padria, posto nel fondovalle. Intorno alle due chiese del paese si addensavano le case dei poveri, prevalentemente formate dal solo pianterreno e un orto retrostante e le poche case dei benestanti, proprietari terrieri, in genere provviste di un piano rialzato e ben distinguibili dalle altre anche per la migliore qualità muraria.

Poche furono le case che poterono inserirsi nella parte già edificata di allora e si riconoscono perché lo scarso spazio di affaccio sulla strada obbligava a costruire in profondità, allineando le stanze trasversalmente alla strada. Queste case sono inoltre piccole, come piccolo o inesistente era lo spazio aperto loro annesso.

Del resto — secondo le risposte avute — il terreno su cui si è costruita la casa "argentina" nel 60% dei casi era stato appositamente acquistato e non proveniva quindi dal frazionamento di una proprietà familiare. Emigravano soprattutto i meno abbienti, la cui famiglia forse non possedeva che una piccola abitazione. Luogo privilegiato della casa "argentina" fu quindi uno spazio pianeggiante — *Su Pianu* — situato a sud-est dell'abitato dove la famiglia Pais, che ne era proprietaria, effettuò allora una lottizzazione articolata su una rete pressappoco ortogonale di strade, vendendo agli emigrati — gli altri non potevano nemmeno permetterseli — lotti edificabili abbastanza uniformi quanto a taglio e dimensioni. In questa lottizzazione, dove si trova oggi via Buenos Aires, sono sorte la maggior parte delle case.

Si capisce quindi come l'episodio dell'emigrazione in Argentina e l'impiego del risparmio nella costruzione della casa abbia avuto un forte impatto sulla morfologia del paese, segnandone non solo l'ampliamento edilizio, ma anche uno sviluppo in qualche modo più moderno e razionale. I lotti del nuovo quartiere infatti consentivano di costruire una casa, che quasi sempre fu inizialmente costituita dal solo pianterreno, secondo un modulo ripetitivo della casa tradizionale in quest'area, ma che al tempo stesso risultava inserita in un contesto più arioso e più confortevole delle case del centro vecchio. I lotti infatti comprendevano anche uno spazio retrostante più o meno ampio, dove trovavano posto l'orto domestico e i rustici per le bestie, gli attrezzi da lavoro e le provviste. Questa condizione ha poi permesso soprelevazioni e completamenti, che hanno reso le abitazioni più comode e meglio integrate al contesto abitativo (ANGIONI e SANNA, 1988).

Il modulo più comune presenta, dietro una facciata dove alla porta d'ingresso centrale si affiancano due finestre, solo due vani, uno per il giorno e l'altro per la notte (il 32%). Un altro modulo meno frequente è di tre vani (14%) di cui quello centrale con funzione di disimpegno, un altro riservato al giorno, con la cucina, e un terzo alla notte, come stanza da letto comune a tutta la famiglia. La superficie abitabile era mediamente di 50-60 mq, appunto la somma di due stanze abbastanza comode, eventualmente con un vano centrale più piccolo. Non mancavano le case minime, sui 25-40 mq, che però rappresentavano meno del 10%. Se ne vede ancora qualcuna intatta, poiché le dimensioni troppo piccole non ne hanno favorito il rinnovamento. Le case grandi oltre gli 80 mq, ma in nessun caso superiori a 90 mq, erano ancora di meno.

La qualità della muratura era estremamente modesta, con un uso avaro della pietra squadrata, impiegata per i soli cantoni e architravi, mentre sassi raccolti un pò dovunque e legati da una malta di fango, costituivano i muri. I coppi sardi coprivano il tetto a due spioventi sorretto da una capriata lignea, sotto la quale l'incannucciata intonacata e imbiancata costituiva il soffitto delle stanze.

Una casa assai povera, come documentano i pochi esempi sfuggiti a restauri e rifacimenti. Nessun carattere d'importazione la differenzia dalle case tradizionali di Mara o dei paesi vicini. La brevità del soggiorno all'estero degli emigrati, la povertà dei mezzi, il fatto che la costruzione venisse iniziata già durante lo loro assenza e condotta avanti da parenti, e con l'intervento di maestranze locali che materialmente hanno costruito le case, spiegano come nessun elemento costruttivo con cui gli emigrati erano tuttavia venuti a contato — in Argentina molti lavoravano nell'edilizia — sia stato qui introdotto.

Molto poche sono state inoltre le case che sin dall'inizio nella qualità muraria oltreché nell'articolazione dei locali, testimoniavano di una capacità economica superiore alla media. Qualcuna si è conservata sino ad oggi nello stato originario, o con poche modifiche. Oggi infatti la casa "argentina" si presenta prevalentemente rimaneggiata, ampliata, irriconoscibile. Sono sfuggite a questa sorte poche case in cui sono rimasti anziani privi di mezzi finanziari o comunque orientati a conservare l'edificio immutato. Col passaggio generazionale, sono stati soprattutto i figli e i loro coniugi ad effettuare quasi la metà dei casi di trasformazione dell'immobile. Un altro 12% è stato trasformato dalla terza generazione, i nipoti degli emigrati in Argentina. In un terzo dei casi infine si è trattato di persone che avevano acquistato gli immobili e non erano legate ai protagonisti dell'emigrazione argentina da alcun rapporto parentale. Nell'insieme, anche i lavori di trasformazioni sono stati realizzati con risparmi dell'emigrazione (il 64% dei casi), soprattutto quella dei figli, a loro volta emigrati all'estero, ma con destinazione europea (Germania, Francia).

Partendo dal modulo di due stanze grandi, le modifiche apportate seguivano una cadenza simile: negli anni Cinquanta, era frequente ricavare dalla stanza di ingresso un disimpegno e un cucinino, la seconda stanza diventava tinello o stanza da letto. Il bagno veniva fatto nel cortile. Successivamente, si iniziarono le soprelevazioni, con la costruzione di camere da letto al piano superiore. In parte dei cortili furono realizzate altre camere e garage. In alcuni casi sono state scavate le cantine. Mutava la facciata ma anche il rapporto tra spazio libero e spazio edificato.

La funzione abitativa si conserva tuttora per la quasi totalità, salvo le case minime trasformate in magazzini, bar, negozi. Tra le case più piccole, alcune sono abitate da vedove, i cui figli e nipoti si sono trasferiti in case più grandi.

3. Conclusioni

Per il suo carattere temporaneo, l'emigrazione in Argentina non ha inciso particolarmente sulla consistenza demografica del villaggio di Mara. Le perdite migratorie infatti venivano compensate da una natalità elevata (ancora il 33 per mille all'inizio degli anni Trenta, contro una mortalità del 12) e il saldo migratorio intercensuale, seppur negativo, rimase a lungo modesto.

La popolazione infatti continua a salire fino ai primi anni Sessanta (fig. 4), quando raggiunge il massimo di 1.366 residenti (1983). Sarà il decennio dell'esodo per l'intera Sardegna, il 1961-71, a decurtarla pesantemente, con una perdita migratoria che tra i due censimenti si può valutare intorno al 28%. Intanto la natalità si era abbassata rapidamente (il 15 per mille in media nel 1962-64), consentendo modesti recuperi a fronte di una mortalità anch'essa declinante (7 per mille). Dieci anni più tardi (1972-74), la natalità resta intorno al 15 per mille e dopo ancora un decennio scende all'11. Parallelamente la mortalità risale, passando a valori tra l'8 e il 9 per mille, sui quali si attesta.

Per la generazione che ha vissuto l'esperienza, l'emigrazione argentina è servita alla costruzione della casa, quel bene indispensabile la cui mancanza, nella Sardegna tradizionale, non consentiva uno status sociale rispettabile all'uomo, marito e padre di famiglia. Nell'ambiente agricolo di Mara, la casa era anche indispensabile per il lavoro.

Essa riceveva quindi la priorità nell'impiego del risparmio. Soltanto dopo che se ne era assicurato il possesso l'emigrato pensava a comperare terreno agricolo o bestiame da lavoro, il giogo dei buoi il cui lavoro di aratura nel campo di grano, nel vigneto o nell'oliveto, gli assicurava una remunerazione.

Stante il tipo povero di abitazione di cui si contentava, la costruzione della casa non richiedeva all'emigrato un'assenza molto lunga: negli anni venti l'acquisto di un lotto edificabile costava in paese 200 lire. Il viaggio di sola andata in Argentina ne costava 250.

Non è servita invece a dare all'emigrante una diversa e migliore fonte di reddito. Dopo pochi anni di assenza l'uomo tornava a fare, con la sua famiglia, più o meno la stessa vita di prima. Né è bastata ad evitare ai figli la ripetizione della stessa esperienza di lavoro all'estero. Per cui oggi la casa marese "argentina" mostra come in un palinsesto, la stratificazione dell'emigrazione e del risparmio realizzato. Sul pianterreno dei nonni i figli hanno costruito un piano rialzato, mentre i nipoti hanno edificato rimesse nei cortili e seminterrati. Ben poco resta degli spazi un tempo adibiti agli animali domestici e all'orto. Gran parte della popolazione oggi vive delle pensioni, del lavoro dei pendolari o delle rimesse degli emigrati. Il legame con le risorse economiche del luogo — la terra, la miniera — è interrotto o indebolito e non poche case attendono il ritorno dei loro proprietari per le vacanze estive.

Fig. 1 - Anni di partenza e di rientro degli emigrati in Argentina.

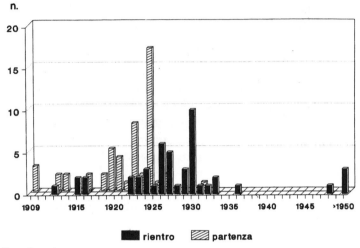

Fonte: Interviste.

Fig. 2 - Professione prima e dopo la partenza degli emigrati in Argentina.

Fonte: Interviste

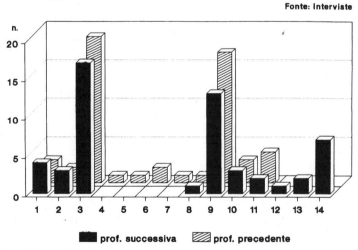

Legenda: 1, agricoltore; 2, allevatore; 3, bracciante; 4, cantoniere; 5, cavatore; 6, finanziere; 7, guardiano; 8, macellaio; 9, mezzadro; 10, muratore; 11, servo pastore; 12, manovale; 13, pensionato; 14, non ritornati.

Fig. 3 - Planimetria di Mara (circa 1970). In nero le case "argentine".

Fig. 4 - Evoluzione della popolazione di Mara ai censimenti.

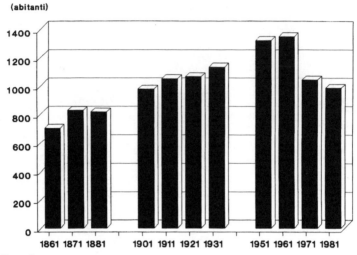

Fonte: Istat.

Bibliografia

Angioni G., Sanna A., *L'architettura popolare in Italia - SARDEGNA -*, Bari, Laterza, 1988.

Campus A., *Il mito del ritorno. L'emigrazione dalla Sardegna in Europa attraverso le lettere degli emigrati alle loro famiglie,* Cagliari, Edes, 1985.

Gentileschi M.L., *Bilancio migratorio,* in Aa.Vv., "Atlante della Sardegna", Roma, Kappa, 1980.

Leone A., Loi A., Gentileschi M.L., *Sardi a Stoccarda,* Cagliari, Georicerche, 1979.

Lo Monaco M., *L'emigrazione dei contadini sardi in Brasile negli anni 1896-1897,* "Riv. Storia dell'Agricoltura", 2 giugno (1965).

Mattone A., *Caratteri e figure dell'emigrazione antifascista sarda,* in Aa.Vv., *"L'atifascismo in Sardegna",* Cagliari, Della Torre, 1986.

Ortu L., *L'emigrazione in Sardegna dall'Ottocento al 1950* in Ortu L. e Cadoni B., *L'emigrazione sarda dall'Ottocento ad oggi,* Cagliari, Editrice Altair.

Zaccagnini M. (in corso di stampa), *La Sardegna e l'emigrazione verso l'Argentina,* comunicazione al XXVI Congresso Geografico Italiano, Genova, 4-9 maggio 1992.

Il Sulcis-Iglesiente
tra emigrazione e riassetto

Movimenti migratori nei comuni minerari del Sulcis-Iglesiente

Maria Luisa Gentileschi

(1974)

Lungi dall'essere omogenea, la partecipazione all'emigrazione nell'Isola assume un'intensità molto varia a seconda del grado di urbanità dei comuni, dell'ubicazione dei nuovi impianti industriali, dell'entità delle risorse agricolo-pastorali, dello sviluppo delle comunicazioni. L'ondata migratoria si origina soprattutto là dove già da tempo si è rotto l'equilibrio tra economia e popolazione e dove l'evoluzione dei mercati e delle produzioni ha causato il declino di attività fondamentali. L'emigrazione si va estendendo a nuove zone dell'Isola che finora ne erano rimaste ai margini, come i comuni prevalentemente pastorali del centro e della fascia orientale, che danno oggi un contingente di emigrati sempre maggiore.

Dalle zone di fuga il flusso si dirige per lo più verso il continente italiano ed europeo, ma in parte si orienta anche sui poli di industrializzazione e sulle città della stessa Sardegna.

Una quota sempre crescente degli spostamenti intraregionali viene attratta dalle aree dove si localizzano gli interventi economici; poiché queste sono le aree meglio dotate e più favorevolmente situate, viene in questo modo accresciuto il loro potere di attrazione nei confronti dei movimenti interni di popolazione e si realizza una differenziazione più spiccata tra i territori repulsivi, dove nei confronti della dinamica demografica prevale l'azione dei *push factors*, e i territori attrattivi, dove tendono sempre più a concentrarsi i *pull factors*.

Tra le aree di fuga si segnala, per l'entità e la precocità del fenomeno migratorio, il Sulcis-Iglesiente, un territorio in cui da sempre sono concentrate la maggior parte delle attività estrattive, mineralurgiche e metallurgiche della Sardegna.

In quest'area le oscillazioni del mercato di lavoro minerario e metallurgico hanno più volte causato un'elevata mobilità di popolazione. In particolare nel secondo dopoguerra il Sulcis-Iglesiente ha conosciuto una fase di intensa emigrazione di manodopera minera-

Tab. 1 - Movimento della popolazione nelle province sarde dal 1961 al 1971

Circoscrizioni	Popol. res. 15-10-1961	Popol. res. 24-10-1971	Variazione intercensuale N.ro	‰	Saldo del mov. migrat. N.ro	Indice migratorio ‰
Province						
Sassari	381.191	397.213	+16.022	+ 42,0	−32.608	− 83,7
Nuoro	283.206	271.739	−11.467	− 40,4	−48.890	−176,1
Cagliari	754.965	799.785	+44.820	+ 59,3	−71.556	− 92,0
Sardegna	1.419.362	1.468.737	+49.375	+ 34,7	−153.054	−105,9
Comuni capol.						
Sassari	90.037	107 200	+17.163	+190,6	+ 622	+ 6,3
Nuoro	23.033	30.743	+ 7.710	+334,7	+ 2.261	+ 84,0
Cagliari	183.784	224.449	+40.665	+221,2	+ 5.755	+ 28,1
Totale	296.854	362.392	+65.538	+220,7	+ 8.638	+ 26,2
Altri Comuni	1.122.508	1.106.345	−16.163	− 14,3	−161.692	−145,0

Fonte: Istat. Censimento della popolazione.

ria, in rapporto ad una rapida contrazione dell'attività estrattiva[1]. Questo tipo di migrazione si distingueva dal resto dell'emigrazione sarda anzitutto per la sua specializzazione professionale, molto peculiare in una regione che fin'allora aveva alimentato soprattutto un esodo di provenienza rurale, nonché per la sua intensità e per la precisa localizzazione dell'area di origine. L'emigrazione dei minatori agli inizi degli anni '50 si può dire segni la ripresa post-bellica dell'emigrazione sarda, destinata ad assumere negli anni che seguiranno dimensioni mai prima raggiunte. Alla fine degli anni '60 la fase acuta dell'emigrazione dei minatori può dirsi conclusa e la situazione migratoria del Sulcis-Iglesiente appare oggi molto più simile a quella media isolana, soprattutto riguardo ai settori economici di provenienza del flusso migratorio. Le miniere, che dal 1951 al 1961 hanno perduto circa 11.000 posti di lavoro, sono ancora tra i comparti dell'economia sarda in via di involuzione. Nella fase attuale la contrazione dei posti di lavoro prosegue però lentamente, tanto che nella massa degli emigranti che lasciano la Sardegna i minatori costituiscono una percentuale in-

---

[1] R. Camba, N. Rudas, *Aspetti socio-economici della emigrazione sarda*, in «Riv. Sarda di Criminologia», Vol. I, 1965, fasc. 3, pp. 187-221.

significante: tra gli emigrati all'estero — il solo settore dell'emigrazione per il quale siano disponibili statistiche dettagliate sulla professione degli emigrati — negli anni 1964-1967 i minatori erano solo 182 su un totale di 13.610 espatriati in condizione professionale [2].

La contrazione di questa fonte di lavoro, un tempo importante, non è stata compensata dallo sviluppo di altre attività. Ne risulta, più che una diretta emigrazione di manodopera mineraria, ormai mediamente di età avanzata, un ulteriore aggravarsi delle prospettive di lavoro sul posto per i giovani e per coloro che intendono lasciare le attività rurali. Il Sulcis-Iglesiente vive più profondamente la tragedia della disoccupazione anche perché i suoi lavoratori, grazie alla tradizione industriale e ai contatti con maestranze provenienti da altre regioni italiane, possiedono un'apertura mentale maggiore che in altre parti dell'Isola e una più matura coscienza politica e sindacale.

Tab. 2 - Sardegna - Distribuzione percentuale degli occupati nei settori di attività economica

Anni	Agricoltura		Industria		Altre attività		Totale	
	N.ro	%	N.ro	%	N.ro	%	N.ro	%
1966	135.000	32,1	132.000	31,3	154.000	36,6	421.000	100
1970	113.000	27,5	131.000	31,9	167.000	40,6	411.000	100

Fonte: REGIONE AUTONOMA DELLA SARDEGNA, *Relazione sulla situazione economica della Sardegna* (annuale), Cagliari, Centro Regionale di Programmazione.

In questa sede ci si propone di esaminare l'andamento e le caratteristiche dell'emigrazione in un gruppo di comuni nei quali l'occupazione mineraria ha avuto particolare rilievo, allo scopo di mettere in evidenza le conseguenze che le vicende dell'attività estrattiva hanno avuto sugli spostamenti della popolazione. Non si vuole con ciò schematizzare la complessità del fatto migratorio nel semplicistico rapporto tra occupazione mineraria ed emigrazione della manodopera. Anche nel Sulcis-Iglesiente l'emigrazione partecipa delle motivazioni economiche-sociali comuni a tutta l'Isola e all'intero Mezzogiorno, motivazioni che affondano le radici in una situazione di disoccupa-

---

[2] ISTAT, *Annuario di statistiche del lavoro e dell'emigrazione*.

zione strutturale. Alla crisi del settore minerario si sono affiancati i gravi problemi dei lavoratori della terra, le inquietudini delle classi giovanili, le tensioni di un settore terziario sovraccarico, le insufficienze delle strutture urbane. Qui vogliamo isolare una componente — riteniamo la più importante — di un complesso di impulsi che hanno alimentato la spinta migratoria. All'interno dell'area considerata le caratteristiche demografiche ed economiche degli insediamenti hanno avuto un notevole peso nel condizionare l'intensità e i tempi del fenomeno migratorio, col risultato di differenziare sensibilmente le situazioni locali.

1. *La contrazione dell'attività estrattiva in Sardegna e nei comuni minerari*

In molti comuni sardi l'attività mineraria aveva solo importanza marginale e perciò la sua contrazione o scomparsa non ha inciso sensibilmente sulle locali possibilità occupative. Invece nel caso di diversi centri del Sulcis-Iglesiente, in alcuni dei quali al censimento della popolazione del 1951 gli occupati nell'industria — consistente soprattutto nell'attività estrattiva — raggiungevano il 60-70% della popolazione attiva, le miniere erano direttamente o indirettamente fonte dei redditi di una parte cospicua della popolazione. All'involuzione del settore minerario-metallurgico si è accompagnata la mancata apertura di altre fonti di lavoro, con il conseguente appesantimento del problema occupativo e l'emigrazione di forza-lavoro, in forma tanto più grave quanto più forte era il peso delle miniere nell'occupazione e più carenti le altre fonti di reddito. Stanti le scarsissime risorse agricole del Fluminese, dell'Arburese, dell'Oridda, come anche di gran parte del Sulcis, l'agricoltura locale non poteva certo assorbire convenientemente la manodopera che lasciava le miniere. Anzi, il settore agricolo si preparava a dare il via ad un'emigrazione altrettanto intensa.

L'esame parallelo dell'andamento dell'occupazione mineraria e dello sviluppo dell'emigrazione consente di mettere in evidenza il rapporto causa-effetto che lega i due fenomeni, con una corrispondenza perfetta, nella fase iniziale, tra fatto economico e fenomeno demografico[3]. Alle conseguenze strettamente demografiche si sono ac-

---

[3] A. GOLINI, *Aspetti demografici della Sardegna*, in "Quaderni del Seminario di Scienze Politiche dell'Università di Cagliari", Milano, 1967, pp. 17-152.

compagnati cambiamenti della distribuzione della popolazione, dei caratteri degli insediamenti e delle attività economiche di grande interesse geografico.

Sulla base di determinate caratteristiche territoriali, tra le quali principalmente la diffusione e l'intensità dell'attività mineraria, il Sulcis-Iglesiente è stato compreso quasi per intero nei confini della Zona Omogenea XI [4].

Nel 1951 questa zona comprendeva il 66,8% degli addetti alle miniere, cave, impianti di imbottigliamento di acque minerali, lavorazioni mineralurgiche e metallurgiche di tutta la Sardegna. Tale percentuale era scesa nel 1961 al 53,7 mentre nel 1970 era risalita a circa il 64% [5]. Di conseguenza questo territorio presentava un elevato indice di industrialità: nel 1961 con il 10,4% della popolazione sarda (cioè con 147.756 ab.) contava il 14,1% della popolazione attiva in condizione professionale classificata nel settore secondario dell'intera Isola, superato in questo solo dalla Zona XII (Cagliari), che ne contava il 22,9%. Considerando invece la ripartizione della popolazione attiva per settori economici all'interno di ciascuna Zona, la Zona XI, con il 48,6% degli attivi nel settore secondario, risultava essere quella relativamente più industrializzata di tutta la Sardegna.

Ovviamente, non in tutti i comuni della Zona XI l'attività mineraria riveste la stessa importanza. Allo scopo di meglio isolare le caratteristiche dell'emigrazione nei comuni minerari, abbiamo scelto quelli in cui l'attività estrattiva assume maggior importanza per l'occupazione, e precisamente i comuni dove, secondo il censimento dell'indu-

---

[4] Ai fini della programmazione dello sviluppo economico e sociale, il territorio dell'Isola è stato suddiviso in zone territoriali omogenee, «individuate in base alle strutture economiche prevalenti, alle possibilità di sviluppo ed alle condizioni sociali». Il loro numero, in un primo tempo ammontante a 18, è stato ridotto a 15 nello *Schema generale di sviluppo* elaborato dalla Regione ed è poi salito a 17. Si veda in proposito: F. CLEMENTE, S. BIASCO, *I poli regionali in Sardegna*, Milano 1968, pp. 124. Il numero dei comuni della Zona omogenea XI è variato nel tempo ed è attualmente di 22.

[5] Nel computo della percentuale relativa al 1970 sono esclusi gli addetti alle cave. I dati sulle ditte e sull'occupazione dei settori estrattivo e metallurgico per il 1951 e il 1961, riportati qui e nelle pagine seguenti, sono stati tratti da: ISTAT, *III Censimento generale dell'industria e del commercio: 5 nov. 1951*, Roma, 1954. Vol. I, tomo II; ID., *IV Censimento generale dell'industria e del commercio: 16 ott. 1961*, Roma, 1964, Vol. II, fasc. 90, 91, 92.
I dati relativi al 1970 sono stati forniti dal Distretto di Iglesias del Corpo delle Miniere. Questi ultimi non sono perfettamente paragonabili a quelli dei censimenti industriali perché rilevati con criteri diversi. In entrambe le fonti però i dati relativi alle unità locali e agli addetti sono distinti sulla base dei comuni sede delle attività medesime.

stria e del commercio del 1961, risultavano in attività nel settore estrattivo (cave comprese) almeno 40 «addetti». Solo dodici comuni raggiungevano o superavano questa quota. Si obietterà che sarebbe più logico seguire il criterio di considerare gli «attivi» nel settore industriale di ciascun comune, data la coincidenza in pratica tra industria e comparto minerario-metallurgico in quest'area, criterio che consentirebbe di poter seguire meglio il rapporto tra occupazione mineraria ed emigrazione. Si è scelto di seguire i dati sugli «addetti» e non sugli «attivi» perché i primi sono in buona misura confrontabili con i dati raccolti annualmente dal Corpo delle Miniere che riguardano il numero medio di «addetti» alle cave e alle miniere in attività nel corso dell'anno in ciascun comune, il che rende possibile seguire l'andamento dell'occupazione fino al 1970.

Nel 1961 i comuni del Sulcis-Iglesiente con almeno 40 addetti al settore estrattivo erano: Arbus, Buggerru, Carbonia, Carloforte, Domusnovas, Fluminimaggiore, Gonnesa, Guspini, Iglesias, Narcao, Santadi e Villamassargia [6]. Essi costituirebbero, se non fosse per il braccio di mare che separa l'Isola di San Pietro (comune di Carloforte) dall'Isola maggiore, un territorio continuo, che comprende quasi l'intero Iglesiente e una parte del Sulcis. È bene precisare che anche altri comuni vicini, come Gonnosfanadiga, Sant'Antioco, Calasetta e San Giovanni Suergiu, pur non raggiungendo questa quota di occupazione, sono interessati all'estrazione, sia per la presenza di piccoli cantieri in attività, sia perché forniscono manodopera alle ditte attive nei comuni su elencati. Tuttavia il grosso dell'attività si svolge nei dodici comuni minerari, dove nel 1961 lavorava quasi il 70% degli addetti al settore estrattivo dell'intera Isola. Questi comuni raggiungevano infatti un totale di 9.280 addetti, in media 772 ciascuno, mentre gli altri 99 comuni sardi sede di attività estrattive totalizzavano 3.990 addetti, e

---

[6] Tra il 1951 e il 1964 alcuni di questi comuni sono stati interessati da variazioni territoriali. Il comune di Buggerru (ab. 2.015) è stato costituito nel 1960, per distacco da quello di Fluminimaggiore; dal comune di Santadi nel 1958 è stata distaccata la frazione di Nuxis (ab. 1.851), eretta in comune autonomo, al quale nel 1964 è stata aggiunta la frazione di Acquacadda (ab. 186), distaccata dal comune di Narcao; infine dal comune di Narcao nel 1958 è stata distaccata la frazione di Perdaxius (ab. 1.211), pure eretta in comune autonomo. I dodici comuni del 1961 sono quindi oggi diventati quattordici. Ai fini del calcolo delle variazioni demografiche la popolazione dei nuovi comuni è stata sommata ai comuni di provenienza. La frazione di Acquacadda, ai fini del computo della popolazione del 1971, è considerata unita al comune di Nuxis, e, insieme con questo, al comune di Santadi.

cioè in media 40 ciascuno. Si aggiunga inoltre che nei comuni minerari si riscontrava anche un elevato rapporto addetti/unità locale, pari a 138, laddove gli altri comuni presentavano una forte dispersione.

Tab. 3 - Unità locali e addetti alle industrie estrattive al 1961 (*Cave comprese*)

Comuni	Carboni fossili		Minerali metalliferi		Minerali non metalliferi		Totale	
	Un. loc.	Addetti	Un. loc.	Addetti	Un. loc.	Addetti	Un. loc.	Addetti
Arbus	—	—	1	491	1	3	2	494
Buggerru	—	—	1	213	—	—	1	213
Carbonia	3	2.006	—	—	3	68	6	2.074
Carloforte	—	—	2	11	1	30	3	41
Domusnovas	—	—	5	144	7	96	12	240
Fluminimaggiore	—	—	7	284	—	—	7	284
Gonnesa	2	1.429	—	—	3	13	5	1.442
Guspini	—	—	1	1.652	2	7	3	1.659
Iglesias	1	1	15	2.462	5	83	21	2.546
Narcao	—	—	2	184	1	10	3	194
Santadi	—	—	—	—	2	41	2	41
Villamassargia	—	—	2	52	—	—	2	52
Totale	6	3.436	36	5.493	25	351	67	9.280

Gli impianti metallurgici sono invece situati fuori di quest'area, ad eccezione dell'impianto elettrolitico per lo zinco di Monteponi (Iglesias). Tuttavia numerosi operai della fonderia di concentrati piombiferi di S. Gavino Monreale e degli impianti metallurgici di Portovesme (Portoscuso) provengono dal gruppo di comuni in esame.

I comuni considerati si differenziano notevolmente tra loro per diversi aspetti, quali la posizione dei capoluoghi rispetto alle principali vie di comunicazione, l'estensione del territorio e i suoi caratteri topografici, il grado di urbanizzazione dei centri, le dimensioni demografiche e l'attività della popolazione. Il settore estrattivo presenta in alcuni una netta specializzazione. Nei comuni di Carbonia, Gonnesa, Narcao e Santadi prevalgono gli «attivi» nelle miniere di carbone aperte nel comune di Gonnesa, e, anni addietro, in quello di Carbonia; invece in quelli di Iglesias, Buggerru, Arbus, Guspini e Fluminimaggiore sono più numerosi gli «attivi» nelle miniere piombo-zincifere. Negli altri comuni l'occupazione presenta carattere scarsamente specializzato.

Tab. 4 - Variazione assoluta e relativa dell'occupazione nel settore estrattivo e metallurgico in Sardegna

	1951	1961	1970
N.ro addetti alle cave, miniere, impianti mineralurgici e metallurgici e alle acque minerali.	25.619	14.013	7.195
% sulla popolazione attiva in condizione professionale.	6,0	3,1	1,7

È noto che la contrazione dei posti di lavoro nelle miniere sarde ha avuto inizio nel dopoguerra, in conseguenza della necessità di ridimensionare un'attività la cui espansione era stata legata ad una concezione autarchica dell'economia. Gli elevati costi di estrazione e le difficoltà di collocamento di alcune produzioni hanno reso necessaria una profonda ristrutturazione, prima del comparto carbonifero e poi anche di quello piombo-zincifero. L'istituzione del mercato comune per il carbone e l'acciaio e la necessità di adeguare rapidamente i costi di produzione a quelli medi dei Paesi della CECA comportava un processo di modernizzazione delle attrezzature e di meccanizzazione del lavoro con espulsione di una forte quota di manodopera. A partire dagli inizi degli anni '50 anche il comparto piombozincifero ha attraversato serie difficoltà, in seguito al crescente squilibrio tra costi di produzione e prezzo del prodotto sui mercati internazionali. L'entrata in vigore degli accordi comunitari per la liberalizzazione del mercato del piombo e dello zinco, prorogata in un primo tempo fino al marzo 1965 e poi attuata a partire dal 31 dicembre 1969, metteva le ditte italiane attive nel comparto di fronte all'indifferibile problema della riduzione dei costi. In Sardegna, dopo anni di sforzi in varie direzioni, quali l'eliminazione di attività marginali scarsamente produttive, il restringimento delle lavorazioni ai cantieri più importanti e un'ulteriore meccanizzazione del lavoro, si è aperta una fase di gravissima crisi, che ha visto il disimpegno di società di importanza nazionale e l'intervento dell'ente pubblico a sostegno del comparto. Mentre il problema occupativo si aggravava, l'incertezza sul futuro delle miniere si diffondeva a tutti i livelli della popolazione [7].

---

[7] Sui recenti sviluppi dell'attività mineraria, cfr, M.L. GENTILESCHI, *La situazione attuale dell'attività mineraria in Sardegna*, in «Studi di Economia», 1972, n. 5, estr. di pp. 29, al quale si

La diminuzione dei posti di lavoro ha avuto un andamento irregolare. Il decennio 1951-1961 è stato caratterizzato da una più intensa smobilitazione, manifestatasi in un calo medio annuo di 1.160 addetti, mentre nel novennio successivo il calo medio annuo è stato di 757 addetti.

La contrazione dei posti di lavoro ha interessato le tre province sarde in misura diversa, colpendo soprattutto quella di Cagliari, dove è concentrata la maggior parte dei cantieri, e molto meno le altre due, dove l'occupazione è assicurata in gran parte dalle cave, la cui situazione occupativa è stabile o solo in leggera diminuzione, e da varie miniere alcune delle quali hanno mantenuto all'incirca gli stessi livelli occupativi. Ma anche nel Nuorese e nel Sassarese non mancano gli esempi di chiusura completa delle attività, come è il caso delle miniere della Nurra.

Tab. 5 - Distribuzione dell'occupazione nel settore estrattivo nelle province sarde (*Cave comprese*)

Province	1951			1961			1970	
	Comuni sede di attività N.ro	Addetti N.ro	%	Comuni sede di attività N.ro	Addetti N.ro	%	Addetti N.ro	%
Cagliari	35	23.125	94,9	62	11.600	87,4	5.641	84,0
Nuoro	23	669	2,0	18	660	5,0	571	8,5
Sassari	21	756	3,1	31	1.010	7,6	502	7,5
Sardegna	79	24.350	100	111	13.270	100	6.714	100

La diversa distribuzione del calo occupativo ha avuto come risultato una minore incidenza della provincia di Cagliari sul totale degli addetti dell'Isola.

rimanda anche per i riferimenti bibliografici fondamentali. Successivamente alla pubblicazione di questo lavoro, l'Ente Minerario Sardo ha organizzato a Cagliari, il 23-3-1972, un incontro nel corso del quale sono stati esaminati i problemi e le prospettive dell'industria mineraria sarda. Le relazioni presentate in quell'occasione e disponibili presso l'Ente (sede in Iglesias) forniscono un ulteriore qualificato aggiornamento. Gli aspetti e i problemi dell'attività mineraria sarda sono stati oggetto di discussione sul piano nazionale nel Convegno delle Regioni Minerarie, tenutosi a Firenze, dal 6 all'8 luglio 1972. Il volume degli Atti (*Miniere, regioni, programmazione nazionale*) è stato stampato a Firenze presso la tipo-lito Nuova Grafica Fiorentina nel 1973.

Fig. 1 - Media giornaliera degli operai occupati nelle miniere della Sardegna. Con linea continua è rappresentato il numero degli operai impiegati nelle miniere e ricerche attive produttive di combustibili, con linea tratteggiata, id. di minerali piombo-zinciferi [8]

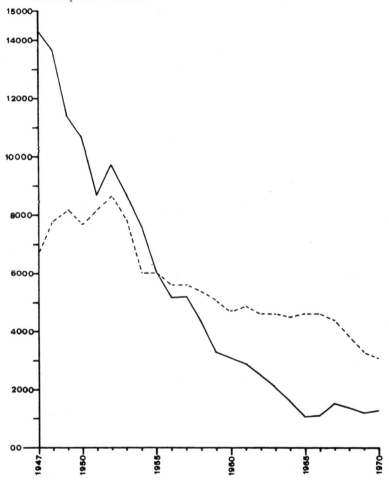

[8] Fonti dei dati: per il periodo 1974-1952, Ministero dell'Industria e del Commercio, Divisione Generale delle Miniere, Corpo delle Miniere, *Relazione sul servizio minerario e statistica delle industrie estrattive in Italia*; per il periodo 1953-1962, Id, *Statistica delle miniere, cave e torbiere*; per il periodo 1963-1967, Regione Autonoma della Sardegna, *Compendio statistico della Regione Sarda*; per gli anni 1968-1970, dati forniti dall'Assessorato all'Industria e Commercio della Regione Autonoma della Sardegna, provenienti dal Distretto di Iglesias del Corpo delle Miniere.

Nell'area dei comuni minerari il peso relativo di questo settore nell'occupazione è disceso nettamente — rispetto al resto dell'Isola — nel decennio 1951-1961, per poi risalire leggermente nel periodo successivo.

Tra il 1951 e il 1961 la perdita è stata di 10.944 posti di lavoro, pari al 54,1%. Se il comparto dei minerali metalliferi ha registrato un calo non indifferente (−39,7%), la maggior parte della diminuzione si è avuta a carico dei minerali non metalliferi (−65,9%), ed è da attribuirsi — come è noto — alla diminuita estrazione del carbone Sulcis, la cui produzione nel suddetto decennio è scesa da 1.070.358 t a 717.597 t di minerale estratto, mentre il numero dei dipendenti della Società Mineraria Carbonifera Sarda è passato da circa 10.800 a circa 3.000. Le miniere piombo-zincifere hanno contemporaneamente avuto una diminuzione da 8.200 a 4.800 addetti circa (media giornaliera degli operai occupati).

Nel novennio successivo la flessione appare assai meno grave: la perdita dei posti di lavoro è di 4.489, pari a −48,3%. La differenza tra i due comparti è meno marcata: 2.494 posti in meno per il primo, 1995 per il secondo (rispettivamente −45,4% e −52,6%). In particolare, nelle miniere di carbone le fasi di maggiore contrazione si sono verificate negli anni 1947-1950 e dal 1952 al 1959. L'occupazione è continuata a scendere fino ad arrivare a 1.100 addetti nel 1965, per poi fermarsi su una piattaforma di 1.100-1.500 addetti. Invece la situazione occupazionale delle miniere piombo-zincifere è stata quasi stazionaria dal 1961 (4.900 addetti) al 1966 (4.600), ma ha iniziato il seguito un declino più marcato, che ha fatto scendere il numero degli addetti a circa 3.100 nel 1970.

In conclusione in questi diciannove anni i dodici comuni minerari hanno perduto un totale di 15.433 posti di lavoro, una cifra pari al 41,2% della popolazione attiva media del periodo.

Questo salasso gravissimo ha attraversato delle fasi acute e dei periodi di lento stillicidio. Per le miniere piombo-zincifere la contrazione post-bellica fu meno violenta che per il carbone Sulcis e meno sconvolgenti le conseguenze sociali. Tuttavia anche questo comparto conobbe negli anni tra il 1952 e il 1955 un periodo di ridimensionamento assai spinto, reso più duro dalla mancanza di quelle speciali indennità di licenziamento che saranno poi concesse ai carbonieri.

Tab. 6 - Unità locali e addetti nel settore estrattivo nei comuni minerari
(*Cave comprese*)

Anni	Minerali metalliferi		Minerali non metalliferi		Totale		% sul totale della Sardegna	
	Un. loc.	Addetti	Un. loc.	Addetti	Un. loc.	Addetti	Un. loc.	Addetti
1951	50	9.116	36	11.108	86	20.224	29,2	82,3
1961	36	5.493	31	3.787	67	9.280	23,9	69,9
1970	—	2.999	—	1.792	—	4.791	—	71,3

Questa prima fase di licenziamenti portò ad un'emigrazione di minatori verso l'Italia settentrionale e verso l'estero, la cui entità fu nel complesso modesta, in quanto il settore agricolo conservava ancora una certa compattezza e non partecipò all'esodo. Negli anni seguenti le lotte condotte dai sindacati operai contribuirono a conservare una certa stabilità dei posti di lavoro, per cui l'avvicendamento dei minatori messi a riposo con le nuove leve di provenienza agricola manteneva la situazione statica. Cosicché questa migrazione intersettoriale, pur se moderata, serviva a contenere il nascente esodo dei rurali nei limiti del territorio[9].

Le differenze nell'andamento dell'occupazione del comparto carbonifero e di quello piombo-zincifero hanno influito in maniera riconoscibile sui tempi e sull'intensità del fenomeno migratorio nei comuni minerari, determinando in genere un movimento più precoce e più intenso in quelli caratterizzati da prevalente occupazione nelle miniere di carbone, più tardivo e moderato in quelli dove invece prevaleva il lavoro nelle miniere piombo-zincifere. In tutti i casi si trattò in un primo tempo di emigrazione professionale specializzata, con predominanza cioè di minatori, mentre successivamente, press'a poco dal 1965, si è avuta un'emigrazione generica, costituita da manodopera non qualificata proveniente normalmente dalle categorie rurali. Da allora infatti le nuove assunzioni nelle miniere sono cessa-

---

[9] Ad aggravare la flessione evidenziata dalle statistiche ufficiali si aggiunge la quasi totale scomparsa in questi ultimi anni dei piccoli imprenditori locali, che gestivano modeste concessioni con l'aiuto dei familiari o di pochi dipendenti, e la cessazione del conferimento alle aziende di minerale raccolto in proprio dai minatori e dai loro familiari, che in passato aveva costituito una certa fonte di reddito.

te quasi completamente mentre si è rafforzata la spinta della manodopera rurale che, priva di questa valvola di sfogo, solo parzialmente sostituita dalle industrie di nuovo impianto, alimenta l'esodo attuale di dimensioni ormai imponenti. Dapprima i braccianti, poi anche i pastori proprietari di piccoli greggi ma non di pascoli, i coloni, i piccoli coltivatori diretti abbandonano l'Isola e nello stesso tempo l'attività agricola.

2. *Le conseguenze demografiche*

La misura delle conseguenze demografiche dell'involuzione dell'offerta di lavoro può essere colta attraverso i dati dei tre ultimi censimenti della popolazione, sia nei riguardi della popolazione residente che per la popolazione presente. Inoltre la disponibilità delle serie anagrafiche relative alle nascite e alle morti permette di rilevare con buona esattezza l'entità della componente migratoria nello sviluppo demografico.

Le conseguenze demografiche della crisi mineraria sono già avvertibili nella diminuzione dello 0,6% della popolazione residente della zona XI tra il 1951 ed il 1961, che si contrappone all'aumento dell'11,2% registrato per l'intera Isola. Tra le rimanenti Zone soltanto altre due registravano una diminuzione: la IV (Ozieri), con −4,3% e la XV (Ghilarza) con −2,6%. Nei confronti del saldo migratorio del decennio, il Sulcis-Iglesiente spiccava tra le aree con valori negativi tra i più alti dell'Isola [10].

Nel decennio successivo l'emigrazione si è diffusa territorialmente e si è accentuata. Come risulta dalla tabella 7, sul totale delle 17 zone esistenti al 1971 (nel frattempo il loro numero era aumentato), ben 11 presentano un calo di popolazione. La posizione della Zona XI (Iglesias) non è tra le peggiori, poiché ci sono 9 Zone con una diminuzione percentualmente più forte.

L'andamento demografico dei comuni minerari dell'ultimo ventennio è sintetizzato nelle tabelle 8 e 9. Dalla prima si rilevano i valori assoluti e relativi dello sviluppo demografico attraverso i censimenti

---

[10] Nel cartogramma fig. 11 del volume di A. GOLINI (op. cit.) che mostra la distribuzione del saldo migratorio comunale nella Sardegna, i comuni minerari registrano valori negativi più bassi di quello medio regionale (pari a −53,1 per mille), tranne Carloforte, il cui saldo migratorio, anch'esso negativo, è però più alto di quello medio regionale.

della popolazione. Mentre la Sardegna nel suo insieme ha registrato un continuo incremento, anche se più debole nell'ultimo decennio, il territorio minerario è in crescente perdita, nel 1961-1971 in misura proporzionalmente più che doppia rispetto al 1951-1961. Si riscontra inoltre una netta differenza di comportamento tra i comuni dell'area carbonifera e quelli dell'area piombo-zincifera: tra i quattro comuni in diminuzione nel 1951-1961, Carbonia e Gonnesa infatti sono quelli che registrano il calo più accentuato. Da soli, questi due comuni totalizzano una diminuzione doppia di quella dell'intero territorio. Escludendoli dal novero, si avrebbe nei restanti comuni un aumento di 5.892 unità, pari al 4,5%.

Tab. 7 - Popolazione residente delle zone omogenee nei confini del 1972 secondo i censimenti [11]

		1 9 6 1	1 9 7 1	Differenza	
				N.ro	%
I	(Sassari)	186.425	213.907	+27.482	+14,7
II	(Tempio)	64.045	59.721	− 4.324	− 6,7
III	(Olbia)	41.640	49.632	+ 7.992	+19,1
IV	(Ozieri)	54.983	46.388	− 8.595	−15,6
V	(Macomer)	57.531	51.997	− 5.534	− 9,6
VI	(Nuoro)	90.079	92.994	+ 2.915	+ 3,2
VII	(Oristano)	79.139	82.357	+ 3.218	+ 4,0
VIII	(Laconi)	38.959	33.985	− 4.974	−12,7
IX	(Tonara)	55.973	49.140	− 6.833	−12,2
X	(Lanusei)	50.256	51.085	+ 829	+ 1,6
XI	(Iglesias)	145.731	136.928	− 8.803	− 6,0
XII	(Cagliari)	313.228	378.316	+65.088	+20,7
XIII	(Muravera)	35.546	32.546	− 3.000	− 8,4
XIV	(S. Gavino Monreale)	98.028	96.281	− 1.747	− 1,7
XV	(Ghilarza)	39.194	34.474	− 4.720	−12,0
XVI	(Ales)	36.636	32.896	− 3.740	−10,2
XVII	(Thiesi)	31.969	26.090	− 5.879	−18,3
	Totale	1.419.362	1.468.737	+49.375	+ 3,4

[11] Non essendo ancora stati pubblicati i dati relativi alle frazioni di censimento per il 1971, la popolazione del comune di Tempio viene fatta ricadere per intero nella Zona II, anziché rientrare in parte nella Zona III, come dovrebbe. Inoltre i suoi confini sono considerati invariati rispetto a quelli del 1961. La popolazione del comune di Buddusò viene considerata per intero nella Zona Omogenea IV.

Tab. 8 - Variazioni della popolazione residente e presente nei comuni minerari attraverso i censimenti della popolazione del 1951, 1961 e 1971

Comuni	Popolazione residente								Popolazione presente		
	(a) 4-11-51 N.ro	(b) 15-10-61 N.ro	(c) 24-10-71 N.ro	(b−a) N.ro	‰	(c−b) N.ro	‰	(c−a) N.ro	‰	(d) 4-11-51 N.ro	(e) 15-10-61 N.ro	(f) 24-10-71 N.ro
Arbus	9.321	10.152	8.297	+ 831	+ 89,1	− 1.855	− 182,7	− 1.024	− 109,8	9.222	9.390	7.836
Buggerru	—	1.767	1.384	—	—	− 383	− 216,7	—	—	—	1.675	1.293
Carbonia	45.125	35.327	30.642	−9.798	−217,1	− 4.685	− 132,6	−14.483	− 320,9	44.461	34.003	29.658
Carloforte	7.322	7.275	6.794	− 47	− 6,4	− 481	− 66,1	− 528	− 72,1	7.064	6.786	6.500
Domusnovas	4.839	5.773	5.544	+ 934	+193,0	− 229	− 39,6	+ 705	+ 145,6	4.714	5.500	5.368
Fluminimaggiore	5.835	4.067	3.674	− 1	− 0,1	− 393	− 96,6	− 777	− 133,1	5.744	3.812	3.523
Gonnesa	5.571	5.366	4.880	− 205	− 36,7	− 486	− 90,5	− 691	− 124,0	5.468	5.101	4.833
Guspini	11.744	12.318	12.911	+ 574	+ 48,8	+ 593	+ 48,1	+ 1.167	+ 99,3	11.402	11.506	12.382
Iglesias	26.146	28.004	28.047	+1.858	+ 71,0	+ 43	+ 1,5	+ 1.901	+ 72,7	26.438	27.815	27.988
Narcao	4.342	5.208	4.472	+ 866	+199,4	− 736	−141,3	+ 130	+ 29,9	4.342	4.727	4.205
Santadi	7.045	7.469	6.734	+ 424	+ 60,1	− 735	− 98,4	− 311	− 44,1	6.895	7.027	6.477
Villamassargia	2.823	3.276	3.112	+ 453	+160,4	− 164	− 50,0	+ 289	+ 102,3	2.850	3.113	3.060
Totale	130.113	126.002	116.491	−4.111	− 31,5	− 9.511	− 75,4	−13.622	− 104,6	128.600	120.455	113.123

Tab. 9 - Componenti della dinamica demografica dei comuni minerari attraverso i censimenti della popolazione del 1951, 1961 e 1971[12]

Comuni	1951 - 1961			1961 - 1971			1951 - 1971		
	Variazione naturale N.ro	Variazione migratoria N.ro	Indice migratorio ‰	Variazione naturale N.ro	Variazione migratoria N.ro	Indice migratorio ‰	Variazione naturale N.ro	Variazione migratoria N.ro	Indice migratorio ‰
Arbus	2.200	− 1.369	− 140,6	1.297	− 3.152	− 341,6	3.497	− 4.521	− 513,2
Buggerru	—	—	—	119	− 502	− 318,5	—	—	—
Carbonia	9.889	− 19.687	− 489,4	5.270	− 9.955	− 301,8	15.159	− 29.642	− 782,4
Carloforte	188	− 235	− 32,2	180	− 661	− 93,9	368	− 896	− 126,9
Domusnovas	1.529	− 595	− 112,1	908	− 1.137	− 200,9	2.437	− 1.732	− 333,6
Fluminimaggiore	1.015	− 1.016	− 174,1	434	− 827	− 213,6	1.568	− 2.345	− 430,5
Gonnesa	1.315	− 1.520	− 277,9	568	− 1.054	− 205,7	1.883	− 2.574	− 492,6
Guspini	2.432	− 1.858	− 134,4	1.834	− 1.241	− 98,3	4.266	− 3.099	− 251,3
Iglesias	5.611	− 3.753	− 138,6	4.875	− 4.832	− 172,4	10.486	− 8.585	− 316,8
Narcao	1.110	− 244	− 51,0	688	− 1.424	− 294,2	1.798	− 1.668	− 378,4
Santadi	1.691	− 1.267	− 174,5	973	− 1.708	− 240,5	2.664	− 2.975	− 431,8
Villamassargia	682	− 229	− 75,1	446	− 610	− 190,9	1.128	− 839	− 282,7
Totale	27.662	− 31.773	− 248,1	17.592	− 27.103	− 223,5	45.254	− 58.876	− 477,4

[12] I dati relativi a nascite e morti degli anni anagrafici completi sono stati tratti dalle pubblicazioni dell'Istat, *Popolazione e circoscrizioni amministrative dei comuni* e *Annuario di statistiche demografiche*. Si noti però che tra le due fonti, in relazione allo stesso anno oggetto di rilevamento, esistono lievi differenze. Per quanto riguarda le frazioni di anno precedenti o seguenti l'attuazione dei censimenti, i dati relativi al periodo 1-1-1971/15-10-1971, non pubblicati, sono stati forniti direttamente dall'Istat, mentre negli altri casi si è semplicemente calcolata la frazione di incremento naturale spettante al periodo considerato, partendo dai dati sulle nascite e sulle morti per l'intero anno.

Nel 1971 invece tutti i comuni sono in diminuzione rispetto al 1961, con le sole eccezioni di Guspini e di Iglesias. Anche i comuni piombo-zinciferi sono quindi coinvolti nel calo demografico. Mentre si affievolisce il deflusso da Carbonia, balzano in prima fila per l'entità relativa della diminuzione i comuni di Buggerru, Arbus e Narcao. La perdita di Carbonia rappresenta tuttavia circa la metà del deficit complessivo dell'area.

In totale, il territorio ha perduto nel ventennio 13.662 ab. residenti. Ancor più accentuata è naturalmente la diminuzione della popolazione presente, passata da 128.000 a 113.123, con un calo di 15.477 unità, pari a −120,3‰.

Passando ad esaminare le componenti della dinamica demografica (Tab. 9), possiamo rilevare nella sua giusta misura la consistenza e l'andamento del fenomeno migratorio, scindendone gli effetti da quelli conseguenti alla variazione naturale.

Se i dati della tabella 8 possono far pensare ad un aggravarsi dell'esodo nell'intervallo considerato, con la conseguenza di una più intensa diminuzione generalizzata a tutti o quasi i comuni, ci accorgiamo ora che le cose sono andate diversamente. L'emigrazione è stata al contrario più forte nel decennio 1951-1961, con un bilancio passivo di 31.773 unità (di cui 19.687 della sola Carbonia), mentre è scemata nell'ultimo decennio, sia in cifre assolute che relative, facendo registrare un passivo di 27.103 unità. L'incidenza di Carbonia sul passivo totale è scesa dal 61 al 36%. In conclusione il saldo migratorio del ventennio è di −58.876 unità, alle quali sarebbero da aggiungere le 3.368 persone «assenti» alla data 24 ottobre 1971, arrivando quindi ad un totale di 62.244 emigrati. A questa cifra si dovrebbe poi aggiungere la mancata natalità conseguente al fatto migratorio.

Rimane però il fatto che il fenomeno si è generalizzato e che l'intensità dell'emigrazione è salita in tutti i comuni, ad eccezione di Carbonia, Gonnesa e Guspini. In sostanza, esauritasi la fase acuta della crisi estrattiva, il fenomeno migratorio è andato allargandosi ad altre categorie di occupazione e riavvicinandosi alle caratteristiche di quello medio regionale. L'indice migratorio, disceso da −248,1 a −223,5, è però più che doppio di quello medio regionale, pari a −105,9. La diffusione dell'emigrazione dimostra che un territorio povero e prevalentemente montuoso come quello del Sulcis-Iglesiente non può più mantenere quella densità di popolazione che lo sfruttamento minerario vi aveva creato in passato. Questa possibilità esiste parzialmente solo nei centri dove lo sviluppo delle attività terziarie ha creato nuove fonti di reddito, e cioè ad Iglesias, a Carbonia, a Guspini. Lo sfoltimento tuttora in corso è quindi ancora una conseguenza indiretta della contrazione dell'attività mineraria, non più proporzionato al ritmo attuale di diminuzione dei posti di lavoro di questo settore. Esauriti gli effetti «prossimi» della contrazione del lavoro — cioè la reazione immediata alla disoccupazione congiunturale — sono ora in atto gli effetti «distanziati», la cui durata ed intensità è ovviamente condizionata da svariati fattori locali e generali. Al ridimensionamento economico delle fonti produttive fa seguito il ridimensionamento demografico, che non riguarda soltanto la manodopera direttamente impiegata nelle miniere, ma tutta la società che intorno alle miniere si era via via accresciuta e consolidata.

I dati disponibili del censimento della popolazione del 1971 ci permettono di rilevare solo in parte le variazioni intervenute nel corso dell'ultimo decennio nella distribuzione della popolazione attiva nei tre settori dell'economia. Possiamo constatare un notevole calo della popolazione attiva nel settore primario: nel territorio in esame gli attivi nel settore agro-pastorale sono scesi da 5.265 a 2.575 unità, cioè del 51,1%. La sua incidenza percentuale sul totale della popolazione attiva è passata dal 14,4 all'8,5%, mentre nell'intera Isola si è scesi dal 32,6 al 21,6%. Nei comuni a carattere urbano il numero degli attivi in questo settore è insignificante: ad Iglesias e a Carbonia, che contano circa 8.000 attivi ciascuna, gli agricoltori sono rispettivamente 270 e 280. Pur mancando dati sulla consistenza attuale del settore secondario e terziario, non sembra azzardato concludere che la terziarizzazione della popolazione attiva deve essere stata molto spinta, tenendo presenti la perdita di circa 4.500 posti di lavoro nell'industria estrattiva e la chiusura di tante attività artigianali.

L'indice migratorio presenta valori molto diversi all'interno dell'area mineraria. È facile notare la corrispondenza tra i valori più elevati e il peso delle miniere nell'occupazione, come è il caso di Arbus, Buggerru, Carbonia. D'altra parte, valori più bassi si riscontrano in quei comuni dove una struttura occupazionale più equilibrata o l'esistenza di condizioni più favorevoli hanno permesso lo sviluppo di altre attività e offerto maggiori possibilità alla manodopera locale. Non sorprende quindi che il comune di Carloforte presenti il valore più basso. La posizione marginale di Carloforte, l'esistenza di attività marinare di antica tradizione, in aggiunta ad un'agricoltura che ben assolveva una funzione integrativa delle risorse economiche prevalenti, spiegano la non grande diffusione dell'attività mineraria presso la sua popolazione. I carlofortini assunti nelle miniere dell'Isola maggiore non sono mai stati molto numerosi e d'altra parte l'attività estrattiva locale — consistente nello sfruttamento dei giacimenti di ocra e di manganese nei quali l'attività propriamente mineraria è ormai cessata — non ha avuto grande rilievo [13]. Già da tempo nel porto di Carloforte non si raccoglie più il minerale dell'Iglesiente, che veniva qui inoltrato su barconi dai caricatoi dell'Isola maggiore per essere poi imbarcato per il continente, salvo la piccola parte che veniva lavorata sul posto.

I comuni che presentano i valori più alti dell'indice migratorio sono invece quelli in cui non si offre una occupazione alternativa a causa della povertà di terreni produttivi, delle condizioni di isolamento o per le stesse modeste dimensioni demografiche dei centri, che non hanno permesso lo sviluppo di attività extra-agricole. Tra questi Arbus e Buggerru costituiscono i casi più gravi. Nei comuni più popolosi (oltre i 10.000 ab.) il grado d'intensità dell'emigrazione è stato diverso. Più grave per quelli in cui l'occupazione in miniera era proporzionalmente più importante, come Arbus, e, naturalmente, Carbonia, meno per quelli con struttura economica meglio differenziata, come Guspini e Iglesias, che sono poi i soli a registrare un aumento di popolazione tra il 1961 e il 1971.

Guspini era e in parte rimane uno dei comuni più fortemente interessati all'attività estrattiva, che in passato ha costituito il cardine dell'economia del territorio. Alla sua contrazione (2.766 addetti nel 1951, 1.659 nel 1961, circa 350-400 nel 1970) si è potuto ovviare almeno in parte con le possibilità aperte in altri settori, come l'indu-

---

[13] La miniera di Capo Becciu, tuttora produttrice di ocre, e, occasionalmente, di manganese, è in effetti classificata nella categoria delle cave, in quanto produce terre coloranti. Sulla geografia dell'isola cfr. M. RICCARDI, *L'isola di S. Pietro*, in «Contributi alla Geografia della Sardegna», Ser. A, fasc. 4°, pp. 107-197, Cagliari, 1960. Anche la vicina isola di Sant'Antioco è stata coinvolta nelle vicende dell'occupazione mineraria. Sulle caratteristiche dei movimenti migratori in quest'ultima si veda il volumetto di M. ZACCAGNINI, *L'Isola di Sant'Antioco. Ricerche di geografia umana*, in «Contributi alla Geografia della Sardegna», Ser. A, fasc. 6°, pp. 146, Cagliari 1972.

stria tessile di Villacidro, dove lavorano circa 300 guspinesi, la locale fornace di laterizi (100 addetti, lo sviluppo del commercio e dell'edilizia, collegato anche al trasferimento nel centro di molte famiglie di minatori e di ex-minatori provenienti da villaggi minerari dell'interno. Inoltre l'allevamento del bestiame vi è relativamente fiorente, agevolato com'è dall'esistenza di un caseificio cooperativo di 200 soci e di varie cooperative agricolo-zootecniche minori. La pluralità delle fonti di lavoro ha fatto sì che l'esodo vi fosse meno intenso che negli altri comuni dell'area mineraria. Ma tutto ciò non è stato sufficiente a riempire i vuoti lasciati dalla contrazione dell'attività estrattiva né ad assorbire la manodopera di provenienza rurale, che perciò emigra. Attualmente il comune di Guspini conta circa 250-300 emigrati (che conservano la residenza) e circa 500 iscritti alle liste di collocamento. Anche se meno grave che in altri comuni, la situazione è tuttavia preoccupante, specie per quel che riguarda il futuro dei giovani in cerca di prima occupazione. Lo sviluppo edilizio e dei servizi derivante anche dalla tendenza degli abitanti del territorio a confluire nei centri abitati maggiori ha impresso all'economia locale un certo stimolo che agisce soprattutto sulle categorie di lavoratori collegate direttamente o indirettamente all'edilizia e al commercio. Questo impulso, il cui ruolo decisivo nello sviluppo economico — sia nei confronti dell'occupazione che per i riflessi sulle industrie collegate — è ben evidente anche a livello regionale, ha avuto il risultato di attenuare la spinta migratoria nei centri maggiori. I suoi effetti sono tuttavia destinati ad avere breve durata ed intensità nel caso che perdurino le condizioni economiche attuali.

3. *Le direzioni dell'emigrazione*

3.1. *L'emigrazione diretta verso il continente italiano ed europeo.*

È noto che le statistiche ufficiali sono insufficienti a documentare questo aspetto dell'emigrazione a livello di comune. Tuttavia quest'indagine ha potuto giovarsi dei dati tratti da un sondaggio anagrafico eseguito a cura dell'ETFAS (Ente di Sviluppo in Sardegna) avente per oggetto la destinazione dei cancellati e la provenienza degli iscritti nei comuni sardi per gli anni 1967-1969. È stato quindi possibile costruire le tabelle 10 e 11, dalle quali si rilevano, con una buona approssimazione, le direzioni prese dagli emigrati dei comuni minerari e la provenienza degli immigrati [14].

Il movimento con il continente italiano è caratterizzato nel triennio da un forte deficit, pari a −4.221 unità, e cioè al 55,2% del deficit totale. L'emigrazione appare chiaramente polarizzata sul triangolo industriale: le sole province di Torino, Milano e Genova accolgono circa il 47% dei trasferiti dall'area in esame al continente italiano. In confronto alle tendenze preferenziali degli emigrati dell'intera Sardegna, il flusso sembra diretto in misura proporzionalmente maggiore verso le provincie di Torino e di Milano.

Essendo la fonte costituita dai registri anagrafici, i dati relativi all'emigrazione all'estero sono scarsamente rappresentativi, poiché è notorio che gran parte degli emigrati conserva la residenza nel comune di provenienza. Gli emigrati all'estero dall'area in esame sono infatti solo il 9,8% del totale dei cancellati, cifra sensibilmente inferiore a quella relativa all'intera Isola, che è pari al 13,0%. I paesi esteri di destinazione sono soprattutto la Repubblica Federale Tedesca, la Francia e la Svizzera, che insieme hanno accolto oltre l'80% degli emigrati all'estero. Le scelte differiscono alquanto da quelle della media dei sardi, registrandosi una concentrazione maggiore nei confronti della R.F.T.

Si ritiene generalmente che la crisi occupativa delle miniere del Sulcis in primo luogo, e secondariamente anche delle miniere metallifere dell'Iglesiente, abbia alimentato una forte emigrazione di minatori verso i paesi esteri, in special modo verso quelli che, come la Francia e il Belgio, nel dopoguerrra avevano necessità di reperire manodopera mineraria [15]. Purtroppo l'entità e gli sviluppi di questa emigrazio-

---

[14] Nelle tabelle 10 e 11 i dati relativi all'intera Sardegna si riferiscono al triennio 1966-1968 e sono tratti da ISTAT, *Annuario di statistiche demografiche*. Quelli relativi ai comuni minerari si riferiscono al triennio 1967-1969 e sono stati rilevati presso le anagrafi comunali a cura dell'Etfas. In questo caso i dati sul movimento con i comuni sardi e non sardi sono stati raccolti mettendo in evidenza solo quei comuni i cui nominativi ricorrevano con maggiore frequenza al registro anagrafico. Ne segue che il quadro distributivo delle destinazioni e delle provenienze delle due tabelle non rispecchia esattamente la realtà anagrafica, ma ha piuttosto valore indicativo.

[15] Già nell'immediato dopoguerra, in seguito all'attuazione di un primo accordo franco-italiano (23-3-1946), ha inizio una fase di emigrazione organizzata di manodopera dal nostro Paese verso la Francia. Nel 1946 furono solo 2.000 i lavoratori emigrati, ma l'anno seguente erano già 50.000. Motivo primo della richiesta di manodopera erano le necessità delle miniere francesi. Difficoltà di vario ordine — tra l'altro, nel 1950, una crisi occupativa nel settore minera-

ne, ben caratterizzata sotto il profilo professionale, sono mal definibili per mancanza di dati sufficientemente dettagliati [16].

L'emigrazione all'estero dal bacino carbonifero sulcitano fu effettivamente incoraggiata durante il periodo di massima smobilitazione, concedendo ai lavoratori qualificati del settore carbonifero la speciale carta di libera circolazione carbo-siderurgica prevista dall'articolo 69 dell'accordo istitutivo della CECA e orientando la manodopera locale verso le possibilità di occupazione del settore minerario esistenti in altri paesi. Rileviamo in una pubblicazione curata dalla CECA [17] che dal 1951 al 1959 emigrarono dal Sulcis per l'estero 2.134 lavoratori, di cui 1.092 provenienti dal comune di Carbonia, 255 da Sant'Antioco, 191 da Gonnesa, 132 da Santadi e il resto da altri comuni. Le cifre sono modeste, in rapporto all'entità dell'emigrazione totale da Carbonia e dagli altri centri del bacino carbonifero. Indubbiamente altri emigranti effettuarono la partenza per l'estero indipendentemente dall'organizzazione ufficiale. Non è certo casuale, infatti, che l'emigrazione all'estero dei sardi nel dopoguerra prenda consistenza a partire dal 1955, proprio nell'anno in cui ha inizio la riduzione massiccia del personale della Carbosarda, riduzione temperata dalla concessione di speciali indennità. Nel 1955 gli espatriati dalla Sardegna per motivo di lavoro o atto di chiamata furono 7.557, di cui 3.798 diretti in Francia e

rio — resero poi gli spostamenti poco numerosi, finché, nel 1955, si ebbe una netta ripresa. Si valuta che tra il 1946 e il 1955 quasi mezzo milione di unità lavorative si siano trasferite dall'Italia alla Francia. Il settore minerario mantenne una richiesta elevata fino al 1950, dopo di che la crisi occupativa ridusse i posti di lavoro nelle miniere, che non tornarono più ai livelli precedenti. Secondo l'*Office National d'Immigration* di Milano, su un totale di 230.903 lavoratori italiani emigrati in Francia nel decennio in questione e assistiti da questo organismo di reclutamento, 135.232 erano i lavoratori «fissi» e tra questi gli assunti dal settore estrattivo furono 21.637 unità. Le regioni di provenienza dei 230.903 italiani emigrati (tra «fissi» e «stagionali») erano in un primo tempo soprattutto quelle settentrionali. Col passare degli anni la partecipazione dei meridionali si fece sempre crescente. In complesso, solo il 3,3% del totale, pari a 7619 unità, giunse dalle isole. Riguardo alla composizione professionale di provenienti dalla Sardegna, sembra che la maggioranza fosse formata da braccianti agricoli e da manodopera non qualificata (R. PRACCHI, *Aspetti geografici dell'emigrazione di lavoratori italiani in Francia nel decennio 1946-1955*, in «Studi geografici pubblicati in onore del prof. R. Biasutti», suppl. al Vol. LXV (1958) della «Riv. Geogr. Ital.», Firenze, La Nuova Italia, 1958, pp. 259-283).

[16] Limitatamente al periodo 1950-1953, l'*Annuario statistico dell'emigrazione* (ISTAT, Roma, 1955) ci informa che su 3.171 espatriati, per motivi di lavoro o atto di chiamata e di età superiore ai 14 anni, dalla Sardegna verso il continente europeo, soltanto 53 erano minatori di professione.

[17] CECA, *L'attuazione «in loco» delle operazioni di riconversione industriale*, in «Collana di Economia e Politica Regionale. I - La riconversione industriale in Europa», IV, Milano, 1963, cfr. il cap. VI, *Il bacino minerario carboniero del Sulcis (Sardegna) e i suoi problemi*, pp. 284-301.

Tab. 10 - Destinazione dei cancellati dalle anagrafi dei principali comuni minerari e del totale dei comuni della Sardegna

Destinazione	Comuni minerari Cancellati		Comuni della Sardegna Cancellati	
	N.ro	%	N.ro	%
Cagliari	1.710	20,9	-	-
Carbonia	550	6,7	-	-
Iglesias	549	6,8	-	-
Domusnovas	206	2,5	-	-
Guspini	171	2,1	-	-
Gonnesa	161	1,9	-	-
S. Antioco	120	1,4	-	-
S. Giovanni Suergiu	96	1,2	-	-
Portoscuso	84	1	-	-
S. Gavino Monreale	84	1	-	-
Altri comuni	4.471	54,3	-	-
SARDEGNA	8.202	100	85.469	100
		49,7		52,3
Torino	1.865	28	9.823	17,5
Milano	977	14,7	6.538	11,6
Roma	603	9	8.851	15,7
Altre Province	3.226	48,3	31.038	55,2
ITALIA	6.671	100	56.250	100
		40,5		34,5
R.F.T.	684	42,1	6.243	29,3
Francia	442	27,2	8.567	40,2
Svizzera	196	12,1	2.330	11
Belgio	122	7,5	2.341	11
U.K.	10	0,6	253	1,2
U.S.A.	8	0,5	133	0,6
Altri Paesi	161	9,9	3.775	17,7
PAESI ESTERI	1.623	100	21.301	100
		9,8		13
TOTALE	16.496	100	163.020	100
		100		100

Fonte: *cfr. nota 14*

Tab. 11 - Provenienza degli iscritti nei principali comuni minerari e nel totale dei comuni della Sardegna

Provenienza	Comuni minerari Iscritti		Comuni della Sardegna Iscritti	
	N.ro	%	N.ro	%
Cagliari	581	9,6	-	-
Carbonia	354	5,8	-	-
Iglesias	714	11,8	-	-
Arbus	198	3,2	-	-
Gonnesa	189	3,1	-	-
S. Giovanni Suergiu	157	2,6	-	-
Portoscuso	135	2,2	-	-
Domusnovas	126	2,1	-	-
Fluminimaggiore	102	1,7	-	-
Guspini	88	1,4	-	-
Altri comuni	3.431	56,5	-	-
SARDEGNA	6.075	100	85.469	100
		68,6		*69,7*
Torino	531	21,7	3.526	10,7
Milano	293	11,9	2.829	8,6
Roma	215	8,8	4.871	14,5
Altre Province	1.411	48,1	21.691	66,2
ITALIA	2.450	100	32.917	100
		27,7		*26,8*
R.F.T.	158	48,6	1.359	31,4
Francia	57	17,6	1.365	31,5
Svizzera	38	11,7	536	12,4
Belgio	16	4,9	303	7
U.K.	2	0,6	94	2,1
Altri Paesi	54	16,6	677	15,6
PAESI ESTERI	325	100	4.334	100
		3,7		*3,5*
TOTALE	8.850	100	122.720	100
		100		*100*

Fonte: *cfr. nota 14*

2.843 in Belgio, paesi che allora erano ai primi posti nelle scelte degli emigrati sardi [18]. I sardi risposero numerosi alla richiesta di manodopera mineraria proveniente da questi Paesi, ma non siamo in grado di accertare quanti fossero tra loro i minatori provenienti dal Sulcis.

La corrente italiana post-bellica diretta in Francia venne in gran parte orientata verso i dipartimenti minerari. In particolare, nella regione del Nord (dipartimenti del Nord e del Pas de Calais) essa venne a sostituire i belgi e i polacchi che l'avevano preceduta. Il flusso si rafforzò specialmente negli anni 1954-1959, quando, secondo i dati raccolti dal Consolato italiano, gli italiani presenti nei due dipartimenti salirono da 22.192 a 42.150 unità. Stando ai dati dell'*Office National d'Immigration*, tra il 1946 e il 1960 quasi 40.000 lavoratori entrarono nei due dipartimenti, insieme con almeno 6.000 familiari. Al 1954, il 40% dei lavoratori italiani era addetto alle miniere, il 29% alle industrie, soprattutto le metallurgiche e le tessili, il 19% alle costruzioni e ai lavori pubblici, il 5% all'agricoltura e il rimanente 7% al settore terziario. Con il passare degli anni la provenienza meridionale degli italiani che lavoravano nelle miniere si era fatta più marcata, tanto che nel 1959 il 90% dei 5.500 minatori italiani che lavoravano nelle *Houillères* del Nord era formato da meridionali [19].

Nel 1955 per conto delle miniere di carbone della Lorena e in collaborazione con il nostro Ministero del Lavoro e gli uffici del lavoro locali, venne attuato un reclutamento organizzato di manodopera italiana, concentrato particolarmente in Sicilia e in Sardegna. L'arrivo degli operai meridionali in Lorena ebbe inizio nel 1955 e proseguì intenso nel 1956, 1957 e 1959. Le statistiche sulle partenze della Sardegna [20]

---

[18] REGIONE AUTONOMA DELLA SARDEGNA, ASSESSORATO INDUSTRIA E COMMERCIO, *Compendio statistico della Regione Sarda.*

[19] H. DESPLANQUES, *Les italiens dans le Nord de la France*, in «Bull. Soc. Géogr. Lille», 1961, n. 4, pp. 5-20.

[20] REGIONE AUTONOMA DELLA SARDEGNA, ASSESSORATO INDUSTRIA E COMMERCIO, *Compendio statistico*, ecc., op. cit. Che l'adesione dei sardi alla richiesta di manodopera per le miniere fosse relativamente consistente lo si rileva dai prospetti dell'Ufficio Provinciale del Lavoro di Cagliari, riguardanti gli emigrati partiti dalla provincia. Abbiamo consultato quelli per gli anni 1961 e 1962, i quali recano l'indicazione della professione dei partenti e abbiamo accertato che in quegli anni partirono dalla provincia 945 minatori e manovali di miniera, pari a circa il 22% del totale dei lavoratori emigrati tramite il medesimo Ufficio. La metà di essi era diretta in Germania (Homberg, Recklinghausen, Essen), una cinquantina in Olanda (Limburgo) e il resto in Francia (Montigny, Chambéry). Tra i comuni di provenienza di questa categoria non spiccavano in particolare quelli del bacino carbonifero sulcitano.

ci confermano che in quegli anni, e fino al 1961-1962, l'emigrazione sarda verso la Francia si mantenne su livelli elevati — relativamente al comportamento migratorio dell'Isola — con un numero di partenti superiore alle 2.000 unità annue; in totale tra il 1955 e il 1962 i sardi partiti per la Francia furono oltre 22.000. Le miniere di carbone della Lorena tra il 1955 e il 1962 assunsero 22.623 operai italiani, pari al 25,3% della manodopera straniera assunta in quel periodo (dati CECA). Tuttavia al 3.6.1962 gli italiani che lavoravano nelle *Houillères* erano solo 2.547, pari al 6,1% del totale degli addetti. Molti infatti erano passati ad altri settori di occupazione o si erano spostati in altre regioni francesi o nei Paesi confinanti. Molti altri erano rientrati in Italia. A quella data, i minatori provenienti dalla Sardegna erano 551, originari soprattutto dalla provincia di Cagliari, seguita a distanza da Nuoro e da Sassari [21].

Mentre la corrente migratoria sarda diretta verso la Francia doveva conservare una certa consistenza per un periodo di almeno otto anni (dal 1955 al 1962), quella diretta verso il Belgio era destinata ad esaurirsi rapidamente. Secondo le statistiche regionali [22], il flusso diretto verso questo Paese assunse la massima intensità tra il 1955 e il 1956, con una cifra annua di circa 2.000 partenti. Anche il Belgio aveva concluso con l'Italia un accordo per l'invio di un forte contingente

---

[21] Secondo i dati raccolti per il 1962 da R. ROCHEFORT (*Sardes et Siciliens dans les grandes ensembles de Charbonnages de Lorraine*, in «Annales de Géographie», 1963, pp. 272-302), i contingenti più elevati della manodopera emigrata dall'Italia provenivano soprattutto dalla Sicilia e dalla Sardegna. Le province più rappresentate erano Cagliari (292 emigrati), Agrigento (292) e Caltanissetta (277). I comuni di origine dei sardi erano assai numerosi (179) e variamente distribuiti nell'Isola. Il Sulcis-Iglesiente non aveva dato nell'insieme un contributo particolarmente alto, tuttavia i comuni che avevano fornito un contingente più elevato, tra tutti i comuni sardi, erano Iglesias (18 emigrati) e Carbonia (14 emigrati). Anche i comuni minori dell'area mineraria erano rappresentati: Guspini, Gonnosfanadiga, Villacidro, Domusnovas, Musei, Villamassargia, Gonnesa, Narcao, Giba e Sant'Antioco, con 2-10 emigrati; qualche altro operaio proveniva anche dai rimanenti comuni. Nel lavoro della Rochefort compare una carta della distribuzione delle provenienze degli operai sardi (fig. n. 2), dall'esame della quale non si rileva una particolare concentrazione nell'area mineraria. Riguardo alla provenienza dei siciliani invece si nota un rapporto più evidente con i paesi in cui erano in attività miniere di zolfo. L'autrice ha anche condotto indagini frammentarie allo scopo di chiarire alcuni aspetti dell'emigrazione non evidenziati dalle statistiche ufficiali, come la professione precedente all'assunzione. I risultati sembrano indicare una prevalenza dell'estrazione rurale della manodopera italiana. I sardi in particolare erano per lo più braccianti agricoli, proprietari, pastori (questi ultimi provenienti da Fonni, Aritzo, Seui).

[22] REGIONE AUTONOMA DELLA SARDEGNA, ASSESSORATO INDUSTRIA E COMMERCIO, *Compendio statistico*, op. cit.

di minatori [23]. Sospesa ufficialmente da parte del governo italiano l'emigrazione dei nostri connazionali verso il Belgio nel 1956, in seguito alle numerose disgrazie che avevano colpito i minatori italiani, le partenze avrebbero dovuto riprendere nel 1958, sulla base di nuovi accordi contratti tra i due governi ma la sopraggiunta crisi carbonifera — con le conseguenze di ordine occupativo — si comunicava in quegli anni anche al Belgio e quindi esauriva questa fonte di lavoro per la nostra manodopera. Dal 1958 infatti il flusso italiano verso questo Paese si contrasse fortemente, stabilizzandosi col tempo intorno alle 3.000 unità annue [24]. Negli anni che seguirono, via via che la necessità di ridurre i costi di produzione del carbone costringeva alla chiusura delle miniere meno redditizie e all'incremento della meccanizzazione, il numero dei minatori italiani presenti in Belgio andò sempre più diminuendo. Dalle 26.289 unità del 1961 si scese alle 9.443 del marzo del 1969 [25]. Oltre la metà (55%) di questo contingente era formata da meridionali, con larga prevalenza di siciliani, seguiti da pugliesi, abruzzesi, molisani. I sardi dovevano essere assai poco numerosi [26]. In generali gli operai italiani assunti nelle miniere provenivano dall'ambiente rurale e avevano scarsa esperienza di questo lavoro. Senza dubbio c'era del vero nell'affermazione che una parte della responsabilità dell'alto numero di incidenti da cui venivano colpiti nelle miniere belghe spettava alla loro impreparazione [27].

L'emigrazione sarda verso la Repubblica Federale Tedesca cominciò a rafforzarsi a partire dal 1960, contemporaneamente all'incre-

---

[23] L'accordo fu firmato il 20.06.1946. Tra il 1946 e il 1957, 186.838 emigrati italiani si trasferirono in Belgio. Le principali regioni di provenienza erano l'Abruzzo, il Veneto, le Puglie e la Sicilia. L'entità del flusso rallentò negli anni 1953-1955, in conseguenza di una fase di saturazione dell'occupazione nelle miniere belghe, per riprendere poi fino alla sospensione nel 1956 (cfr. V. BRIANI, *Il lavoro italiano in Europa ieri e oggi*, Roma, Tip. Ministero Affari Esteri, 1972, pp. 324).

[24] V. BRIANI, *Il lavoro italiano*, op. cit.

[25] O. BALDACCI, *Condizione socio-economica e fatto geografico dei minatori italiani in Belgio*, in «Notiziario di Geogr. Economica», 1971, numero speciale, luglio-dicembre, pp. 71-96.

[26] Elencando le principali regioni di provenienza dei minatori italiani in Belgio nel 1969, O. BALDACCI (op. cit.) non nomina la Sardegna, dal che si desume che il numero dei sardi fosse assai modesto.

[27] Sulle condizioni dei minatori italiani in Belgio si vedano: F. MILONE, *Il carbone e l'emigrazione italiana in Belgio*. in «Boll. Soc. Geogr. Ital.», 1949, pp. 103-123; ID., *Il problema della mano d'opera nelle miniere di carbone del Belgio e l'emigrazione italiana*, in «Giornale degli Economisti e Annali di Economia», 1948, n. 1-2, pp. 11-29; G. SARTORI, *L'emigrazione italiana in Belgio. Studio storico e sociologico*, Roma, 1962, pp. 274; E. STEENWINCKEL, *L'emigrazione degli italiani in Belgio*, Bruxelles, Institut Technique de l'Etat, 1967.

mento del flusso migratorio italiano verso questo Paese, dove la rapidità dello sviluppo economico e la forte domanda di lavoro in quasi tutti i settori, unitamente all'avvio dell'attuazione delle norme relative alla libera circolazione della manodopera nell'area della CEE, esercitavano un forte richiamo sui nostri lavoratori. Anche il mercato tedesco nei primi anni richiedeva, accanto a lavoratori per altri settori, operai per le miniere. Ma ormai la prima ondata migratoria dal Sulcis si era attenuata ed è logico pensare che non siano stati molto numerosi i minatori sardi partiti per la Germania. Tuttavia ricorderemo che tra il 1960 e il 1969 la RFT ha ricevuto 28.000 sardi. Essa rimane oggi il principale paese di emigrazione per la Sardegna, come pure per i comuni minerari.

La situazione attuale dell'emigrazione all'estero è meglio documentabile. Seguendo il sistema adottato da M. Lo Monaco in uno studio sull'emigrazione all'estero dalla provincia di Cagliari, abbiamo preso in considerazione gli elettori all'estero che all'epoca delle elezioni amministrative del giugno 1970 erano iscritti nelle liste dei comuni minerari, e, per confronto, nelle liste dell'intera provincia di Cagliari (tab. 12).

In linea di massima, si direbbe che l'intensità dell'emigrazione all'estero sia diminuita rispetto al 1963, anno di riferimento dello studio di M. Lo Monaco: allora nel Sulcis-Iglesiente il rapporto percentuale del numero delle cartoline inviate rispetto alla popolazione residente era pari a 2,0, mentre nell'intera provincia di Cagliari era pari a 1,4. I comuni del Sulcis-Iglesiente venivano dal Lo Monaco classificati tra quelli di *media emigrazione*[28]. Al 1970 l'intensità dell'emigrazione, misurata su questo metro, non è molto diversa da quella dell'intera provincia. Il comune di Carbonia però si distingue con un valore molto più elevato di quello medio dei comuni minerari. La differenza era ancora più accentuata nel 1963, quando Carbonia registrava un tasso del 3,7%. L'intensità dell'emigrazione all'estero è andata quindi diminuendo, ma non ha ancora raggiunto il valore medio della provincia.

---

[28] M. Lo Monaco, (*L'emigrazione all'estero dalla provincia di Cagliari*, in «Sardegna Economica», 1964, pp. 537-540) distingue i comuni di *bassa emigrazione* (con meno dello 0,5% di cartoline sul totale degli abitanti residenti), di *media emigrazione* (dallo 0,5 al 3%), di *forte emigrazione* (dal 4 al 6%) e di *fortissima emigrazione* (oltre il 6%).

Tab. 12 - Elettori all'estero in occasione delle elezioni amministrative del giugno 1970 [29]

Circoscriz. elettorali		Francia	Germania	Svizzera	Belgio	Olanda	Inghilterra	Lussemburgo	Altri Paesi europei	America	Australia	Asia	Africa	Totale	Numero	% sulla popolazione residente
Comune di Carbonia	N.ro	130	255	70	105	33	6	—	—	4	3	—	7	613	819	2,5
	%	21,2	41,6	11,5	17,1	5,3	1,0			0,6	0,5		1,2	100		
Comune di Iglesias	N.ro	18	39	22	11	4	2	—	1	8	—	—	4	109	101	0,3
	%	16,5	35,8	20,1	10,1	3,7	1,9		1,0	7,3			3,6	100		
Tot. dei Comuni minerari	N.ro	419	675	221	188	97	26	2	4	60	7	—	16	1.715	1.930	1,6
	%	24,4	39,3	12,9	11,0	5,7	1,5	0,1	0,2	3,5	0,5		0,9	100		
Provincia di Cagliari	N.ro	3.180	3.507	2.162	1.065	720	224	47	58	308	193	3	124	11.591	13.615	1,7
	%	27,4	30,3	18,7	9,2	6,2	2,0	0,4	0,4	2,7	1,7	0,0	1,0	100		

[29] Il totale degli elettori all'estero è in genere più alto di quello delle cartoline spedite a causa dell'impossibilità da parte degli uffici elettorali di rintracciare gli indirizzi di tutti gli emigrati. I dati della tabella comprendono anche i nuovi comuni di Nuxis e di Perdaxius.

Le destinazioni degli emigranti partiti dai comuni minerari risultano un po' diverse da quelle dell'insieme della provincia. Proporzionalmente più elevato è il flusso diretto verso la Germania e il Belgio.

3.2. L'emigrazione intraregionale

La consistenza degli spostamenti tra i comuni in esame e il resto dell'Isola nel triennio 1967-1969 è stata elevata, raggiungendo quasi la metà del totale dei cambiamenti di residenza, ma risulta tuttavia inferiore al dato medio regionale. Il bilancio del movimento intraregionale si chiude con un deficit relativamente più basso di quello del movimento infraregionale, ed è pari a −2.127 unità, cioè al 27,8% dell'intero deficit. Ovviamente la minore incidenza sul totale è conseguenza del fatto che non esistono ancora in Sardegna poli di attrazione tali da captare una quota elevata della manodopera proveniente dalle zone di fuga. Gli spostamenti sono per lo più limitati all'area provinciale e possiamo quindi definirli a breve raggio. Anzi, una buona parte di essi si attua nei limiti dello stesso territorio in esame, e precisamente 3.700 (iscrizioni e cancellazioni) su un totale di 14.277 spostamenti effettuati tra i comuni minerari e il resto dell'Isola. La maggior parte di essi (2.167) riguarda i due comuni urbani, Carbonia e Iglesias. All'interno dell'area in esame il bilancio del movimento in genere è in perdita per i comuni più disagiati (Arbus, Buggerru, Fluminimaggiore, Gonnesa), e in guadagno per quelli che hanno migliori possibilità (Carbonia, Guspini, Domusnovas), con l'importante eccezione di Iglesias che invece è in perdita. Ne risulta una certa trasformazione dell'assetto demografico territoriale, con spopolamento dei piccoli insediamenti periferici e deflusso vero i maggiori centri meglio situati.

Sulla base della rilevazione delle destinazioni dei cancellati dalle anagrafi dei comuni minerari e di informazioni assunte sul posto si è riscontrata l'esistenza di tre tipi di spostamento:

a) verso l'area urbana di Cagliari (grande inurbamento);
b) verso i poli di industrializzazione;
c) verso i centri urbani e semi-urbani all'interno del Sulcis Iglesiente (piccolo inurbamento).

Nel caso degli spostamenti verso Cagliari si verifica in pratica una sovrapposizione dei primi due tipi.

Il tipo a) si colloca nel più volte descritto fenomeno di urbanizzazione interno all'area meridionale, polarizzato su quelle città dove la presenza delle funzioni amministrative di capoluogo provinciale o regionale, lo sviluppo di servizi di tipo urbano o la realizzazione di un programma di industrializzazione costituiscono motivi di attrazione nei confronti della migrazione intraregionale. Nel decennio 1951-1961 il capoluogo regionale sardo ha attraversato una fase di intensa espansione demografica, manifestatasi in un tasso di incremento annuo prossimo a quelli di Potenza, Roma e Bologna. Oltre che alla permanenza dell'incremento naturale su valori elevati, la crescita della popolazione della città è dovuta anche al saldo migratorio positivo, che nel decennio ha portato ad un guadagno di 17.080 unità, pari al 377,5‰ della variazione intercensuale totale [30]. Pur essendosi tale fenomeno fortemente attenuato nel decennio seguente, tuttavia il comune di Cagliari è ancora tra i capoluoghi provinciali meridionali il cui saldo migratorio è positivo. Il valore del saldo nel periodo 1961-1971 è però molto modesto, ammontando a sole 5.755 unità, pari al 141,5‰ della variazione intercensuale totale. Tra i quattordici capoluoghi provinciali dell'Italia meridionale aventi saldo positivo, Cagliari viene al penultimo posto, seguita solo da Sassari [31].

La popolazione inurbata si distribuisce nell'area del comune di Cagliari — che dal 1928 ha inglobato i comuni di Quartucciu, Pirri e Monserrato e dal 1937 anche quello di Elmas — ma in misura anche maggiore in una fascia di comuni il cui capoluogo è situato nel raggio di 15 km dal centro urbano, e cioè Assemini, Quartu Sant'Elena, Se-

---

[30] Tra i capoluoghi delle regioni meridionali soltanto Napoli e Cagliari registravano nel decennio 1951-1961 un saldo migratorio positivo. Quello di Napoli ammontava a 6.085 unità (cfr. M. VALLI TODANO, *Lo sviluppo demografico dei capoluoghi di regione in relazione al movimento migratorio*, in «Realtà del Mezzogiorno», 1970, pp. 617-628). Secondo calcoli riportati nell'opera *Mobilità, promozione e intervento sociale in Sardegna*, a cura del CENSIS, Cagliari, La Zattera, 1971, pp. 235, tra le conurbazioni meridionali quella costituita dai comuni di Cagliari, Quartu Sant'Elena e Selargius viene al primo posto per incremento di popolazione tra il 1951 e il 1961, essendo aumentata del 30,7% (da 167.000 a 218.000 presenti). L'apporto migratorio è valutato nella misura del 10,7%.

[31] Dei 33 capoluoghi delle provincie meridionali, solo 14 hanno registrato un saldo migratorio positivo nel decennio 1961-1971. Abbiamo calcolato il rapporto tra saldo migratorio e variazione totale intercensuale, ottenendo i seguenti risultati: Pescara, 621,4 per mille; Salerno, 481,3; Cosenza, 429,9; Caserta, 423,5; Isernia, 387,3; Avellino, 385,0; Potenza, 383,8; Campobasso, 380,1; L'Aquila, 357,0; Nuoro, 293,2; Teramo, 259,4; Siracusa, 235,9; Cagliari, 141,5; Sassari, 36,2.

largius, Sestu, Settimo San Pietro e Sinnai, i quali partecipano strettamente della vita e delle attività del capoluogo regionale. Nel triennio 1968-1970, in seguito a trasferimento da altro comune italiano o dall'estero, questi comuni hanno in totale registrato un aumento di 1.484 unità, mentre il comune di Cagliari ha avuto un aumento di sole 71 unità. Gli effetti demografici legati alla presenza di un grosso centro urbano (il comune di Cagliari al censimento del 1971 ha registrato 224.449 abitanti residenti e 231.670 presenti) si comunicano anche ad altri centri più lontani. La Zona Omogenea XII (Cagliari) tra il 1951 e il 1961 ha avuto un aumento di popolazione del 28,3%, di gran lunga il più alto tra tutte le Zone Omogenee sarde. Nel decennio successivo il ritmo dell'incremento si è alquanto rallentato, e la crescita è stata solo del 20,7%, restando tuttavia la più elevata tra le zone omogenee.

A titolo esplorativo abbiamo esaminato la consistenza dell'inurbamento proveniente dai dodici comuni minerari, sulla base delle relative pratiche di iscrizione presso l'anagrafe del comune di Cagliari per l'anno 1970, ottenendo i risultati qui riassunti:

Tab. 13 - Provenienza degli iscritti all'anagrafe di Cagliari nell'anno 1970

	Singoli	In gruppi	Totale	
	N.ro	N.ro	N.ro	%
Provenienti dai 12 Comuni minerari	134	283	417	7,1
Provenienti da tutti i Comuni italiani	—	—	5.820	100

I cittadini iscritti all'anagrafe di Cagliari provenienti dai comuni minerari dell'area in esame costituivano il 10,3% del totale di 4.027 cancellati dagli stessi comuni e diretti verso comuni italiani.

Dal citato sondaggio Etfas risulta che nel triennio 1967-1969 il comune di Cagliari era in testa alla graduatoria dei comuni sardi verso i quali si dirigeva l'emigrazione dai comuni minerari, avendo accolto circa il 20% del totale dei cancellati diretti all'interno dell'Isola, pari all'11,5% del totale dei cancellati diretti verso comuni italiani, cifra di poco superiore a quella riscontrata per l'anno 1970. Passando ad osservare l'entità del movimento in senso inverso, cioè diretto verso i nostri dodici comuni, rileviamo che tra i comuni sardi Cagliari occupa il secondo posto con il 9,5% degli iscritti provenienti dalla Sardegna. In cifre assolute i trasferiti a Cagliari nel triennio sarebbero stati circa 1.700 i provenienti da Cagliari circa 580. Il guadagno netto del capoluogo regionale ammonterebbe in sostanza a 1.120 inurbati, in media circa 373 l'anno, pari al 14,6% del deficit migratorio anagrafico medio annuo dell'area in esame nel triennio considerato.

In sostanza il fenomeno dell'inurbamento, sebbene non trascurabile, risulta avere dimensioni molto inferiori a quelle assegnategli dalla pubblica opinione. È però vero che questi dati non esprimono completamente l'effettiva consistenza del movimento, in quanto riguardano il solo comune di Cagliari e non i centri del suo *Umland*, dove la maggior disponibilità di alloggi e il loro costo più modesto fanno convergere una quota degli inurbati. È appena il caso di rilevare che la distribuzione degli inurbati su un ampio territorio — fenomeno legato anche all'ubicazione decentrata degli agglomerati industriali — risulta in definitiva più vantaggiosa ai fini di un armonico sviluppo della «regione urbana» cagliaritana che non la loro concentrazione nella città propriamente detta.

Alla base dell'attrazione esercitata dal capoluogo regionale negli anni cinquanta è senz'altro da porre la creazione della Regione Autonoma con il conseguente sviluppo del settore della pubblica amministrazione. Negli anni più recenti si direbbe che la funzione attrattiva primaria sia esercitata dai servizi di tipo urbano, in special modo dagli istituti di istruzione superiore. Sembra infatti che il desiderio di facilitare gli studi dei figli motivi molto spesso la decisione da parte delle famiglie di trasferirsi nel capoluogo regionale.

Importanti cause di richiamo sono pure la possibilità di occupazione nel settore terziario o negli stabilimenti dell'area industriale, una delle due esistenti in Sardegna. L'investimento di risparmi nell'acquisto di immobili accompagna o precede, e quindi motiva, il trasferimento in città.

Le professioni dichiarate dagli inurbati al momento della domanda di iscrizione all'anagrafe cittadina costituirebbero un aspetto assai interessante del fenomeno migratorio, se gli interessati non dichiarassero in genere la professione che esercitano in città, che può essere diversa da quella del luogo di origine. Per l'anno 1970 la maggior parte delle dichiarazioni riguardava l'edilizia, il settore dei servizi, la pubblica amministrazione. L'immigrazione proveniente dai comuni minerari non presentava nessuna particolarità degna di rilievo. Solo un caso riguardava l'immigrazione di un minatore, che si era trasferito da Guspini. D'altra parte, si è detto, non possiamo aspettarci ormai una forte mobilità da parte dei minatori che lasciano le miniere, i quali hanno in genere raggiunto l'età del pensionamento.

A somiglianza di quanto avviene solitamente nelle città meridionali, Cagliari rappresenta per molti inurbati non la sistemazione definitiva, bensì la prima tappa di un viaggio che li porterà più lontano, nelle città del Nord o all'estero. Si può dire che l'area urbana cagliaritana costituisca una stazione di smistamento dell'emigrazione sarda, fenomeno comune alle città meridionali in genere, nelle quali l'attrazione esercitata non corrisponde ad un effettivo e proporzionale sviluppo delle attività produttive [32]. Nel triennio anzidetto il movimento delle iscrizioni e delle cancellazioni si è aggirato su una media annua di 12.000 unità. L'indice di mobilità (rapporto tra il numero complessivo delle iscrizioni e delle cancellazioni anagrafiche e la popolazione residente) è stato abbastanza elevato (56,2‰), anche se naturalmente più basso del valore relativo all'intera Sardegna (63,4‰).

L'afflusso verso le aree in via di industrializzazione (tipo b), è una forma di spostamento territoriale interno dell'area meridionale italiana, che si è instaurata in seguito all'attuazione della politica di concentrazione delle iniziative industriali nei cosiddetti poli d'industrializzazione. In Sardegna l'inizio di questo fenomeno si ricollega agli effetti della legislazione regionale e statale intesa ad incoraggiare la localizzazione dello sviluppo industriale in determinate zone nelle quali la posizione geografica, la densità dell'insediamento, la presenza di infrastrutture e di preesistenti esperienze industriali permettono alle aziende di nuovi impianto di realizzare alcune economie esterne e quindi offrono le migliori garanzie di successo [33].

---

[32] F. CLEMENTE - S. BIASCO, *I poli regionali*, op. cit.

[33] Nell'Isola esistono due tipi di zone industriali, quelle riconosciute ai sensi della legislazione statale per il Mezzogiorno (L. n. 634, del 29-7-1957) e quelle dette di «interesse regionale», create in base alla L. R. n. 22 del 7-5-1953, le quali costituiscono punti di minore concentrazione industriale (cfr. M. LO MONACO, *Nascita delle regioni industriali in Sardegna*, Roma, Pubblicaz. dell'Ist. di Geogr. Economica della Fac. di Economia e Commercio dell'Univ., n. 2, 1965, pp. 230). Nel territorio dei comuni minerari esistono anche due zone industriali di «interesse regionale» che non sono ancora operanti. Una è quella di Iglesias, riconosciuta con D. R. n. 533 del 27-11-1965, il cui territorio industriale si trova nel comune di Iglesias, a sud della città. L'altra è quella di Carbonia, esistente già dal 1961, ma ridimensionata e per così dire ricostituita con D. R. n. 150 del 26-10-1971. Il territorio industriale consiste fondamentalmente dell'agglomerato industriale di Sant'Antioco e ricade nell'area di vari comuni.

Fig. 2 - Variazione della popolazione residente della Sardegna sud-occidentale tra il 1961 e il 1971

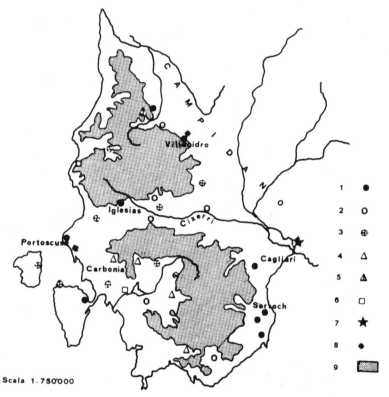

Legenda: 1, comuni in aumento; 2, comuni in debole diminuzione (0/−50,0‰); 3, comuni in media diminuzione (−50,1/−100,0‰); 4, comuni in forte diminuzione (−100,1/−150,0‰); 5, comuni in fortissima diminuzione (−150,1/−200,0‰); 6, comuni sede di esodo (oltre −200,0‰); 7, area industriale; 8, nucleo industriale; 9, superficie oltre msm 200.

3.3. Gli spostamenti locali

Una forma di spostamento intraregionale riguarda la convergenza di una certa quota di popolazione dai villaggi minerari dell'Iglesiente su Iglesias e da quelli del Guspinese-Arburese su Guspini e su altri grossi centri. Si tratta di un fenomeno tutto sommato di scarsa entità demografico-economica, ma degno di rilievo in quanto comporta una variazione nel quadro della distribuzione degli abitanti e perché segna la fine di una fase di colonizzazione mineraria di un'area estremamente inospitale, povera di risorse che non siano quelle del sottosuolo e tagliata fuori dalle principali vie di comunicazione.

Come si legge in M. Pinna, L. Corda [34], la ripresa dell'attività mineraria dopo il 1850 provocò il sorgere nelle aree minerarie di nuovi insediamenti aventi in un primo tempo caratteristiche puramente tecniche, ma trasformatisi in seguito in sedi stabili, di dimensioni non trascurabili e forniti anche di alcuni servizi. Questi villaggi, abitati essenzialmente da minatori, sorgevano presso i cantieri di lavoro, specialmente presso i più importanti, dove si trovavano anche impianti di trattamento del minerale. Secondo il parere di Q. Sella [35], essi avrebbero dovuto trasformarsi da semplici accampamenti di operai in insediamenti più complessi e stabili, dove l'esercizio dell'agricoltura e della pastorizia si sarebbe integrato con il lavoro nelle miniere, così da realizzare un popolamento duraturo in zone fin'allora deserte.

Non è possibile seguire con esattezza il formarsi di questo tipo di insediamento attraverso i censimenti. Poiché la popolazione dei piccoli insediamenti minerari è classificata talvolta come popolazione sparsa e talvolta come popolazione accentrata o annucleata, non sempre è agevole distinguerla dalla popolazione agricola degli altri nuclei e di case sparse. In qualche caso poi le varie località minerarie non venivano distinte l'una dall'altra; a volte erano raggruppate insieme, come alcuni insediamenti minerari del comune di Iglesias, che nel censimento del 1881 figuravano come «Miniere all'Ovest», con 1.823 ab., e «Miniere al Sud», con 570 ab. Non si può quindi stabilire né la variazione del loro numero né quello della loro popolazione.

[34] M. PINNA - L. CORDA, *La distribuzione della popolazione e i centri abitati della Sardegna*, Pisa, Pubblicaz. dell'Ist. di Geogr. dell'Univ., n. 3-4, 1956-57, pp. 190.

[35] Tra i provvedimenti da adottarsi per favorire l'industria mineraria, Quintino Sella metteva anche la colonizzazione delle terre circostanti le miniere. Ai suoi tempi gli operai vivevano praticamente accampati presso i cantieri minerari, senza curarsi di costruire sedi stabili né di coltivare le terre vicine. C'è da domandarsi d'altronde, come avrebbero potuto farlo costretti com'erano a pesanti turni di lavoro, uomini e donne. Nel pensiero del Sella questo insediamento sarebbe stato parte di un più ampio quadro di colonizzazione della Sardegna, accompagnato alla bonifica delle terre inondabili e alla sconfitta della malaria. Ogni miniera per la quale si prevedesse una lunga vita estrattiva sarebbe dovuta divenire nucleo di un villaggio, che avrebbe con la sua presenza consentito condizioni di vita più umane ai minatori (cfr. *Relazione del deputato Sella alla Commissione di Inchiesta... ecc., sulle condizioni dell'industria mineraria nell'isola di Sardegna*, in «Atti della Camera dei Deputati», Sessione 1870-71, Firenze, 1871, brani scelti riportati in *Antologia storica della questione sarda*, a cura di L. DEL PIANO, Padova, Cedam, 1959, alle pp. 137-168).

La crescita dei centri preesistenti e la nascita di questi nuovi insediamenti hanno portato ad un rapido aumento della densità di popolazione del Sulcis-Iglesiente; da 10-25 ab/kmq nel 1871 si passò a 25-75 ab/kmq nel 1911, a 50-150 ab/kmq nel 1951, un valore tra i più elevati in Sardegna. Pure dal fiorire della attività mineraria è dipesa, almeno in parte, la relativamente forte percentuale della popolazione sparsa nel Sulcis-Iglesiente, che nel 1951 risultava essere in media sui 5-10 ab/kmq, con punte anche oltre 10 ab/kmq. Questa popolazione sparsa era prevalentemente mineraria nell'Iglesiente e agro-pastorale nel Sulcis, dove però molti minatori vivevano anche nei *medaus* e nei *furriadroxius*[36]. Infine il territorio risultava ricco di centri, che presentavano una densità di 2-10/100 per kmq[37].

Il Mori[38] calcolava che fossero 36 i centri specializzati minerari della Sardegna, di cui 2 nella Nurra, 15 nell'Iglesiente e nel Malfidano, 10 nella zona di Montevecchio-Ingurtosu, 9 nel Sulcis, comprendendo nel novero anche Iglesias e Carbonia. Nel Sulcis-Iglesiente il più alto numero di insediamenti minerari (alcuni classificati come centri, la maggior parte come nuclei) è registrato dal censimento del 1951, in cui figurano 43 villaggi minerari (esclusi i capoluoghi comunali), distribuiti nei comuni di Arbus, Domusnovas, Fluminimaggiore, Gonnesa, Guspini, Iglesias e Carbonia (naturalmente contando una sola volta quelli che, situati a cavallo tra due territori comunali contigui, vengono nominati due volte nel censimento). Il maggior numero rispetto ai censimenti precedenti non dipende da una cresciuta intensità dell'insediamento minerario, ma semplicemente da un maggior dettaglio nel rilevamento. Allo scopo di mettere in evidenza l'importanza relativa che questo tipo di insediamento ha avuto nel tempo nei comuni anzidetti, abbiamo raccolto nella seguente tabella i dati sulla popolazione delle frazioni geografiche comprendenti nel loro territorio insediamenti minerari, escludendo quindi la popolazione degli stessi capoluoghi comunali e le frazioni geografiche con insediamento non minerario. Non sono stati presi in considerazione i censimenti del 1861 e del 1931, perché inutilizzabili a questo scopo.

---

[36] I «medaus» e i «furriadroxius» sono dimore rurali legate all'attività pastorale i primi e agricoli i secondi. Nel comune di Carbonia numerosi nuclei abitati, verosimilmente derivati dallo sviluppo di sedi isolate, conservano nella denominazione il termine «medau».

[37] M. Pinna - L. Corda, *La distribuzione della popolazione*, op. cit.

[38] Alb. Mori, *Vicende dell'insediamento umano in Sardegna*, in «Boll. Soc. Geogr. Ital.», 1949, pp. 253-286.

Tab. 14 - Variazioni della popolazione delle frazioni minerarie

Anni	a Popolazione delle frazioni minerarie	b Popolazione totale dei comuni	$\frac{a}{b} \cdot 100$
1871	3.605	25.410	14,1
1881	5.852	30.224	19,3
1901	19.876	51.215	38,8
1911	21.168	52.888	40,0
1921	7.054	46.300	15,2
1936	14.803	53.092	27,8
1951	21.575	106.566	20,2
1961	14.322	102.774	13,9

Il declino dell'attività mineraria a partire dagli inizi degli anni '50 ha ridotto sia la popolazione di alcuni capoluoghi comunali che quella dei villaggi minerari, in parte ormai scomparsi. Infatti il censimento del 1961 registra 40 centri e nuclei, ma nel 1970, secondo un'indagine locale, il loro numero è sceso a 19 [39], cui sarebbero da aggiungersi altri 5 nuclei abitati ormai solo da 3-4 famiglie che stanno per andarsene, e quindi da considerarsi praticamente come scomparsi [40]. Infine altri 4 nuclei, di origine mineraria, hanno ancora abitanti, che però si dedicano ad altre attività [41].

La destinazione delle famiglie che abbandonano i villaggi minerari — a parte quelle che si dirigono a Cagliari o lasciano la Sardegna — è costituita per lo più dai grossi centri vicini, soprattutto Iglesias e Guspini. Ne viene alimentato perciò un piccolo inurbamento a breve

---

[39] Essi sono: Ingurtosu e Pitzinuri in comune di Arbus, Nuraxi Figus e Seruci in comune di Gonnesa, Montevecchio, Sanna, Sant'Antonio e Sciria in comune di Guspini, Monteponi, San Giovanni (Bindua), Campo Pisano, Monte Agruxiau, Vergine Maria, Nebida, San Benedetto e Malacalzetta in comune di Iglesias, Bacu Abis e Cortoghiana in comune di Carbonia, Arenas in comune di Fluminimaggiore.

[40] Sono in via di abbandono Masua ed Acquaresi in comune di Iglesias, Naracauli, Pireddu e Righi nei comuni di Arbus e Guspini.

[41] Nel comune di Arbus, la località Bau è sede di colonia penale; in quello di Iglesias, Monte Figu è oggi una località abitata da agricoltori, situata lungo la strada statale 130 non lontano dalla miniera abbandonata; in comune di Gonnesa, Terras Collu, situata presso quella che era un tempo una delle principali miniere di carbone, è abitata solo da famiglie di agricoltori e di manovali. Agricoltori sono anche gli abitanti di Baueddu, in comune di Fluminimaggiore. Inoltre una buona parte degli abitanti di San Giovanni, Monteponi, Vergine Maria e Campo Pisano, che sono gli insediamenti di origine mineraria più vicini ad Iglesias, si dedica ormai ad attività non minerarie.

raggio, che maschera gli effetti dell'emigrazione nei centri maggiori, la cui popolazione quindi resta stabile o anche aumenta leggermente e che vedono ampliarsi l'abitato e rinnovarsi il patrimonio edilizio, ad opera di privati o di enti pubblici. Ne consegue che l'impressione di abbandono o di stasi delle attività, che sempre accompagna un'emigrazione delle dimensioni registrate nell'area in esame, non si riceve dalla visita di questi centri, bensì percorrendo le strade che portano alle vecchie miniere, di fronte alle tracce di un insediamento umano che già fu discretamente intenso.

Questi trasferimenti di popolazione sono spesso la diretta conseguenza della chiusura dei cantieri minerari [42]. Ma i motivi dell'abbandono dei villaggi sono anche nella loro lontananza dalle principali vie di transito e dai centri maggiori, nella mancanza di buoni collegamenti e nella povertà dei servizi disponibili sul luogo — nei casi migliori limitati alla scuola elementare, al negozietto di generi misti, alla cappella — nonché nella scarsezza di comodità delle case aziendali, antiquate e in cattivo stato di manutenzione. Lo spostamento è in sostanza determinato dalla ricerca di migliori servizi, soprattutto quelli scolastici per il futuro dei figli. In vista di ciò si rinuncia anche al vantaggio di poter abitare, per un canone poco più che simbolico, la casa offerta dall'azienda presso la miniera e ci si assoggetta al quotidiano disagio dello spostamento dall'abitazione in paese al cantiere di lavoro. Grazie ai moderni mezzi di trasporto, spesso messi a disposizione dalle stesse aziende, e al miglioramento delle strade, oggi i minatori si muovono con una facilità assai maggiore che nel passato e il numero di spostamenti pendolari per motivi di lavoro da un comune all'altro è enormemente più alto.

Di conseguenza i nuclei minerari che costellavano le valli e le montagne dell'Iglesiente e il bacino carbonifero Sulcitano sono molto rimpiccioliti o del tutto abbandonati. Nel caso di chiusura di un pozzo minerario l'abbandono delle abitazioni situate nei pressi è rapido,

---

[42] Così è avvenuto, ad esempio, per Bau, Gennamari, Bidderdi e Naracauli, in comune di Arbus, dove alla cessazione dell'attività dei cantieri minerari tra il 1958 e il 1961 ha fatto seguito la partenza delle famiglie dei minatori. L'abbandono dei villaggi più interni dell'Arburese-Guspinese è cominciato nel 1955: gli abitanti si sono in parte concentrati nel principale insediamento minerario della zona, Montevecchio, dove erano disponibili migliori servizi e vari appartamenti. Nei nuclei più interni alcune abitazioni lasciate libere dai minatori sono state occupate temporaneamente da famiglie di pastori. Le famiglie di minatori che in questi ultimi tempi lasciano le miniere si spostano soprattutto nei centri di Arbus e di Guspini.

mentre dove l'attività continua, sebbene ridotta, si ha un lento deflusso dei minatori che vanno in pensione e delle loro famiglie, e anche di quelli ancora in servizio che si trasformano in pendolari. Sul posto restano abbandonate le case, gli impianti della miniera, le strade, i servizi. In breve tempo tutto quello che è utilizzabile e conveniente rimuovere viene asportato, le costruzioni cadono in rovina e i giardini che abbellivano le palazzine della direzione e delle abitazioni degli impiegati della miniera sono invasi dalla macchia, finché solitari villaggi-fantasma rimangono a testimonianza del passato fervore di attività. Accade che le abitazioni e gli impianti idrici delle miniere e delle laverie abbandonate vengano utilizzati da piccole aziende agricole o pastorali, come è avvenuto in alcuni nuclei abbandonati dell'Arburese, dove i pastori barbaricini si servono delle abitazioni deserte come di ricoveri per sé e per le loro greggi. Ma più spesso dominano il silenzio e l'abbandono.

Sovente gli abitanti di questi nuclei minerari sono in attesa dell'assegnazione di nuovi alloggi costruiti dall'Ente pubblico nei capoluoghi comunali. Per esempio, gli abitanti di San Benedetto fanno pressione presso la pubblica amministrazione per un trasferimento in blocco in case costruite secondo il piano di edilizia popolare in Iglesias. Ciò comporterebbe la scomparsa della frazione come insediamento, pur proseguendosi l'attività estrattiva. Altre volte il trasferimento è reso possibile dal possesso o dalla costruzione in economia di una casa propria nei paesi. Si può dire che restino nei villaggi più disagiati solo coloro che non possono permettersi di abitare altrove, come l'ultimo, patetico, minatore in pensione rimasto nel villaggio abbandonato di Seddas Is Moddizzis (comune di Iglesias).

In conclusione le modalità con cui si attua l'evoluzione di questo tipo di insediamento si possono così sintetizzare:

a) rapido abbandono del villaggio in seguito alla chiusura dei pozzi, come è avvenuto a Bau e a Bidderdi (comune di Arbus);

b) spontaneo e graduale spopolamento dell'abitato, nonostante che l'estrazione prosegua, seppure in tono ridotto, come è avvenuto nel caso di Ingurtosu (comune di Arbus);

c) abbandono dell'insediamento per intervento dell'azienda, che, pur continuandosi sul posto l'attività estrattiva, concentra le famiglie dei minatori in una località più conveniente. È il caso di Nebida, dove l'Ammi, che gestisce le miniere piombo-zincifere della zona, ha recentemente trasferito un certo numero di famiglie dalle sedi di Acquaresi e di Masua, sistemandole in case di nuova costruzione di proprietà della stessa azienda. L'intervento aziendale ha così concluso il processo — già iniziatosi da vari anni — di abbandono degli insediamenti meno convenienti, come Montecani, Acquaresi e Masua;

    d) espansione dell'insediamento di origine mineraria situato vicino ad un grosso centro la cui presenza assicura migliori servizi e alternative di lavoro. Ciò spiega l'incremento degli abitati di Campo Pisano, Monteponi, Vergine Maria, che sono diventati periferie di Iglesias.

È da notare che gli insediamenti misti sotto il profilo dell'occupazione, abitati cioè da minatori e da agricoltori, come i *medaus* del Sulcis, non sono stati in nessun caso totalmente abbandonati.

La scomparsa dei villaggi minerari segna la fine di una colonizzazione che non è mai riuscita ad integrarsi nell'ambiente. Questi insediamenti sono rimasti legati ad un'unica attività, quella estrattivo-minerarlurgica, sia a causa della povertà dei suoli, sia per la generale repulsione del minatore per le attività agricole. La pesca, esercitata per esempio a Buggerru, ma come attività secondaria, non ha potuto costituire un'alternativa economica. Lo sviluppo turistico è ancora da venire, essendo questo tratto di costa tagliato fuori dagli itinerari turistici più frequentati. Presso i vecchi caricatoi, vicino alle rovine delle laverie, sta sorgendo qualche villetta o ristorantino, al servizio, almeno per ora, di un turismo quasi soltanto locale.

Anche nell'eventualità di una ripresa dell'attività estrattiva, questo tipo di insediamento specializzato è da considerarsi tramontato, perché ora lo sviluppo dei mezzi di trasporto rende sempre più conveniente per le aziende il trasferimento giornaliero degli addetti dalle abitazioni al cantiere, in confronto alla costruzione di alloggi e alla fornitura di servizi sul posto. Inoltre la crescente meccanizzazione del lavoro non richiederà più l'impiego di una manodopera numerosa come in passato.

In sostanza le linee fondamentali della dinamica degli spostamenti interni all'area considerata sono:

    a) spopolamento delle colline e delle valli interne dell'Iglesiente;

    b) deflusso della popolazione verso i centri maggiori dello stesso Iglesiente, della pianura campidanese e della valle del Cixerri;

    c) abbandono delle sedi costiere un tempo legate all'estrazione e al trasporto dei minerali, come Fontanamare, Porto Flavia, Porto Cala Domestica, Portixeddu, Piscinas. Anche il centro di Buggerru, nato come porticciolo per l'imbarco dei minerali, non esercita più questa funzione, sebbene la sede non sia stata abbandonata. Oggi il traffico marittimo dei minerali non lavorati in Sardegna è concentrato nei porti di Cagliari, Portovesme e Sant'Antioco, ai quali il minerale arricchito viene inoltrato con automezzi.

4. Il movimento migratorio a Carbonia

4.1. L'estrazione del carbone «Sulcis» e le vicende demografiche del comune di Carbonia

I movimenti migratori che hanno caratterizzato la breve storia demografica di Carbonia, il cui comune è stato istituito il 5 novembre 1937, presentano alcuni aspetti peculiari:
a) elevato indice di mobilità, con conseguente rapido ricambio della popolazione;
b) concentrazione degli spostamenti in periodi brevi ma caratterizzati da alta intensità;
c) notevole entità delle migrazioni intersettoriali, con passaggio nella prima fase — quella dell'incremento demografico — dall'agricoltura all'attività mineraria e nella seconda — quella del decremento demografico — dal settore minerario ad altre attività industriali o al settore terziario;
d) immigrazione di manodopera proveniente da altre regioni italiane, con la conseguenza di notevoli problemi di integrazione con la popolazione sarda;
e) profonda trasformazione dell'insediamento umano e del paesaggio geografico in seguito al fenomeno migratorio.

Nella storia demografica di quello che è stato definito il più grosso centro minerario italiano si distinguono nettamente una fase *immigratoria*, legata alla nascita e alla crescita della città, ed una *emigratoria*, effetto della sua involuzione. La prima fase, concentrata negli anni 1938-1948, è connessa alle particolari condizioni economiche nazionali che determinarono l'incremento dell'estrazione del carbone, mentre la seconda — iniziatasi nel 1948-49, e tuttora in atto, sebbene in forma attenuata — è stata sostanzialmente la conseguenza del crollo dell'occupazione nel settore carbonifero. Negli anni più recenti l'emigrazione dal comune ha assunto caratteristiche simili a quelle dell'emigrazione sarda in genere, pur conservando una maggiore intensità.

Le informazioni più ampie ed attendibili sugli spostamenti di popolazione che hanno accompagnato le vicende dell'estrazione mineraria nel bacino sulcitano si possono desumere dalla inchiesta sociale su Carbonia condotta dal Cris (Centro di Ricerche Industriali e Sociali, Torino) per incarico dell'Alta Autorità della Ceca e della Regione Sarda, pubblicata nel 1965 [43]. Riassumiamo brevemente dal cap. I di quest'opera i risultati riguardanti i movimenti migratori dalla fondazione della città al 1963 [44].

La punta più elevata della fase immigratoria si registra nell'anno 1940, quando si ebbero oltre 10.500 nuovi iscritti all'anagrafe. In conseguenza dell'aumentata richiesta di combustibile legata alla situazione bellica, la Società Mineraria Carbonifera Sarda (SMCS) aumentava infatti gli organici e il ritmo dell'estrazione. Negli anni 1943-1944 la temporanea chiusura delle miniere in corrispondenza della fase finale della guerra doveva determinare la disoccupazione e quindi la partenza di gran parte delle maestranze. Il riflesso sull'andamento anagrafico si concretizza nella cancellazione di quasi 9.000 unità nel solo anno 1945, quando il quoziente di emigrazione (rapporto tra il numero dei cancellati e la popolazione residente dell'anno) raggiunge il valore eccezionale del 25,5%. Nell'immediato dopoguerra, stante la situazione difficile dei trasporti marittimi e del mercato mondiale del carbone, l'estrazione del carbone Sulcis ritrovò un momento di forte intensità: nel 1946 l'occupazione della SMCS superava la quota 15.000 e contemporaneamente il numero dei nuovi iscritti all'anagrafe in

---

[43] CECA, *Studio sulla zona di Carbonia. Le conseguenze sociali della crisi mineraria nel bacino del Sulcis (Sardegna)*, in «*Collana di economia e politica regionale*», 2. *Programmi di sviluppo e riconversione*, VI, Milano, 1965, pp. 255. Sullo sviluppo di Carbonia e del suo territorio si vedano anche : Alb. MORI, *Carbonia e le modificazioni del paesaggio geografico nel Sulcis settentrionale*, in «Pubblicaz. della Fac. di Ingegneria dell'Univ. di Cagliari», anno I, N. S., n. 1, Cagliari, 1950, pp. 20-24; K. H. SCHROEDER, *Carbonia. Geographische Wirkungen und Probleme des Kohlenbergbaues im südwestlichen Sardinien*, in «*H. Von Wissmann Festschrift*», a cura di O. Maull, Tubinga 1962, pp. 363-384.

[44] L'analisi della struttura dei movimenti migratori è stata condotta sulla base di campioni di immigrati e di emigrati tratti dallo schedario anagrafico del comune, dall'anno 1938 all'anno 1963 (v. nota I a p. 103 del vol. CECA, *Studio sulla zona di Carbonia*, cit.).

quell'anno quasi sfiorava le 9.000 unità, con un quoziente di immigrazione (rapporto tra il numero degli iscritti e la popolazione residente dell'anno) del 20,7%. L'apice dell'occupazione viene raggiunto nel 1947 con un totale di circa 17.000 addetti, i quali realizzavano una produzione di 1.202.000 t di carbone[45]. Con il ritorno alla normalità tuttavia gli alti costi di produzione legati alle difficili condizioni del giacimento dovevano risultare superiori al prezzo di vendita realizzabile, producendo un disavanzo destinato ad aggravarsi negli anni successivi. Tra i primi provvedimenti furono i numerosi licenziamenti degli anni 1947-1950. Nel 1951 il totale degli addetti è di sole 10.000 unità.

Il periodo di più intensa crescita della città si attua nei primi dodici anni di vita, nei quali la popolazione del comune sale da circa 7.500 ab. del 1938 ai quasi 48.000 del 1950, con un incremento medio annuo di 3.370 ab. Il valore del quoziente di immigrazione dal 1940 al 1949 si mantiene sempre superiore al 4%, raggiungendo le punte più elevate nel 1940 (36,2%) nel 1945 (11,4%) e nel 1946 (20,7%).

Nel 1947-48 si può dire che termini bruscamente la fase immigratoria e che abbia inizio quella emigratoria: dal 1949 in poi le cifre dei cancellati supereranno sempre quelle degli iscritti.

In questi anni si avanzarono vari progetti per il risanamento dell'estrazione mineraria, onde assicurare un avvenire alla città e ai suoi abitanti. Nel 1948 l'Acai-Carbosarda elaborò un complesso piano di trasformazione, che avrebbe dovuto risolvere i problemi degli alti costi di produzione e del collocamento del carbone minuto attraverso il risanamento dell'esercizio produttivo delle miniere già esistenti da tempo, lo sviluppo delle lavorazioni nei nuovi cantieri più produttivi e la costruzione di una centrale termoelettrica alimentata con gli scarti della produzione, in grado di soddisfare la richiesta di energia delle miniere medesime. Anche l'attuazione di questo piano avrebbe comunque reso necessario l'allontanamento di una parte della manodopera rispetto al totale occupato nel 1947. I licenziamenti avrebbero

---

[45] Queste cifre sull'occupazione, riprese da CECA, *Il bacino minerario*, cit., come pure le altre riportate nelle pagine seguenti, differiscono da quelle utilizzate per la costruzione del diagramma della fig. I, in quanto riguardano il numero dei dipendenti della SMCS, e non il numero di operai occupati in base alle giornate lavorative effettuate nell'anno, che è il dato utilizzato nella costruzione del diagramma.

colpito non più di 1.400 maestranze, e d'altra parte si prevedeva di poter in seguito risalire alla quota di 14.000 addetti, una volta entrati nella fase di massima produzione. A questo programma minerario si affiancava un programma chimico, che contemplava la creazione di una fabbrica di azotati, partendo dalla gassificazione del carbone. Negli anni che seguirono si fece poi strada il concetto che la produzione di energia elettrica potesse raggiungere livelli tali da soddisfare non solo le necessità della Carbosarda, ma anche quelle delle industrie sarde in genere. Tuttavia questi, come pure altri progetti per lo sviluppo del bacino carbonifero, non trovarono un'attuazione completa ed organica. Le sovvenzioni governative sostenevano il bilancio e permettevano di retribuire gli operai, ma non furono mai tali da consentire un profondo rinnovo delle strutture produttive [46]. Nel frattempo le crescenti difficoltà nel collocamento del prodotto consigliarono di ridurre l'estrazione, che negli anni intorno al 1953 era scesa sul milione di tonnellate. Non risolse il problema la relativa contrazione dei costi attuata attraverso l'aumento del rendimento operaio, salito da 300-350 kg. di carbone lavato per operaio per turno di lavoro nel 1950 a 500-550 kg. nel 1953 e infine a 2.000 kg. nel 1969.

Nel 1952 veniva firmato a Parigi il trattato istitutivo della CECA e dal 10 febbraio 1953 divenivano efficaci le disposizioni transitorie previste dall'art. 23 della speciale convenzione sul riadattamento dei lavoratori carbosiderurgici licenziati nel corso delle operazioni di razionalizzazione e trasformazione delle imprese in seguito alla costituzione del mercato comune. Nel corso di tale periodo transitorio, prorogato fino al 10 febbraio 1960, in Italia 13.650 lavoratori del settore siderurgico e 5.285 di quello carbonifero hanno beneficiato di un intervento di 7 miliardi e mezzo da parte dell'Alta Autorità della CECA e di un contributo equivalente da parte dello Stato italiano. In particolare i lavoratori del settore carbonifero erano tutti dipendenti della SMCS, di cui rappresentavano circa la metà del personale prima dell'entrata in vigore del trattato [47].

Negli anni 1950-1953 l'occupazione mineraria a Carbonia rimane stazionaria sulle 10.000 unità. Conseguentemente anche la popolazio-

---

[46] *Carbonia. Venti anni di vita e di lotte,* num. speciale di «Rinascita Sarda», 1959, n. 3-4, pp. 232.

[47] R. PURPURA, *Il riadattamento dei lavori carbo-siderurgici,* in «Il lavoro europeo», 1960, n. 4, pp. 7-10.

ne si mantiene sui medesimi livelli, passando dai 45.125 residenti censiti nel 1951 ai 45.222 residenti registrati all'anagrafe alla fine del 1955. L'emigrazione continua, ma contenuta nei limiti della sola eccedenza naturale.

I licenziamenti dei lavoratori del carbone che beneficiarono della concessione della liquidazione speciale prevista dalle norme su ricordate e ammontante a 450.000 lire, cominciarono a Carbonia nel 1955 e interessarono un primo gruppo di 1.987 operai, ai quali fecero seguito altri 1.373 operai liquidati dopo il 19 aprile 1956 e altri 2.247 liquidati dopo il 1 dicembre 1958. Un totale di 5.607 lavoratori usufruì quindi dell'indennità speciale [48]. Non sappiamo quanti di loro abbiano effettivamente lasciato Carbonia, ma possiamo dire che tra il 1955 e il 1958 il totale dei cancellati dall'anagrafe comunale fu di 18.800 persone, una media di 3.700 all'anno. La punta più alta dell'esodo si raggiunse nell'anno 1958, con circa 5.700 cancellati. Al 31 dicembre di quell'anno la popolazione residente del comune risultava scesa a 40.821 unità. Il quoziente di emigrazione, nel 1951 pari a 4,6%, si innalza a 9,2 nel 1955, raggiunge un massimo di 13,9 nel 1958 e ridiscende a 6,7% nel 1961.

Nel frattempo la situazione economica dell'estrazione del carbone Sulcis si andava aggravando, stanti la crescente concorrenza del carbone estero e le sempre maggiori difficoltà di collocamento del prodotto fuori dell'Isola. Mediante l'attuazione di una parte del progetto

---

[48] Il totale più elevato riportato dalla fonte citata alla nota 56 potrebbe essere conseguenza del fatto che alla data della pubblicazione di R. PURPURA (1960), la concessione degli interventi non era stata ancora completata. Un ulteriore intervento congiunto della Ceca e del governo italiano è stato ulteriormente deciso con accordo in data 11-6-1965, a favore di un. 100 ex dipendenti della Carbosarda-Enel licenziati o volontariamente dimessi tra il 6-3-1962 e il 1966, i quali percepiranno così un'indennità di attesa e un'indennità di trasferimento. All'Enel verranno rimborsate le spese sostenute per il funzionamento dei corsi di riqualificazione per altri 347 lavoratori, ai quali verrà erogata un'indennità di nuova sistemazione. Il relativo decreto presidenziale, datato 24-10-1972, che autorizza l'erogazione delle indennità, stanzia a questo scopo la somma di 640 milioni ripartita a metà tra Stato italiano e Ceca. È interessante esaminare la distribuzione attuale di questi 100 ex-minatori, di cui l'Ufficio Provinciale del Lavoro di Cagliari ha rintracciato gli indirizzi: 31 si trovano in altre regioni d'Italia, specialmente in quelle settentrionali, 5 all'estero, 42 a Carbonia o in altri comuni della Sardegna. Dei rimanenti 22 non si conosce la residenza o sono defunti. Tuttavia la rappresentatività di questo campione rispetto ai movimenti di tutti gli ex-minatori del bacino sulcitano è limitata, in quanto riguarda un periodo di emigrazione moderata e perché molti dipendenti appartenenti a questo gruppo erano prossimi al pensionamento o in condizioni precarie di salute. Inoltre non abbiamo notizia degli eventuali spostamenti intervenuti tra l'epoca di cessazione dal lavoro e l'assunzione dell'attuale domicilio.

elettrico, nel 1958 la Sardegna era arrivata ad assorbire circa 1/3 della produzione. Il problema ormai indilazionabile della totale utilizzazione in loco di un prodotto che non poteva sopportare i costi di trasporto condusse all'ampliamento del progetto elettrico, con la programmazione di una grande centrale termica, di 500.000 kW di potenza, che avrebbe assorbito, all'anno, 2,5 milioni di tonn. di carbone, quindi tutta la produzione del bacino in piena attività. La realizzazione dei primi due gruppi della centrale Sulcis, detta anche Supercentrale, fu attuata nel 1966 ma non risolse il problema delle miniere, poiché fin dall'inizio, a causa di difficoltà tecniche, se ne decise il funzionamento a nafta, per il quale anche la centrale era predisposta, come alternativa al funzionamento a carbone.

In data 27-11-1964 viene deciso il passaggio delle attività della Carbosarda all'Enel, a decorrere dall'inizio dell'anno seguente. L'ente elettrico ereditava i quasi 3.000 dipendenti della società, le due miniere in produzione, Seruci e Serbariu (quest'ultima doveva essere chiusa poco dopo) e una terza miniera in fase di allestimento, Nuraxi Figus. Nell'impossibilità di chiudere le miniere, l'Enel cercò per vari anni di barcamenarsi, attuando varie misure tendenti alla riduzione del deficit del bilancio. La politica prescelta fu quella di aumentare il rendimento operaio, intensificando la meccanizzazione del lavoro e rinnovando il macchinario. Dal 1965 il numero degli addetti è andato lentamente decrescendo, in conseguenza del pensionamento degli anziani e della mancanza di nuove assunzioni, tranne quella di circa 100 giovani fatta nel 1969. La produzione ha continuato a scendere di anno in anno, mentre non si prospettavano nuove soluzioni né si cercava di riprendere in mano i vecchi progetti, alcuni dei quali meritevoli forse di riesumazione. Probabilmente non tanto il convincimento dell'impossibilità di una gestione economica delle miniere di carbone, quanto la sostanziale estraneità dell'attività estrattiva ai compiti e alle strutture dell'ente elettrico e la mancanza di un serio esame delle possibilità alternative di utilizzazione del carbone hanno condotto ad un processo di lenta liquidazione delle attività, che porterà entro breve tempo le miniere del Sulcis ad una morte naturale e, in quanto tale, ritenuta indolore. Prospettando l'assurdità di continuare l'attività stante la pesantezza del disavanzo, l'Enel è giunta alla decisione di chiudere le miniere entro il dicembre del 1972, data poi rinviata al 31 marzo 1973.

Tra il 1959 e il 1965 l'occupazione nel settore del carbone continua a scendere al ritmo di 325 unità l'anno. La media giornaliera di operai occupati (vedi grafico fig. 1) scende da 3.351 nel 1959 a 1.071 nel 1965. A partire dal 1966 si ha un leggero aumento e successivamente si resta a livelli intorno alle 1.220-1.400 unità. Nel 1971 la produzione di carbone grezzo è stata di 319.000 t e con la fine del luglio 1972 è cessata. Il totale dei dipendenti al 1 febbraio 1973 è di 941 (operai e impiegati). La maggior parte di essi è prossima al pensionamento e i rimanenti saranno dall'Enel destinati ad altre attività sul luogo e in altre parti dell'Isola. Perciò la chiusura delle miniere non procurerebbe direttamente un aumento della disoccupazione, ma avrebbe tuttavia la conseguenza, senz'altro più grave, di annullare una importante fonte di lavoro. Parallelamente all'attenuarsi della contrazione dei posti di lavoro, il ritmo delle cancellazioni anagrafiche si fa più moderato. Tra il 1959 e il 1965 si cancellano poco più di 15.000 persone, una media di 2.170 l'anno. Dal 1966 il ritmo delle cancellazioni si stabilizza sulla media — non troppo elevata — di circa 1.700 unità l'anno, con un totale, tra il 1966 e il 1970, di 8.674 cancellazioni.

Dall'esame dell'andamento della popolazione attraverso i censimenti e dei saldi migratori appare chiaramente come la fase di intensa smobilitazione per Carbonia si situi tra il 1951 e il 1961, periodo in cui il comune perde ben 19.708 abitanti, e cioè tutto l'incremento naturale del periodo, pari a 9.910 unità, più altre 9.798 unità sottratte agli effettivi del 1951. Nel decennio 1961-1971 l'entità della perdita migratoria è assai più moderata, consistendo di un totale di 9.955 unità, di cui 5.270 spettanti all'incremento naturale e le rimanenti 4.685 sottratte alla popolazione del 1961. Anche in confronto alla situazione degli altri comuni minerari l'intensità dell'emigrazione è diminuita, essendo Carbonia scesa dal primo al terzo posto per valore dell'indice migratorio (v. tab. 9). Da vari anni la popolazione di Carbonia è attestata sulle 32.000 unità. La sua stazionarietà rispecchia l'attesa che la realizzazione del nucleo industriale di Portovesme dia finalmente nuovo respiro all'occupazione.

L'inchiesta del Cris ci offre anche elementi per la conoscenza della provenienza degli immigrati a Carbonia. Nonostante l'affluenza di personale minerario da altre regioni d'Italia (soprattutto dalla Sicilia, ma anche dalla Calabria, dalla Lombardia, ecc.), Carbonia è stata e rimane una città abitata prevalentemente da nati in Sardegna, i quali costituivano all'atto della fondazione, l'88,9% della popolazione del comune. La massa degli immigrati era formata, specialmente nei primi anni, da manodopera giovane, per lo più maschile, di estrazione contadina e proveniente soprattutto dai comuni della provincia di Cagliari. Al 1963, secondo i risultati di 509 interviste condotte a cura del CRIS, i nati in Sardegna erano ancora pari all'86,8% della popolazione.

Tab. 15 - Movimento migratorio della popolazione del comune di Carbonia secondo i registri anagrafici

Anni	Iscritti N.ro	Cancellati N.ro	Differenza iscritti-cancell. N.ro	Popolaz. res. a fine anno N.ro	Quoz. di immigraz. %	Quoz. di emigraz. %
1963	1.262	2.179	−917	34.679	3,6	6,2
1964	883	1.847	−964	34.283	2,5	5,3
1965	963	1.332	−369	34.404	2,7	3,8
1966	1.036	2.017	−981	33.874	3,0	5,9
1967	961	1.842	−881	33.401	2,8	5,5
1968	809	1.973	−1.164	32.661	2,4	6,0
1969	854	1.479	−625	32.418	2,6	4,5
1970	886	1.363	−477	32.357	2,7	4,2

4.2. *Le direzioni dell'emigrazione*

Per Carbonia è possibile raccogliere una discreta informazione sulle caratteristiche attuali degli spostamenti di popolazione, ormai simili a quelle dell'emigrazione sarda in generale, mentre sono scarsi i dati riguardanti il periodo di maggior esodo, quando, per la situazione tutta particolare dell'occupazione, il flusso migratorio aveva caratteristiche proprie.

Dalla citata indagine su campione anagrafico compiuta a cura del Cris è possibile rilevare l'evoluzione delle destinazioni dei cancellati da Carbonia verso altri comuni italiani. Si distingue nettamente una prima fase emigratoria, che va dal 1940 al 1958, in cui la stragrande maggioranza dei trasferimenti si attua all'interno dell'Isola. Infatti la proporzione dei cancellati diretti verso altri comuni sardi va dal 65 all'85% del campione esaminato. Evidentemente si attuava in quegli anni il riflusso nei paesi di origine della manodopera sarda attratta a Carbonia nel periodo di massima espansione. Ancora non si era iniziato il grande esodo verso il continente italiano, poiché il richiamo delle industrie dell'Italia settentrionale doveva cominciare a farsi sentire solo verso la fine degli anni '50. Con il 1958 la proporzione tra movimento intra e infraregionale cambia bruscamente: in quell'anno infatti i trasferimenti nel centro-nord sfiorano il 45% del campione, mentre solo il 52% riguarda il movimento interno dell'Isola. Negli anni seguenti la tendenza all'emigrazione nell'Italia centro-settentrionale doveva accentuarsi, raggiungendo anche livelli più alti di quelli registrati per l'intera Sardegna. Nel 1963, su 100 cancellati da Carbonia, 65 partivano per le regioni del centro-nord, 32 restavano in Sardegna e 3 si recavano in altre regioni dell'Italia meridionale.

Con gli anni muta anche la composizione professionale del flusso migratorio, che — formato in un primo tempo dagli ex-dipendenti delle miniere, seguiti dai loro familiari — risulta negli anni più recenti composto soprattutto da manodopera generica e da giovani in cerca di prima occupazione o con brevissima esperienza di lavoro.

Gli sviluppi posteriori al 1963, anno in cui termina l'indagine svolta dal Cris, sono stati ricostruiti, sempre sulla base dei registri anagrafici comunali, e confrontati con i dati riguardanti la situazione dell'intera Isola. Rispetto al comportamento della generalità dei sardi si rileva che più spesso i cittadini di Carbonia compiono una scelta radicale, cioè l'emigrazione dall'Isola. Non sembra azzardato affermare che questo aspetto ben si inquadra nella realtà sociale di Carbonia, città senza tradizioni e senza coesione comunitaria.

Il movimento intraregionale si svolge sostanzialmente all'interno della stessa provincia di Cagliari, fatto giustificato dalla contemporanea presenza nel territorio provinciale del principale agglomerato urbano dell'Isola, della maggiore area industriale e di altri poli di sviluppo: il 78,7% dei cancellati per altri comuni della Sardegna si dirige infatti su comuni della stessa provincia. Un sondaggio relativo al solo anno 1970 indica Cagliari, che riceve l'11,0% dei cancellati che si spostano all'interno dell'Isola, come la destinazione preferita.

Generalmente si ritiene che durante il periodo di maggior esodo, l'emigrazione dei cittadini di Carbonia verso i paesi esteri sia stata di notevoli dimensioni. Sembra che i partenti si siano diretti soprattutto verso i bacini carboniferi del Belgio, della Francia e della Germania occidentale. I dati sulle cancellazioni anagrafiche per l'estero sono notoriamente poco illuminanti circa la consistenza e le direzioni dello spostamento, in quanto solo una piccola parte degli emigrati si stabili-

Tab. 16 - Destinazione dei cancellati dall'anagrafe nel periodo 1964-69 [49]

Destinazione	Cancellazione			
	Carbonia		Sardegna	
	N.ro	%	N.ro	%
Sardegna	4.971	50,7	168.590	54,1
Altre regioni italiane	4.127	42,1	117.309	37,7
Paesi Esteri	696	7,2	25.526	8,2
Totale	9.794	100	311.425	100

sce definitivamente nei paesi stranieri di destinazione, evento che dipende anche dalla politica migratoria seguita dai relativi governi. Nel comune di Carbonia le cancellazioni per l'estero nel periodo 1940-1958 furono, a quanto pare [50], insignificanti; nel 1959-1962 acquistarono maggior peso, giungendo a rappresentare il 2-3% dei cancellati. Nel 1964-1969 (vedi tab. 16) vengono cancellate per l'estero 696 persone, pari al 7,2% del totale dei cancellati.

I dati reperibili presso l'Ufficio del Lavoro e della Massima Occupazione di Cagliari possono chiarire meglio gli spostamenti dei lavoratori, ma limitatamente alla parte assistita da quest'ufficio. Nel periodo 1951-1959 da Carbonia furono avviati verso paesi esteri in totale 1.092 lavoratori, 121 all'anno in media, una cifra tutto sommato modesta. Gli anni in cui le partenze furono più numerose furono il 1955 (135 espatriati), il 1956 (295), il 1957 (225) e il 1958 (161), in coincidenza con le punte più alte dei licenziamenti [51]. La situazione occupativa assumeva allora aspetti tragici. I disoccupati affollavano gli uffici di collocamento alla ricerca di un lavoro. La lista di quello di Carbonia si allungò da 1.208 iscritti al 31-12-1950 a 2.319 al 31-12-1954,

---

[49] I dati per Carbonia sono stati rilevati direttamente presso l'anagrafe comunale, mentre quelli per la Sardegna sono stati tratti da ISTAT, *Annuario di statistiche demografiche*, per quanto riguarda il movimento interno del 1964, e da *Popolazione e movimento anagrafico dei comuni* per il movimento con l'estero dello stesso anno e per tutti i dati relativi agli altri anni.

[50] Nello studio condotto dal Cris viene sottolineata la scarsa entità degli emigrati all'estero, i quali — stando ai registri anagrafici — costituirebbero appena il 2-4% del totale dei cancellati, e ciò solo a partire dal 1959; si avanza quindi l'ipotesi che l'emigrazione all'estero, sia stata insignificante o che sia avvenuta come seconda tappa dello spostamento, con partenza cioè da un altro comune italiano che avrebbe costituito la prima tappa.

[51] CECA, *L'attuazione «in loco» delle operazioni di riconversione*, op. cit.

fino ad un massimo di 3.111 iscritti al 31-12-1958[52]. Il Ministero del Lavoro istituiva un piano speciale di cantieri e corsi per disoccupati, apposta per i licenziati dalla Carbosarda e per i loro familiari, mentre d'altra parte cercava di favorire la sistemazione di quelli disposti ad emigrare nei paesi esteri che avanzavano richieste di manodopera. Una documentazione più dettagliata, proveniente sempre dalla stessa fonte, è disponibile soltanto per gli anni 1958-1962, relativamente ai lavoratori emigrati dalla provincia di Cagliari nei paesi della CEE. La tabella che segue sintetizza gli spostamenti riguardanti i due comuni di Carbonia e di Iglesias e l'intera provincia.

Soltanto in tre dei cinque anni considerati il comune di Carbonia compare con una quota di emigrati superiore al suo peso demografico nella provincia, equivalente al 4,6% nel 1961.

Tab. 17 - Emigrati tramite l'ufficio provinciale del lavoro

Provenienza	1958		1959		1960		1961		1962		Totale	
	N.ro	%	N.ro	%	N.ro	%	N.ro	%	N.ro	%	N.ro	%
Carbonia	157	17,1	59	6,9	89	5,0	111	4,4	42	2,3	458	5,8
Iglesias	46	5,0	16	1,8	7	0,3	11	0,4	6	0,3	86	1,0
Pr. di Cagliari	918	100	854	100	1.764	100	2.518	100	1.769	100	7.823	100

La ripartizione degli stessi emigrati nei paesi della CEE presenta qualche scostamento rispetto a quella dei provenienti dall'intera provincia:

Tab. 18 - Paesi di destinazione degli emigrati tramite l'ufficio provinciale del lavoro

Provenienza	Belgio		Francia		R. F. T.		Lussemburgo		Olanda		Totale	
	N.ro	%	N.ro	%	N.ro	%	N.ro	%	N.ro	%	N.ro	%
Carbonia	—	—	114	25,0	332	72,4	—	—	12	2,6	458	100
Iglesias	—	—	27	31,4	59	68,6	—	—	—	—	86	100
Pr. di Cagliari	2	0,0	2.568	33,0	4.654	59,4	11	0,1	588	7,5	7.823	100

---

[52] CECA, L'attuazione «in loco» delle operazioni di riconversione, op. cit.

Il più alto numero di partenze verso la RFT e il più basso numero per la Francia si rifletteranno poi sulla distribuzione attuale degli elettori di Carbonia all'estero (vedi tab. 12). Anche i cittadini di Carbonia sono stati orientati verso i bacini carboniferi della Francia e della Germania, che erano allora una meta importante dell'emigrazione sarda, ma non in misura proporzionalmente maggiore rispetto al resto degli emigrati dalla provincia.

Accanto all'emigrazione assistita si attuava naturalmente l'emigrazione cosiddetta «libera» cioè legata a scelte personali. Purtroppo tale fenomeno non è documentabile; possiamo solo dire che secondo testimonianze locali l'emigrazione all'estero in totale interessò l'80% dei licenziati negli anni della «superliquidazione», cifra che sembra però esagerata. Una parte almeno degli emigrati trovò lavoro nelle miniere del Belgio, della Francia e della Germania e non pochi si spostarono in seguito in altri paesi o in diversi settori di occupazione. Parecchi infine rientrarono in Italia dopo qualche anno, direttamente in Sardegna o spesso anche nell'Italia settentrionale. Nel 1963, secondo i calcoli effettuati dal Lo Monaco [53], i cittadini carboniesi all'estero dovevano essere ancora relativamente numerosi, poiché gli elettori all'estero rappresentavano il 3,7% della popolazione residente del comune, contro l'1,4% per l'intera provincia. Col tempo la situazione tende evidentemente ad avvicinarsi a quella della provincia, poiché i due rapporti sono nel 1970 rispettivamente del 2,5 e dell'1,7% (vedi tab. 12). Sembrerebbe quindi di poter rilevare anche negli ultimi anni una certa persistenza dell'elevata migratorietà verso l'estero registrata negli anni di maggior esodo. Questo fenomeno è probabilmente la conseguenza dell'esistenza nei paesi di arrivo di un certo numero di emigrati provenienti da Carbonia, la cui presenza assicura a chi valuta la possibilità di emigrare un appoggio, un incoraggiamento, un'ampia informazione sul lavoro e sulle remunerazioni; si mette quindi in moto il meccanismo della «catena di richiamo», agganciata a parenti e ad amici che hanno vissuto o stanno vivendo un'esperienza migratoria in un paese straniero.

La stessa distribuzione attuale all'estero degli emigrati da Carbonia si riallaccia appunto alle scelte fatte negli anni di più intenso esodo, alle quali si sommano gli effetti degli spostamenti e dei rientri nel frattempo intercorsi.

---

[53] M. Lo Monaco, *L'emigrazione all'estero*, op. cit.

All'ottobre 1971 gli iscritti all'Aire di Carbonia [54] erano 1.364. L'esame di un campione casuale di 352 iscritti dava la seguente distribuzione:

Tab. 19 - Domicilio dei cittadini iscritti all'AIRE di Carbonia

	Emigrati fino al 1961		Emigrati dopo il 1961		Totale	
	N.ro	%	N.ro	%	N.ro	%
R. F. T.	78	50,6	93	47,0	171	48,6
Francia	55	35,7	38	19,2	93	26,4
Belgio	18	11,7	25	12,6	43	12,2
Olanda	—	—	2	1,0	2	0,6
Lussemburgo	—	—	—	—	—	—
Altri Paesi	3	2,0	33	16,6	36	10,2
Destinazioni non dichiarate	—	—	7	3,6	7	2,0
Totale	154	100	198	100	352	100

Un certo numero di persone si dirige ancora verso il Belgio e la Francia, ma sempre più numeroso si fa il flusso diretto verso la Germania, la quale ha acquistato una posizione di preminenza. Negli anni più recenti si nota soprattutto una maggiore differenziazione delle destinazioni, che ora interessano una gamma più ampia di paesi. Tra quelle esterne all'area CEE è al primo posto la Svizzera, che accoglie specialmente operai edili stagionali.

Se la scelta della regione di destinazione poteva essere legata, anni

---

[54] Secondo le disposizioni contenute nella circolare n. 22 del 21-2-1969 dell'ISTAT, presso ciascun comune è stati istituito l'AIRE (Anagrafe degli Italiani Residenti all'Estero), che è una speciale sezione dell'anagrafe riservata alle schede individuali e familiari di cittadini italiani che hanno eletto stabile domicilio all'estero, conservando la cittadinanza italiana. Tali schede vengono quindi eliminate dalla normale anagrafe e i loro titolari non vengono conteggiati nella popolazione residente del comune. Essi conservano tuttavia tutti i diritti dei cittadini residenti in Italia, compreso, per un periodo di sei anni rinnovabile su richiesta, il diritto elettorale. All'atto del rientro dell'emigrato la sua scheda viene ritrasferita alla normale anagrafe. Vengono inserite nell'AIRE anche le schede di persone emigrate anteriormente alla sua istituzione. In pratica l'AIRE si affianca alla terza sezione dello Schedario degli Emigrati e degli Emigranti all'Estero, istituito con circolare n. 34 del 5-6-1964, dal quale non differisce granché. Questo sistema permette di avere dati più precisi sulla reale consistenza dell'emigrazione all'estero, sempreché l'ufficio anagrafe comunale venga tempestivamente informato degli espatri, dei rimpatri e dei cambiamenti di indirizzo degli emigrati all'estero.

addietro, alla continuazione nel luogo di arrivo del mestiere di minatore, oggi anche questo rapporto è mutato, non essendo l'emigrazione alimentata da ex-minatori, i quali, in numero sempre più ristretto, lasciano le miniere per raggiunti limiti di età [55] o per invalidità, ma, piuttosto da manovali generici o da giovani in cerca di prima occupazione.

Il possibile rientro degli emigrati e la loro risistemazione nel luogo d'origine sono eventualità assai discusse a Carbonia, come del resto in tutta l'Isola. Da una parte il discorso si basa sulla considerazione che l'emigrazione per il sardo è quasi sempre una penosa costrizione e sulle pressioni che i sardi emigrati fanno affinché venga loro data la possibilità di tornare in Sardegna; dall'altra si pensa alla convenienza di utilizzare nella nascente industria isolana questa forza-lavoro che, partita per lo più senza una qualifica, ha acquisito negli stabilimenti stranieri una preziosa esperienza. Nel caso di Carbonia il problema riveste un aspetto particolare, perché si è trattato di partenza di manodopera già specializzata. Un eventuale rilancio dell'estrazione del carbone — rilancio da più parti sollecitato, anche in vista dei crescenti costi degli idrocarburi sul mercato mondiale — abbisogna di operai specializzati, che potrebbero essere gli stessi che già hanno avuto un'esperienza in questo campo. Non sembra tuttavia molto probabile che si possa giungere al recupero di una manodopera dispersa e ormai mediamente di età avanzata.

4.3. *Gli spostamenti intersettoriali*

La struttura economica di Carbonia ha perduto il carattere monolitico che la distingueva fino alla metà degli anni '50. Il processo di differenziazione che si è venuto attuando negli ultimi quindici anni è in parte legato alla graduale diminuzione del peso dell'attività estrattiva, ma soprattutto rappresenta la conseguenza dell'andamento della città alle sue funzioni attraverso lo sviluppo di quei servizi di tipo urbano prima carenti. Tale evoluzione si è realizzata parzialmente con il passaggio di attivi dal settore secondario (leggi: miniere) a quello terziario, cioè con una migrazione intersettoriale che ha avuto luogo soprattutto nella seconda metà degli anni '50. L'apertura di un esercizio

---

[55] Nel 1973 l'età media dei minatori dipendenti dell'Enel, esclusi i giovani reclutati nel 1969, è di 54 anni.

commerciale rappresentò allora per molti ex-minatori una sistemazione resa possibile dalla disponibilità del modesto capitale costituito dalla «superliquidazione» e dalla larghezza con cui l'amministrazione comunale in quegli anni concedeva le licenze, anche allo scopo di contenere l'esodo della popolazione. Nacque così una miriade di piccoli esercizi, in parte destinati ad una rapida chiusura, ma in parte ancora in attività. Si stima che il 30-40% degli esercizi commerciali oggi esistenti a Carbonia siano stati aperti da ex-dipendenti delle miniere.

Tab. 20 - Ripartizione della popolazione attiva per ramo di attività economica secondo i censimenti della popolazione

	1951		1961		1971	
	N.ro	%	N.ro	%	N.ro	%
1. Industrie estrattive e manifatturiere	(9.601)	—	(4.432)	—	—	—
2. Costruzioni e impianti	(619)	—	(1.110)	—	—	—
3. Energia elettrica, gas e acqua	(8)	—	(34)	—	—	—
Totale 1+2+3	10.228	75,2	5.576	63,8	—	—
Altre attività	2.589	19,0	2.619	30,0	—	—
Totale	12.817	—	8.195	—	7.768	96,5
Agricoltura	789	5,8	543	6,2	280	3,5
Totale generale	13.606	100	8.738	100	8.048	100

Dal confronto dei dati dei censimenti dell'industria e del commercio del 1951 e del 1961 si rileva un certo aumento della densità commerciale. Il numero delle unità locali sale infatti da 602 a 634, e il loro rapporto sul totale degli abitanti residenti scende da 1/75 a 1/56. L'importanza dell'occupazione in questo settore diventa relativamente molto più forte, poiché i 1.164 addetti del 1951 rappresentavano l'8,5% della popolazione attiva, mentre i 1.221 del 1961 ne costituivano il 13,9% [56].

---

[56] Lo sviluppo dell'apparato distributivo di Carbonia ne ha fatto il capoluogo di un'area commerciale comprendente, oltre al territorio comunale, quello di vari comuni vicini, per un totale di circa 42.000 ab. I comuni facenti parte dell'area sono: Calasetta, Giba, San Giovanni Suergiu, Sant'Anna Arresi, Sant'Antioco e Tratalias (cfr. *Carta commerciale d'Italia*, a cura dell'UICCIAA, Varese, Giuffré, 1968).

Molto diversa è invece l'evoluzione successiva, che si può ricavare dal confronto tra il numero delle licenze commerciali in vigore alla fine del 1961 e quelle in vigore alla fine del 1969. La diminuzione (vedi tab. 21) è sia assoluta che relativa, poiché il rapporto licenze/abitanti sale da 1/25 a 1/30. È probabile che ciò sia la conseguenza della diminuzione della clientela, nonché del valore troppo elevato del rapporto tra numero delle licenze e popolazione raggiunto a causa dei largheggiamenti nella concessione delle licenze nel periodo precedente.

Tab. 21 - Numero delle licenze in vigore a fine anno nel comune di Carbonia [57]

	1961	1969
Commercio fisso	798	737
Commercio ambulante	495	204
Tabacchi	28	24
Farmacie	3	5
Esercizi pubblici	79	99
Totale	1.403	1.069

Gli altri comparti del settore terziario (costruzioni, energia elettrica, gas e acqua, trasporti, credito, pubblica amministrazione e servizi vari) hanno avuto una contrazione dell'occupazione in cifre assolute, essendo passati da 876 a 614 addetti, ma in rapporto alla popolazione attiva il loro peso è aumentato dal 6,4 a 7,0%.

Nel processo di risistemazione della forza-lavoro impiegata nelle miniere l'agricoltura ha avuto il posto meno importante. Pochissime sono state infatti le unità lavorative assorbite da questo settore, nonostante le opere di colonizzazione e di valorizzazione agraria realizzate nel basso Sulcis e nella valle del Cixerri dal Consorzio di Bonifica del Basso Sulcis e dall'ETFAS [58].

L'attività estrattiva rimane la sola vera industria del territorio di Carbonia; al 1971 essa dava ancora lavoro a circa il 10% della popolazione attiva del comune, cioè a circa 800 persone. Al suo declino non

---

[57] ISTAT, *Annuario statistico del commercio interno*.
[58] F. MANCOSU, *Recenti insediamenti rurali in Sardegna*, in «Contributi alla Geografia della Sardegna», Ser. A, fasc. 5°, Sassari, 1968, pp. 138.

si sono finora contrapposte attività sostitutive degne di rilievo. Tuttavia i magri proventi delle attività commerciali, le pensioni e la disponibilità di case aziendali affittate per un canone molto basso o già riscattate dagli affittuari, spiegano la permanenza in città della maggior parte della popolazione. Notevole importanza ha acquistato l'occupazione nelle scuole pubbliche — anche se una parte del personale proviene da altri comuni della provincia — che nel territorio comunale si aggira sulle 650 unità.

L'attività indotta dall'attuazione delle strutture e degli stabilimenti dell'agglomerato industriale di Portovesme, sia in forma diretta, con la creazione di nuovi posti di lavoro, che in maniera indiretta, con l'immissione di denaro in circolazione, ha raggiunto già proporzioni sensibili. Ma il miglioramento del tenore di vita e dell'occupazione così raggiunti possono considerarsi definitivamente acquisiti nella misura in cui l'occupazione ora in gran parte temporanea nel nucleo industriale potrà essere resa stabile. L'approssimarsi delle scadenze dei contratti delle ditte appaltatrici e della chiusura dei cantieri è infatti causa di forte ansietà nell'ambiente — e non solo in quello operaio — per le conseguenze di ordine economico che potranno toccare tutte le categorie di cittadini.

Come si è detto, gran parte dell'emigrazione degli ultimi anni è stata alimentata da giovani in cerca di prima occupazione, molti dei quali forniti di titolo di studio. Ciononostante la città continua ad avere una popolazione prevalentemente giovane, a causa del permanere del tasso di natalità su livelli elevati. Forse il più grosso problema cittadino è costituito dall'occupazione dei giovani, ai quali la conquista di un titolo di studio non assicura un posto di lavoro. Il numero degli studenti e la frequenza scolastica sono alti, a causa dell'ambiente prevalentemente urbano e dell'inesistenza di una richiesta di forze di lavoro che distolga i giovani dagli studi. Nell'anno 1970-1971 il totale degli iscritti alle scuole di ogni ordine e grado è stato di circa 6.000 e il numero dei licenziati degli istituti di istruzione secondaria di oltre 400. Alla maggioranza di questi neo-diplomati si aprono tre strade: l'iscrizione all'università, una qualsiasi sottoccupazione sul posto, l'emigrazione. Predomina attualmente un atteggiamento di aspettativa, sorretto dalle speranze riposte nelle realizzazioni del nucleo industriale. D'altra parte la maggioranza di questi giovani non è in possesso del tipo di preparazione richiesto dall'industria, poiché manca in città un istituto tecnico industriale.

4.4. L'evoluzione del centro urbano

Nel territorio comunale tra il 1951 e il 1961 le perdite più forti si sono registrate nei due centri prettamente minerari di Bacu Abis (da 4.255 a 2.201 ab.) e di Cortoghiana (da 3.541 a 3.124 ab.). Degli altri centri e nuclei — per lo più a carattere misto minerario-agricolo — hanno mantenuto o accresciuto la loro popolazione solo quelli meglio serviti dalla rete stradale o più vicini a Carbonia, cioè Barbusi, Sirai e Flumentepido.

Tra i due censimenti del 1951 e del 1961 il quadro distributivo della popolazione all'interno del comune è variato nel modo seguente:

Tab. 22 - Variazione della popolazione residente del comune di Carbonia

Anni		Centro		Restante territorio		Totale	
		N.ro	%	N.ro	%	N.ro	%
1951		32.758	72,6	12.367	27,4	45.125	100
1961		26.227	74,3	9.100	25,7	35.327	100
1951-1961	N.	−6.531		−3.267		−9.798	
	%	−19,9		−26,4		−21,7	

Non è possibile documentarsi con esattezza sull'evoluzione successiva della popolazione, tuttavia sembra che le frazioni rurali continuino a contribuire all'esodo in misura proporzionalmente maggiore.

Non si è verificato a Carbonia quel fenomeno detto «piccolo urbanesimo», riscontrabile in tante città medie e piccole d'Italia, e tra l'altro anche nella vicina Iglesias. La spiegazione di tale anomalia non sta tanto nella maggiore intensità dell'emigrazione o in un minore sviluppo di servizi di tipo urbano, ma nella speciale situazione del patrimonio edilizio e dei suoli edificabili urbani, che ha impedito lo sviluppo del centro.

Carbonia è nata come città «aziendale» e continua a rimanere tale, in quanto il patrimonio immobiliare e il terreno edificabile della città e delle frazioni appartenevano ed appartengono nella quasi totalità dell'Istituto Case Popolari della SMCS, succeduta all'Azienda Carboni Italiani. L'Enel ha assorbito le miniere ma non il patrimonio edilizio.

Fig. 3 - Andamento della popolazione residente dei comuni di Carbonia e di Iglesias

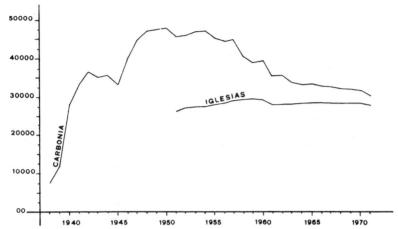

L'Istituto Case Popolari non ha realizzato un piano edilizio adeguato alle esigenze cittadine, né d'altra parte ha lasciato spazio all'iniziativa privata, o a quella dell'amministrazione comunale. Così oggi l'offerta di abitazioni è di molto inferiore alla richiesta. Sembrerebbe assurdo parlare di carenza di abitazioni in una città che in dieci anni (1951-1961) ha visto la popolazione del centro scendere di circa 6.500 abitanti, ma bisogna tener conto del fatto che una parte dei vecchi appartamenti sono troppo piccoli e sforniti dei necessari servizi e perciò devono essere riattati, adeguando il loro livello abitativo alle nuove esigenze. La situazione di monopolio edilizio ha tenuto l'iniziativa privata ai margini della città, dove si è avuta una certa espansione lungo alcune strade di collegamento con i centri vicini. Tra l'altro il mancato ampliamento dell'area urbana non ha consentito il trasferimento degli abitanti delle frazioni nel centro urbano.

Il problema edilizio è oggi particolarmente sentito in vista delle esigenze residenziali degli impianti industriali del nucleo, distribuiti nei due agglomerati, di Portovesme — che dista da Carbonia circa 18 km — e di Sant'Antioco — che ne dista circa 8 — le cui maestranze, secondo il piano di sviluppo del nucleo industriale, dovrebbero far capo a Carbonia per una parte degli alloggi e per i servizi di tipo urbano. Carbonia rischia di non poter assolvere a questa funzione, se l'attuale situazione di stasi edilizia si prolungherà. Esiste la possibilità che i complessi edilizi sorgano altrove, mentre è importante per il futuro della città che essi vengano costruiti nel centro urbano, affinché la loro presenza possa contribuire al suo rilancio economico.

5. Il movimento migratorio ad Iglesias

5.1. Le recenti vicende demografiche

L'esame delle caratteristiche dei recenti movimenti migratori che riguardano Iglesias e delle loro conseguenze demografiche ed economiche è utile anche per meglio mettere in rilievo la situazione eccezionale di Carbonia. La differenza tra le due cittadine, la prima profondamente radicata nel suo passato storico-economico, la seconda una città «nuova», sorta e programmata in rapporto a ciò che è stato soltanto un capitolo — forse da considerarsi già chiuso — dall'attività mineraria dell'isola, emerge chiaramente anche dal confronto delle vicende degli spostamenti di popolazione. Tra le due, Iglesias è stata, e rimane, il centro più equilibrato e più completo nel suo sviluppo e nelle sue funzioni. Le miniere hanno avuto una parte fondamentale nel quadro delle risorse economiche, senza però che la cittadina diventasse un centro esclusivamente minerario, perché contemporaneamente continuava ad esercitarsi la sua funzione tradizionale di centro di servizi dell'Iglesiente e del Sulcis settentrionale, cosicché una certa differenziazione dell'occupazione era assicurata dall'esistenza di numerose attività artigiane, di alcune piccole industrie e del commercio [59].

La stessa composizione della popolazione è più omogenea che a Carbonia, anche se in passato si sono avuti notevoli afflussi di manodopera forestiera [60]. Questi arrivi si sono però diluiti nel tempo e non hanno mai assunto carattere di massa, cosicché gli immigrati hanno potuto amalgamarsi con i locali. Si comprende perciò come la popolazione di Iglesias appaia, in confronto con quella di Carbonia, piutto-

---

[59] O. BALDACCI, *I fondamenti geografici dello sviluppo di Iglesias*, in «Studi Sardi», V (1941), pp. 113-164.
[60] A. TERROSU ASOLE, *Il movimento migratorio dei siciliani in Sardegna*, in «Boll. Soc. Geogr. Ital.», 1958, pp. 353-360. I nuclei più consistenti di siciliani trasferiti in Sardegna si trovano intorno al 1958 nei centri minerari del Sulcis-Iglesiente, dove erano stati attratti dalla possibilità di lavorare nelle miniere. Più numerosi a Carbonia, si erano fermati anche nei centri dell'area metallifera iglesiente, dove in quell'anno le famiglie siciliane erano circa 200.

sto restia ad allontanarsi dalla propria residenza per cercare lavoro in altre regioni d'Italia o all'estero, in quanto più spesso trattenuta da legami di parentela o di proprietà, oltre che da relativamente più frequenti possibilità di occupazioni alternative. Inoltre il ritmo meno precipitoso con cui si è attuata la contrazione dell'occupazione mineraria in confronto a quanto è avvenuto nelle miniere di carbone (vedi fig. 1), ha consentito a gran parte dei licenziati di trovare un'altra sistemazione sul posto.

Nel bacino piombo-zincifero il comune di Iglesias è senz'altro quello più direttamente interessato all'occupazione mineraria; nel suo vasto territorio si trovano ancora alcune delle miniere più importanti, come quelle di Monteponi, San Giovanni, Campo Pisano, Masua, la cui presenza ha fatto sorgere insediamenti degni di rilievo. Tuttavia la sua popolazione è stata relativamente meno colpita dall'esodo di quanto sia avvenuto in altri comuni minerari dello stesso distretto, come Arbus, Fluminimaggiore, Buggerru. Eppure la contrazione del lavoro minerario vi ha assunto dimensioni cospicue (vedi tab. 23).

Tab.23 - Variazione degli addetti al settore estrattivo nel comune di Iglesias

Anni	Addetti N.ro	Differenza 1951-61 N.ro	%	Differenza 1961-70 N.ro	%
1951	4.269				
1961	2.546	−1.723	−40,3	−780	−30,6
1970	1.766				

Nel ventennio 1951-1971 l'emigrazione ha inciso sull'andamento della popolazione di Iglesias in misura sempre crescente. In questo periodo il comune ha perduto 8.585 ab., i quali non rappresentano tuttavia la totalità dell'incremento naturale, che è stato pari a 10.486 unità. La popolazione quindi ha continuato ad aumentare, ma mentre nel decennio 1951-1961 lo ha fatto ad un tasso del 71,0‰, nel decennio successivo ha raggiunto solo un modestissimo 1,5‰. Il rallentamento della crescita demografica risulta dall'abbassarsi dell'incremento naturale, sceso dal 20,7‰ nel 1951-1961 al 17,3‰ nel 1961-1971, e contemporaneamente dall'aumento dell'emigrazione. Degli

8.585 abitanti emigrati nel ventennio, infatti il 43,7% sono partiti tra il 1951 e il 1961 e il restante 56,3% tra il 1961 e il 1971. La perdita migratoria si è andata aggravando sia in termini assoluti, essendo salita da 3.753 unità a 4.832, che in termini relativi, con un'incremento dell'indice migratoria da −138,6% a −172,4 % (vedi tab. 9). Come risultato la popolazione residente del comune da quasi vent'anni si mantiene stazionaria (vedi fig. 3).

La prima considerazione che si trae da queste cifre è che l'emigrazione non ha seguito l'evoluzione dell'occupazione mineraria, ma si è andata aggravando negli anni in cui la contrazione dei posti di lavori si faceva meno severa. Iglesias ha cioè seguito il modello di sviluppo dell'emigrazione sarda più che quello proprio dell'area mineraria. In confronto agli altri comuni minerari la situazione di Iglesias non appare tra le più difficili, né tende ad appesantirsi troppo velocemente: mentre nel 1951-1961 essa si trova al 7° posto della graduatoria dei comuni minerari secondo il valore dell'indice migratorio, nel 1961-1971 è passata al 10°. Questo comportamento è effetto della presenza di altri settori di occupazione, il cui sviluppo, pur contenuto, ha permesso di controbilanciare l'andamento negativo del settore minerario almeno in una certa misura. In sostanza il più elevato grado di urbanizzazione della popolazione è alla radice del diverso comportamento migratorio.

L'esame del movimento anagrafico delle iscrizioni e delle cancellazioni si presta a qualche considerazione, nei limiti della significatività di questa fonte.

I soli due anni del periodo esaminato che presentino un bilancio migratorio positivo sono il 1951 e il 1952, certamente in corrispondenza con un periodo di intensificazione dell'attività estrattiva del comparto piombo-zincifero (vedi fig. 1). Negli anni seguenti il bilancio iscritti-cancellati rimane sempre su valori negativi, con due punte minime, una delle quali (1967-1968) potrebbe essere messa in rapporto con un periodo di più grave contrazione dell'occupazione mineraria, mentre l'altra, intorno al 1961, verosimilmente dipende da un'operazione di adeguamento della situazione anagrafica ai dati del censimento. È interessante anche notare che la caratteristica principale della dinamica migratoria è l'abbassamento del quoziente di immigrazione, mentre il quoziente di emigrazione resta pressoché costante, salvo una punta più elevata tra il 1959 e il 1963. Questo andamento ha probabilmente il significato di una diminuzione del potere attrattivo di Iglesias parallelamente alla diminuzione dei posti di lavoro nelle miniere, con relativa attenuazione del volume degli spostamenti della manodopera ad esse collegati.

Tab. 24 - Movimento migratorio della popolazione del comune di Iglesias secondo i registri anagrafici

Anni	Iscritti	Cancellati	Differenza iscritti-cancell.	Popolaz. res. a fine anno	Quoz. di immigraz.	Quoz. di emigrazione
1951	1.198	832	+366	26.146	4,5	3,1
1952	1.135	943	+192	27.088	4,1	3,4
1953	619	1.028	−409	27.253	2,2	3,7
1954	686	977	−291	27.573	2,4	3,5
1955	902	957	− 55	28.007	3,2	3,4
1956	869	952	− 83	28.585	3,0	3,3
1957	915	935	− 20	29.048	3,1	3,2
1958	946	957	− 11	29.627	3,1	3,2
1959	904	1.344	−440	29.765	3,0	4,5
1960	735	1.504	−769	29.523	2,4	5,0
1961	682	1.782	−1.100	28.004	2,4	6,3
1962	1.043	1.345	−302	28.112	3,7	4,7
1963	861	1.421	−560	28.134	3,0	5,0
1964	763	1.120	−357	28.308	2,6	3,9
1965	763	966	−203	28.612	2,6	3,3
1966	631	1.013	−382	28.551	2,2	3,5
1967	568	1.047	−479	28.483	1,9	3,6
1968	627	1.115	−488	28.316	2,2	3,9
1969	769	1.044	−275	28.334	2,7	3,6
1970	763	985	−222	28.368	2,6	3,4

5.2. Le direzioni dell'emigrazione

Sulla base dei registri anagrafici è possibile ricostruire le variazioni nelle destinazioni e provenienze dei cancellati e degli iscritti dal 1951 al 1970. La preponderanza assai spiccata degli spostamenti intraregionali sul totale degli spostamenti degli anni 1951-1955 si attenua negli anni successivi, mentre va aumentando la quota degli spostamenti infraregionali in conseguenza dell'espansione industriale e del connesso aumento della richiesta di manodopera nelle regioni più industrializzate d'Italia. Il livello più elevato di mobilità si raggiunge negli anni 1961-1965, periodo in cui gli spostamenti verso il Nord si fanno più frequenti, mentre quelli all'interno dell'Isola scendono ai valori più bassi. Negli anni più recenti si assiste ad una diminuzione del volume dei trasferimenti verso il Nord, fatto che va probabilmente messo in rapporto con le diminuite possibilità di occupazione nelle regioni settentrionali.

In confronto all'andamento medio della regione[61], i cittadini di Iglesias mostrano una certa preferenza per lo spostamento verso le altre regioni d'Italia: infatti nel 1956-1960 solo il 66% si spostava all'interno dell'Isola, di fronte al 75,7% dei sardi (1955-1959) e nel 1966-1970 il 58,4% in confronto al 59,7% (1966-1969). Questa preferenza si rivolge in particolare verso le regioni dell'Italia settentrionale, dove, nel 1956-1960 si dirigeva il 20,5% degli iglesienti contro l'11,5% dei sardi (1955-1959), e nel 1966-1970 il 26,3% dei primi, contro il 25,1% dei secondi (1966-1969). Come si vede, le differenze tendono ad attenuarsi. Si direbbe che il comportamento migratorio di Iglesias non faccia che anticipare il modello del comportamento migratorio sardo.

Anche Iglesias risente dell'attrazione del capoluogo regionale, che polarizza una certa quota del movimento intraregionale. Nel 1970, secondo i risultati di un sondaggio anagrafico, il comune di Cagliari ha accolto il 10,7% del totale dei cancellati dal comune di Iglesias, un valore che non si discosta sensibilmente da quello di Carbonia.

Tab. 25 - Destinazione dei cancellati dal comune di Iglesias

	1951-55		1956-60		1961-65		1966-70		1951-70	
	N.ro	%	N.ro	%	N.ro	%	N.ro	%	N.ro	%
Italia settentr.	303	6,4	1.111	20,5	2.660	40,0	1.346	26,3	5.420	24,5
Italia centrale	191	4,0	451	8,0	770	12,0	461	9,0	1.873	8,4
Italia meridion.	296	6,3	357	6,2	295	4,4	139	3,0	1.087	5,0
Sardegna	3.938	83,1	3.756	66,0	2.883	43,3	2.986	58,7	13.563	61,1
Estero	9	0,2	16	0,3	26	0,3	171	3,3	222	1,0
Totale	4.737	100	5.691	100	6.634	100	5.103	100	22.165	100

[61] I dati relativi all'intera Sardegna per il periodo 1955-1959 sono stati tratti da: *Sviluppo della popolazione italiana dal 1861 al 1961*, in «Annali di Statistica», ICIV (1965), Ser. VIII, vol. XVII, pp. 791; quelli relativi al periodo 1966-1969 da ISTAT, *Annuario di statistiche demografiche* e *Popolazione e movimento anagrafico dei comuni*.

Tab. 26 - Provenienza degli iscritti nel comune di Iglesias

	1951-55		1956-60		1961-65		1966-70		1951-70	
	N.ro	%	N.ro	%	N.ro	%	N.ro	%	N.ro	%
Italia settentr.	171	3,7	232	5,3	692	16,9	611	18,2	1.706	10,4
Italia centrale	215	4,7	157	3,6	217	5,3	208	6,2	797	4,9
Italia meridion.	399	8,8	212	4,8	249	6,0	200	6,0	1.060	6,5
Sardegna	3.735	82,3	3.729	85,2	2.931	71,3	2.266	67,5	12.661	77,2
Estero	20	0,5	49	1,1	21	0,5	71	2,1	161	1,0
Totale	4.540	100	4.379	100	4.110	100	3.356	100	16.385	100

Abbastanza interessanti sono gli scambi con le altre regioni meridionali, il cui volume non è trascurabile specialmente nel periodo 1951-1955. Il bilancio degli spostamenti da e per il Mezzogiorno nei diciannove anni del periodo di rilevamento si chiude in modo positivo per Iglesias, il che significa che Iglesias — e più ampiamente il bacino minerario iglesiente — sono stati, almeno in un certo periodo, area di attrazione per gli emigranti meridionali. È noto che la Sicilia è la regione che ha intrattenuto rapporto più stretti con Iglesias. Il rilevamento anagrafico ce lo conferma e ci permette di precisare che nel periodo considerato gli scambi acquistarono la massima intensità negli anni 1951-1955, quando il 4,1% degli iscritti all'anagrafe di Iglesias proveniva appunto dalla Sicilia, mentre vi si recava il 2,6% dei cancellati. In seguito invece il volume degli spostamenti è andato via via diminuendo. Scorrendo i nomi dei comuni siciliani di provenienza si rileva la ricorrenza frequente di alcuni di essi, come Castell'Umberto (Messina), Misilmeri (Palermo), Rosolini (Siracusa), Santa Ninfa (Trapani). Si tratta evidentemente di movimenti collegati a «catene di richiamo» stabilitesi con parenti ed amici già spostatisi ad Iglesias.

L'emigrazione all'estero non ha mai interessato molto i cittadini di Iglesias, i quali l'hanno sempre considerata poco meno che una soluzione da disperati. La percentuale spettante alle cancellazioni per l'estero (v. tab. 25) è quindi molto bassa e altrettanto scarsa è la percentuale degli elettori all'estero (v. tab. 12), che è pari allo 0,3% della popolazione residente, nettamente al di sotto dunque della media provinciale e anche di quella dei comuni minerari. In questo punto l'emigrazione iglesiente si discosta notevolmente da quella di Carbonia.

Anche la distribuzione attuale dei cittadini di Iglesias all'estero, quale si rileva dall'esame dell'Aire (v. tab. 27), è molto diversa da quella di Carbonia. La minor polarizzazione sulla RFT e la più alta dispersione in altri paesi sono caratteristiche che si avvicinano piuttosto al modello medio sardo.

La scarsa propensione alla partenza per l'estero dei cittadini di Iglesias risalta in particolare dal confronto dei dati forniti dall'Ufficio Provinciale del Lavoro per i due comuni relativamente agli anni 1958-1962 (v. tab. 17). L'emigrazione in partenza da Iglesias costituisce solo l'1,0% del totale dei partenti dalla provincia, mentre la popolazione del comune rappresenta il 3,7% della popolazione della provincia (1961). Eppure in quegli anni la situazione occupativa anche ad Iglesias era tutt'altro che florida: la media giornaliera degli operai occupati nelle miniere piombo-zincifere discendeva infatti da 5.400 a 4.500 circa. La ripartizione degli emigrati nei Paesi della CEE si discosta da quella di Carbonia in quanto è orientata più verso la Francia e meno verso la RFT, avvicinandosi in questo alla distribuzione degli emigrati dall'intera provincia (v. tab. 18).

Tab. 27 - Domicilio dei cittadini iscritti all'AIRE di Iglesias (Marzo 1973)

Paesi esteri	Emigrati fino al 1961		Emigrati dopo il 1961		Totale	
	N.ro	%	N.ro	%	N.ro	%
R. F. T.	27	26,7	34	24,6	61	25,5
Francia	28	27,7	13	9,4	41	17,2
Belgio	19	18,8	37	26,8	56	23,4
Olanda	3	3,0	11	8,0	14	5,9
Lussemburgo	—	—	—	—	—	—
Altri Paesi	24	23,8	43	31,2	67	28,0
Totale	101	100	138	100	239	100

5.3. *Gli spostamenti intersettoriali*

L'esame della ripartizione della popolazione attiva nei diversi settori di attività secondo i dati censuari costituisce il solo mezzo valido per apprezzare l'entità delle trasformazioni della struttura occupativa. Purtroppo la parziale pubblicazione, a tutt'oggi, dei dati del censimento della popolazione del 1971 non ci permette un raffronto completo ed aggiornato.

Accanto a fenomeni generalizzati all'intero quadro occupativo isolano, quali la continuata contrazione del settore agricolo e la crescente terziarizzazione, si pone la diminuzione accentuata del settore delle industrie estrattive e manifatturiere. Nell'ultimo decennio, in mancanza di un preciso raffronto statistico, si rileva da fonti diverse che, mentre prosegue la diminuzione dell'occupazione nelle industrie estrattive e manifatturiere, si è avuto un forte incremento nel settore delle costruzioni e di certi comparti delle attività terziarie. A parte la declinante attività delle miniere, la situazione delle poche industrie di un qualche rilievo (un calzaturificio, due piccoli stabilimenti di carpenteria pesante, una fornace di laterizi, in tutto meno di 500 addetti) si può considerare pressappoco stazionaria. Grande sviluppo hanno invece avuto tutte le attività collegate con l'edilizia, grazie alla realizzazione nell'area urbana di un vasto programma di edilizia pubblica e i lavori di attuazione delle infrastrutture e degli impianti industriali di Portovesme.

Sembra che la categoria degli operai edili sia diventata la più numerosa in città, e quindi anche la più rappresentata nel flusso emigratorio.

Tab. 28 - Ripartizione della popolazione attiva per ramo di attività economica secondo i censimenti

	1951		1961		1971	
	N.ro	%	N.ro	%	N.ro	%
Agricoltura	685	7,7	427	5,4	270	3,3
1. Industrie estratt. e manifatturiere	(5.211)	—	(3.339)	—	—	—
2. Costruzioni e impianti	(334)	—	(712)	—	—	—
3. Energia elettrica, gas e acqua	(42)	—	(64)	—	—	—
Totale 1+2+3	5.587	63,3	4.115	52,6	—	—
Altre attività	2.554	29,0	3.284	42,0	—	—
Totale	8.141	—	7.349	—	7.702	96,7
Agricoltura	685	7,7	427	5,4	270	3,3
Totale generale	8.826	100	7.826	100	7.972	100

Le attività distributive sono ovviamente al primo posto nel settore terziario. Subito dopo vengono come fonte di impieghi le scuole e gli istituti di cura: le scuole dipendenti dal Ministero della Pubblica Istruzione, con una popolazione studentesca di circa 8.000 unità, danno lavoro a circa 750 tra insegnanti e personale ausiliario, mentre negli istituti di cura sono impiegati circa 540 dipendenti.

Secondo le indagini condotte dall'Unione delle Camere di Commercio [62], Iglesias risulta essere il «centro» di un'«area commerciale» che includerebbe, oltre al territorio del comune medesimo, anche i comuni di Buggerru, Carloforte, Domusnovas, Fluminimaggiore, Gonnesa, Musei, Portoscuso e Villamassargia. Lo sviluppo della struttura commerciale del centro è stato in parte frenato dalla stazionarietà della popolazione presente dell'area, salita soltanto da 58.404 a 58.619 ab. tra il 1961 e il 1971, e dalla permanenza del reddito degli abitanti su valori modestissimi.

Attraverso i dati dei censimenti dell'industria e del commercio si rileva un cospicuo aumento delle attività commerciali nel periodo 1951-1961, nel corso del quale il numero delle unità locali è salito da 399 a 592, con una variazione del rapporto con la popolazione residente da 1/65 a 1/47, mentre il numero degli addetti è salito da 747 a 1.070, passando dall'8,4 al 13,7% della popolazione attiva. L'espansione di questo settore si spiega in parte come legata alle necessità di lavoro degli ex-dipendenti delle miniere, ma nello tesso tempo si giustifica con la creazione di strutture in precedenza gravemente carenti. L'evoluzione del periodo successivo non può essere rintracciata sulla base dei censimenti, bensì può essere seguita sulla base degli Annuari statistici del commercio interno dell'Istat. Confrontando, per esigenza di omogeneità di fonti, gli annuari che riportano il numero delle licenze commerciali al 31-12-61 e al 31-12-69, si constata una diminuzione da 925 a 885 licenze, ivi incluse le licenze di commercio, fisso, ambulante e di esercizi pubblici. Il rapporto licenze-abitanti è salito da 1/30 nel 1961 a 1/32 nel 1969.

Se ne deduce che il commercio non ha potuto rappresentare una alternativa di lavoro per la manodopera liquidata dalle miniere. Qualche possibilità è stata invece offerta dalle numerose piccole botteghe artigiane e dalla miriade di attività che ruotano intorno al-

---

[62] UICCIAA, *Carta commerciale d'Italia*, op. cit.

Tab. 29 - Numero delle licenze in vigore a fine anno nel comune di Iglesias[63]

	1961	1969
Commercio fisso	730	718
Commercio ambulante	63	42
Tabacchi	26	23
Farmacie	5	4
Esercizi pubblici	101	98
Totale	925	885

l'edilizia. In sostanza la struttura occupativa della città è sempre meno caratterizzata dall'attività mineraria e diventa invece più differenziata, man mano che Iglesias si qualifica più nettamente come un centro di servizi di medie dimensioni. In realtà nessun settore presenta premesse tali da farne il motore dell'economia locale. Nell'attuale contesto economico-sociale la stessa funzione di centro di studi si risolve nella preparazione di una nuova categoria di futuri emigranti, quella dei diplomati. Le prospettive di un concreto aumento delle dimensioni demografiche e del risanamento dell'economica appaiono strettamente legate agli sviluppo degli agglomerati industriali più vicini.

5.4. L'evoluzione del centro urbano

La struttura dell'insediamento del comune di Iglesias consiste del centro capoluogo e di un buon numero di centri minori, di nuclei e case sparse, la cui origine è stata legata in parte alle attività minerarie e in parte a quelle agropastorali. Si può valutare grosso modo che gli insediamenti a carattere minerario — per la loro origine o per l'attività presente della popolazione — nel 1961 ospitassero circa il 18% della popolazione del comune, quelli propriamente agro-pastorali ne accogliessero l'8%, mentre il resto viveva nel centro urbano. Le vicende demografiche ed economiche più recenti hanno inciso in modo diverso sulla popolazione urbana ed extra-urbana, come si deduce dalla tab. 30.

---

[63] ISTAT, *Annuario statistico del commercio interno*.

Lo stesso andamento è continuato nel decennio 1961-1971, ma il fatto non può essere confortato da dati, che l'Istat non ha ancora reso pubblici. Le tendenze riscontrate si possono così schematizzare: a) moderata tendenza all'inurbamento in Iglesias, favorita dallo sviluppo di alcune attività terziarie e dell'edilizia pubblica e privata; b) marcato esodo dai nuclei minerari, specialmente da quelli più piccoli e isolati; c) diminuzione del già scarso insediamento agropastorale, con fenomeni di subentro da parte di pastori barbaricini.

Vale la pena di sottolineare la grande differenza rispetto all'andamento che si è avuto nella vicina Carbonia, dove il decremento si è distribuito in maniera più omogenea tra città (−19,0%) e frazioni rurali (−26,4%).

Tab. 30 - Variazione della popolazione residente del comune di Iglesias per specie di località abitata

Anni	Centro		Restante territorio		Totale	
	N.ro	%	N.ro	%	N.ro	%
1951	16.785	64,2	9.361	35,8	26.146	100
1961	20.518	73,3	7.486	26,7	28.004	100
1951-61	+3.733		−1.875		+1.858	
	(+22,2%)		(−20,0%)		(+7,1%)	

Il fenomeno dell'espansione demografica e urbanistica della città — in condizioni pur così difficili per la principale industria cittadina — è una manifestazione del *piccolo urbanesimo* che si riscontra in tante città della provincia italiana va posto in rapporto con l'aumentato potere d'acquisto delle popolazioni rurali e dei piccoli centri e quindi con lo sviluppo dei servizi e delle strutture distributive nei centri maggiori. Una condizione fondamentale di questo tipo di sviluppo in Iglesias è stata la realizzazione di un vasto programma di edilizia abitativa pubblica, cosa che invece non si è verificata per Carbonia. In Iglesias la richiesta di abitazioni parte da due direzioni: da un lato la necessità di ricollocare le famiglie abitanti le case fatiscenti del vecchio centro, dall'altro il desiderio degli abitanti delle frazioni di trasferirsi in città. Come è stato ricordato, sono soprattutto gli abitanti dei villaggi minerari più distanti e disagiati che premono per avere abitazioni più confortevoli e per poter nello stesso tempo usufruire dei servizi urbani.

La città di Iglesias ha visto l'attuazione di notevoli programmi edilizi da parte di vari enti, quali l'INCIS, l'INAIL, l'INPS, l'IACP, l'INA CASA e la GESCAL, grazie anche all'esistenza, per vari anni, di una situazione particolarmente favorevole ai livelli decisionali dell'edilizia pubblica.

Già nell'immediato dopoguerra l'amministrazione comunale provvedeva ad alleviare il disagio delle famiglie che abitavano le case non igieniche del vecchio centro realizzando le cosiddette «case minime» e le «case rifugio», anche mediante la riattazione di vecchi capannoni militari. Una soluzione adeguata alle necessità doveva però arrivare solo molto più tardi, quando negli anni 1960-1961 l'IACP realizzava un grosso complesso di abitazioni popolari che costituirono un nuovo quartiere, denominato Serra Perdosa, situato su un'area pianeggiante posta a sud-est della città, non lontano dalla strada Statale 130. Altri complessi minori vennero successivamente costruiti in via Rossini e via Cimarosa, nei pressi di via Genova e intorno a via della Regione, un sito — quest'ultimo — dove si è formato un intero nuovo quartiere, correntemente chiamato Villaggio Operaio. Tuttavia il complesso più importante rimane quello di Serra Perdosa, dove sono stati in seguito realizzati altri lotti di abitazioni. La popolazione attuale del quartiere si aggira oggi sulle 3.000 unità. Non è possibile raccogliere cifre sulle abitazioni costruite a causa della pluralità degli enti che hanno operato in Iglesias e del passaggio in proprietà privata di una parte delle case costruite. Come indicazione almeno parziale si tenga presente che al 9-3-1970 l'IACP amministrava in Iglesias un totale di 3.955 vani, ivi compresi alloggi già appartenenti all'INA CASA, alla Gescal e alla stessa Iacp. Il 22% di tali vani era stato costruito tra il 1949 e il 1959 e il 24% tra il 1963 e il 1969, che sono stati quindi i periodo di maggior intensità edilizia. Queste cifre non rappresentano però il totale dei vani costruiti in città per iniziativa di enti.

Anche l'edilizia privata ha avuto grande sviluppo, affiancandosi a quella pubblica in vari quartieri. La realizzazione di edifici multipiani nella parte pianeggiante della città ha dato una fisionomia nuova ad Iglesias. A documento dell'intensità di questo sviluppo edilizio, ricordiamo che nel 1970 sono stati ultimati nel territorio comunale 1.950 vani di abitazione e non di abitazione, una cifra che pone Iglesias al secondo posto tra i comuni della provincia di Cagliari, subito dopo il capoluogo provinciale [64].

---

[64] Istat, *Annuario statistico dell'attività edilizia e delle opere pubbliche*, 1972, tomo I°. I dati sull'attività edilizia per singoli comuni non capoluoghi di provincia vengono pubblicati in questa serie per la prima volta.

Situazione abitativa ed emigrazione in un'area periferica della Sardegna

Antonio Loi
(1986)

Il problema della casa è in Italia ancora e sempre di grande attualità e interesse. Lo dimostra la particolare attenzione che i vari governi vi hanno nel tempo dedicato producendo un'abbondante legislazione, che però non ha avuto ancora esiti soddisfacenti per tutti. Il problema in realtà è politico oltre che economico, difatti sono sempre più frequenti le lotte per la casa (Daolio, 1976) e le grandi battaglie politico-parlamentari nelle quali si scontrano interessi di parte e di partiti (Rochat, Sateriali, Spano, 1980).

Tuttavia nel nostro paese vi è ancora un'abitazione per ciascuna famiglia, mentre, all'opposto, cresce il numero delle abitazioni non occupate. Generale è pure la tendenza all'aumento medio del numero delle stanze per abitazione in concomitanza con uno sviluppo demografico che è sempre più esiguo. Come è noto la non utilizzazione (statistica) delle abitazioni si ha quando queste sono: 1) abitazioni non occupate a causa dell'emigrazione; 2) abitazioni non occupate perché disponibili per il libero mercato dell'edilizia residenziale; 3) abitazioni non occupate nei centri storici da cui la popolazione viene espulsa e che attendono una ristrutturazione; 4) abitazioni non occupate perché "seconde case" per vacanza e per fine settimana. Il secondo e il terzo caso richiamano un ambiente urbano nel quale si scontrano forti interessi di carattere finanziario di quanti vorrebbero trarre il massimo profitto del possesso delle aree edificabili ed edificate, e gli interessi del sociale che reclama un uso più "appropriato" del suolo urbano e del patrimonio abitativo esistente. L'equilibrio instabile che si realizza è sotto gli occhi di tutti nella forma delle nostre città. Il primo e il quarto caso invece suggeriscono un ambiente rurale. In questo ambito infatti è esploso sia il *boom* edilizio che ha ricoperto di cemento le aree costiere, di montagna e campestri paesaggisticamente più valide del paese, sia gran parte del fenomeno migratorio che ha svuotato dell'energia dei più giovani vaste aree demografiche della penisola e delle isole. Tuttavia l'*habitat rurale*, pur perdendo gran parte del suo peso nella formazione del reddito nazionale in favore delle aree industriali e terziarie, non sempre decade come luogo di residenza, non solo nelle aree periurbane, ma anche nel resto del territorio sempre meno caratterizzato dai tradizionali connotati di arretratezza nei confronti della città. È questo, senz'altro il segno dei grandi mutamenti sociali prodotti dalla crescita economica e sociale del nostro paese uscito negli ultimi decenni da una situazione fortemente condizionata dalle attività agricole in favore di quelle industriali e terziarie, ma anche di nuovi equilibri territoriali a causa dei quali la campagna, alleggerita dall'eccessivo peso demografico, può finalmente inserirsi nel circuito della modernità. Miglioramenti economici ed emigrazione sono dunque i fattori più facilmente individuabili nel processo di trasformazione del paesaggio rurale. Ma in Sardegna, come in genere nel Sud, è l'emigrazione il più importante fattore di cambiamento, perché è anche uno dei maggiori creatori di reddito più spesso utilizzato nella costruzione, rinnovo e ampliamento delle case di abitazione. Come spiegare altrimenti il fervore edilizio nei nostri abitati i quali hanno sovente assunto aspetti di tipo urbano a prescindere dalle loro funzioni nel territorio? La casa di abitazione infatti risponde sempre meno ai criteri di funzionalità economica ai quali rispondevano le tradizionali case rurali (BALDACCI, 1952) e assume forma e dimensione sempre più allineate con le nuove tipologie edilizie e architettoniche. La casa infatti è diventata uno "status symbol" che attesta l'uscita del proprietario dallo stato di povertà delle famiglie di origine e il raggiungimento di una condizione economica e sociale non sempre proporzionale né alla grandezza della casa, né al numero e alle esigenze degli occupati. Un caso limite deve considerarsi quello costituito dalle case vuote, spesso imponenti nella piattezza del paesaggio rurale, appartenenti ad emigrati che non sempre sanno se e quando potranno completarle e occuparle.

L'area sulcitana [1], parte non trascurabile della Sardegna sud-occidentale (PRACCHI, 1960) si presta agevolmente a fare da campione di questa realtà per la vastità dell'area, il numero degli abitanti (Tab. 1), la complessità delle sue vicende storiche e sociali e del quadro eco-

---

[1] Per area sulcitana intendiamo lo spazio territoriale della Sardegna sud-occidentale di pertinenza dei comuni di Giba, Masainas, Narcao, Nuxis, Perdaxius, San Giovanni Suergiu, Santadi, Sant'Anna Arresi e Tratalias, insieme a Carbonia (città mineraria) e Portoscuso (polo

Tab. 1 - Popolazione residente, famiglie e abitazioni occupate ai censimenti - Variazioni

COMUNI	1961			1981			Variazioni		
	Popolazione	Famiglie	Abitazioni occupate	Popolazione	Famiglie	Abitazioni occupate	Popolazione	Famiglie	Abitazioni occupate
Carbonia	35.327	7.431	7.139	32.180	9.641	8.736	− 3.147	+ 2.210	+ 1.597
Giba	6.928	1.571	1.549	3.259	940	852	− 3.669	− 631	− 697
Masainas	—	—	—	1.563	432	405	—	—	—
Narcao	3.531	864	840	3.332	925	879	− 199	+ 61	+ 39
Nuxis	1.797	433	431	1.848	226	531	+ 51	− 207	+ 100
Perdaxius	1.677	368	366	1.477	409	409	− 200	+ 41	+ 43
Portoscuso	3.615	814	761	5.570	1.576	1.492	+ 1.955	+ 762	+ 731
S. Giovanni Suergiu	5.353	1.148	1.142	5.711	1.533	1.465	+ 358	+ 385	+ 323
Santadi	5.672	1.248	1.218	3.944	1.096	1.070	− 1.728	− 152	− 148
Sant'Anna Arresi	—	—	—	2.304	644	618	—	—	—
Tratalias	1.378	332	329	1.077	327	320	− 301	− 5	− 9
Villaperuccio	—	—	—	1.063	301	291	—	—	—
TOTALE	65.278	14.209	13.775	63.428	18.050	17.068	− 1.850	+ 3.841	+ 3.293
Provincia di Cagliari	754.965	172.571	163.440	730.473	207.734	193.458	−24.492	+35.163	+30.018

Fonte: Istat.

nomico e occupativo. Anche nel Sulcis infatti, come generalmente nel resto d'Italia, un certo numero di famiglie (il 5,4%) risulta in soprannumero rispetto alle abitazioni occupate. L'insufficienza delle abitazioni, lungi dal tendere alla diminuzione, sembra anzi aumentare visto che nel 1961 solo il 3,2% delle famiglie si trovavano in analoga condizione. La variazione registrata è conseguente allo squilibrio fra la crescita delle abitazioni occupate (+23,9%) e quella delle famiglie (+27,0%) nonostante la diminuzione degli abitanti (−2,8%). La crescita delle famiglie contemporanea alla diminuzione degli abitanti, insieme all'aumento delle stanze per abitazione[2], hanno comportato una riduzione notevole del numero medio di individui per famiglia, passato da 4,6 a 3,5.

Nell'evoluzione della situazione abitativa ha avuto un notevole peso, non vi è dubbio, il fenomeno migratorio (GENTILESCHI, 1980), che ha fortemente inciso anche sulla dinamica demografica naturale delle popolazioni sulcitane. L'emigrazione è iniziata in quest'area della Sardegna, almeno come fenomeno di massa, negli anni '50, ma si è sviluppata soprattutto nel decennio successivo, con tanta energia[3] da essere in grado di allontanare dai luoghi di nascita una non trascurabile parte di individui, specie giovani (Fig. 1).

Conseguentemente negli anni '60 le famiglie e quindi le abitazioni occupate aumentano debolmente. Nel decennio 1971-81 la popolazione dell'area sulcitana non cresce che del 6,0%, ma nello stesso periodo vi giungono in età di matrimonio i giovani nati negli anni successivi alla guerra che non sono emigrati o che sono rientrati. Questi solo raramente e malvolentieri accettano le tipologie edilizie tradizionali, caratteristiche delle case dei rispettivi genitori. Perciò molto

italiano dell'alluminio). Complessivamente un territorio esteso Kmq 722.42, con una popolazione pari a 63.628 abitanti (nel 1981), che interessa due dei 25 comprensori in cui è attualmente divisa la Sardegna (il 19 e il 23) e nel quale nel Medioevo insisteva la Curatoria di Sulcis del Giducato di Cagliari. Sotto l'aspetto geotettonico e morfologico costituisce una delle più antiche zone dell'Isola, circoscritta da una cerchia di montagne entro le quali si snoda il bacino del Rio Palmas.

[2] L'aumento è stato notevole (da 3,4 a 4,3 stanze per abitazione), anche se la media provinciale passata da 4,1 a 4,7 resta ancora superiore.

[3] Contro un tasso del bilancio migratorio (TBM) medio provinciale pari a −77.0, nel decennio 1961-71, nei comuni dell'area sulcitana i TBM sono stati i seguenti: −273,9 a Carbonia (nel decennio precedente era stato pari a −486,8); −200,9 a Giba; −244,0 a Narcao e a Nuxis; −298,3 a Perdaxius; 120,3 a Portoscuso; −226,1 a San Giovanni Suergiu; −273,7 a Santadi; −200,9 a Sant'Anna Arresi; −342,3 a Tratalias.

Fig. 1 - Iscrizioni e cancellazioni anagrafiche nei comuni dell'area sulcitana

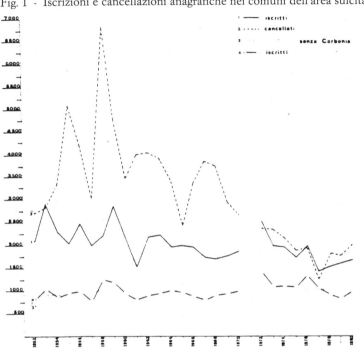

spesso rinnovano quelle ereditate e ancor più frequente ne edificano di nuove, più grandi e dotate di ogni comfort abitativo. Questo orientamento, in assenza di nuove importanti spinte migratorie [4], si afferma nel tempo, tanto che in qualche caso ha prodotto uno straordinario rinnovo del patrimonio edilizio.

Se ancora nel 1981 il 5,4% delle famiglie dell'area sulcitana (contro il 6,9% nella provincia) non dispone — statisticamente — di una abitazione propria (in proprietà o in affitto), all'opposto, 2.128 abitazioni risultano, al censimento di quell'anno, non occupate. Ciò significa che sul complesso delle abitazioni dell'area l'11,1% sono case vuote (contro il 17,4% nell'intera provincia di Cagliari). Il fenomeno, in

---

[4] Nel 1971-81 infatti i tassi del bilancio migratorio nei comuni dell'area sulcitana sono stati i seguenti: −81,6 a Carbonia; −56,1 a Giba; −2,8 a Narcao; −30,6 a Nuxis; −64,1 a Perdaxius; +18,8 a Portoscuso; +0,2 a S. Giovanni Suergiu; −85,8 a Santadi; +47,7 a Sant'Anna Arresi; −44,8 a Tratalias.

concomitanza con una richiesta di abitazioni non del tutto soddisfatta, invita a una riflessione sulle cause della non occupazione.

Poiché gli abitati sulcitani non possono vantare un vero e proprio centro storico da ristrutturare, sul quale possano appuntarsi le attenzioni degli speculatori, mancando inoltre una vera e propria industria edilizia residenziale che faccia leva sulla rarefazione dell'offerta di case per far lievitare gli affitti e il prezzo di acquisto delle case, si può ritenere che le abitazioni non occupate sulcitane siano soprattutto seconde case per le vacanze, oppure case, qualche volta non ancora completate, di proprietà dei numerosi emigrati che si preparano a un ritorno non sempre ben programmato. Poiché il Sulcis, notoriamente, non offre particolari attrattive paesaggistiche o climatiche che consigliano l'edificazione di seconde case, se non lungo le coste spesso dotate di lunghe e accoglienti spiagge e cale riparate, si può pensare che nel resto del territorio le abitazioni non occupate si configurino soprattutto come case lasciate vuote dagli emigrati. Nel decennio 1971-81 infatti le abitazioni sono cresciute molto di più nel comune costiero di Sant'Anna Arresi (+311,5 rispetto al 1971 fatto 100), nel cui territorio si trova la nota spiaggia di Porto Pino, e a Portoscuso (+271,8) non solo notevole centro industriale, ma rilevante anche per la sua attitudine al turismo balneare.

In realtà, mentre nella media provinciale le abitazioni non occupate nel 1981 sono più che triplicate (+332,6) rispetto al 1971, nel Sulcis, nello stesso tempo, sono appena raddoppiate (+197,4). Ciò accadeva principalmente perché nella prima ripartizione geografica (la provincia) la costruzione di case per le vacanze è stata più alacre che nella Sardegna sud-occidentale. All'origine della grande espansione del mercato delle seconde case è infatti la città di Cagliari, col suo grande potenziale umano e finanziario, potenziale che invece manca nel Sulcis assieme a una politica intesa a valorizzare per scopi turistici il patrimonio ambientale non disprezzabile, soprattutto lungo le coste. Perciò le case vuote sulcitane appartengono prevalentemente (il 36,9% contro il 29,4% nella provincia) alla categoria Istat delle abitazioni non occupate per "Altro motivo"[5], nella quale sono comprese

---

[5] Per abitazioni non occupate per "Altro motivo" l'ISTAT (1983) intende: le abitazioni "già vendute o affittate, ma non ancora occupate; non più occupate da chi ne dispone, per trasferimento a seguito di emigrazione definitiva verificatasi in particolare nelle zone montane di spopolamento".

anche le case degli emigrati. Ma sono da considerare dello stesso tipo anche molte di quelle che sono state dichiarate utilizzabili per la vacanza che nell'area sulcitana rappresentano il 32,9% delle case vuote contro il 42,6% nella provincia. Come spiegare altrimenti l'alto numero (il 35,1%) di abitazioni che rientrano in questa categoria nel comune di Narcao, caratterizzato da una economia prevalentemente agricola, pastorale e mineraria (in decadenza) privo peraltro di particolari attrattive paesaggistiche e climatiche? Lo stesso può dirsi del vicino comune di Nuxis, nel quale le case vuote che aspettano l'estate per aprirsi non ai turisti, ma ai rispettivi proprietari che nel resto dell'anno vivono e lavorano lontano, sono addirittura la maggioranza (il 53,8%). Le altre case vuote sono disponibili per la vendita (il 18,9%) e per il lavoro (l'11,2%) [6].

Nonostante le ricorrenti crisi economiche provocate soprattutto dalla progressiva e inarrestabile decadenza delle attività minerarie, sia carbonifere che piombo-zincifere in altri tempi apportatrici di relativa prosperità, l'area sulcitana attualmente non manifesta segni particolarmente evidenti di decadimento fondamentalmente per due ragioni: 1) il "salasso demografico" prodotto dall'emigrazione degli anni '60 e '70 ha alleggerito le campagne da un eccessivo peso e stemperato le gravi tensioni sociali ed occupative. Ai rimasti infatti ha consentito un più facile inserimento nel mondo del lavoro e quindi l'accesso a un reddito non raramente sproporzionato ai modelli di vita cui i locali erano abituati; 2) l'approdo nella zona di grandi complessi industriali e soprattutto l'acquisto delle principali miniere locali da parte dell'ENEL prima e dell'ENI poi, ha innalzato il livello medio delle retribuzioni e ha permesso a quanti andavano in pensione di accedere ad assegni di quiescenza spesso relativamente ragguardevoli. Nel caso dei minatori pensionati, inoltre, all'assegno normale può aggiungersi quello speciale per la silicosi contratta durante il lavoro in galleria. Tutto ciò consente a molte famiglie risparmi non trascurabili che vengono frequentemente utilizzati per la costruzione, il rinnovo o l'ampliamento della casa di abitazione. In quale impresa migliore, inoltre investire la liquidazione per fine lavoro? Del resto, anche i lavoratori occupati nell'area industriale di Portoscuso, quando costruiscono la casa preferisco-

---

[6] Percentuali non molto dissimili da quelle relative alla provincia di Cagliari, pari, rispettivamente al 20,0% e al 9,0%.

no i luoghi di origine e ricorrono al pendolarismo per raggiungere quotidianamente il posto di lavoro (LEONE, ZACCAGNINI, 1985).

È per tutto ciò che il patrimonio edilizio abitativo dell'area sulcitana non è particolarmente invecchiato rispetto alla media provinciale. Questo però se si esclude la parte spettante alla città di Carbonia che da sola possiede il 51,5% di tutte le abitazioni occupate sulcitane. In tal caso il 53,5% delle case abitate (contro il 53,0% nella provincia) risulta costruito dopo il 1961, ma se si conta anche la città mineraria interamente fondata e inaugurata nel 1938, la relativa percentuale si ferma al 38,0%.

La distribuzione delle abitazioni occupate per titolo di godimento nel 1981 è, nell'area sulcitana, sensibilmente differente da quella relativa alla provincia di appartenenza. Infatti nel Sulcis il 63,0% delle abitazioni sono occupate dal proprietario e nella provincia il 69,0%. Non bisogna però dimenticare che anche su questo aspetto incide notevolmente la città di Carbonia il cui patrimonio edilizio abitativo non solo risale prevalentemente (il 76,6%) agli anni che hanno preceduto il 1961, ma era quasi interamente di proprietà dello Stato (ACAI) fintanto che questo non lo ha progressivamente alienato, concedendolo a riscatto alle famiglie. Ciononostante le case di abitazione a Carbonia, nel 1981 erano ancora per il 38,6% di proprietà degli enti pubblici (Stato, Regione, Provincia, Comune, IACP), contro la percentuale provinciale pari all'8,1%. Escludendo Carbonia, invece, la percentuale delle famiglie proprietarie della propria abitazione sale notevolmente (77,7%) e supera addirittura la media provinciale senza il capoluogo (74,9%), nel quale solo il 56,6% delle abitazioni occupate (nel 1981) è di proprietà, mentre il 37,8% è in affitto e il resto (il 5,6%) occupato ad "Altro titolo"[7].

È opportuno a questo punto considerare gli aspetti qualitativi delle case sulcitane e il loro modo di distribuirsi sul territorio. Una prima e facile notazione si impone a proposito della loro dimensione media, che nel Sulcis è inferiore a quella provinciale sia in quelle occupate in proprietà (mq 89,4 contro 102,1), che in quelle in affitto (mq 71,1 contro 80,9) e occupate ad "Altro titolo" (mq 70,7 contro 76,0). Solo nel comune di Portoscuso infatti le case di abitazione ri-

---

[7] Nell'area sulcitana invece gli affittuari sono il 17,9% dei quali 72,8% nel comune di Carbonia e il 9,6% in quello di Portoscuso.

sultano mediamente più grandi che nella media provinciale. All'opposto, nei comuni di Giba, Masainas, Santadi, Perdaxius, ecc., ancora fortemente condizionati dalle attività agro-pastorali e invecchiati per effetto di importanti movimenti emigratori, la superficie media scende a misure non sospettabili in concomitanza con una ragguardevole attività edilizia attualmente orientata verso la costruzione di case sempre più grandi. Questo accade perché le case vecchie sono ancora relativamente numerose, ad esempio a Perdaxius il 63,8% delle abitazioni è stato costruito prima del 1961. La casa tradizionale sulcitana infatti solo raramente era grande, e ancora di recente constava, molto spesso, di non più di due vani. Ciò si verificava per l'estrema povertà della moltitudine di contadini senza terra o in possesso di aree coltivabili esigue, e anche perché in diversi comuni, oltre alle famiglie dei contadini, risiedevano quelle di numerosi minatori, spesso provenienti da altre parti della Sardegna, i quali, per l'incertezza sulla durata del periodo lavorativo, che è propria dell'attività mineraria, edificavano abitazioni che solo eufemisticamente possono definirsi tali, essendo appena sufficienti come ricoveri.

I grandi cambiamenti intervenuti nel Sulcis, nel ventennio 1961-1981 sono testimoniati anche dall'indice di affollamento, notevolmente diminuito (da 1,4 abitanti per vano a 0,9), anche se ancora leggermente superiore a quello medio provinciale passato da 1,1 a 0,8 abitanti per vano. Le differenze fra le circoscrizioni comunali sono trascurabili essendo riconducibili, al massimo, a due decimi percentuali. Difatti si va da 0,7 abitanti per vano registrati nel 1981 a Sant'Anna Arresi (comune piccolo ma in espansione demografica ed economica), al massimo registrato nei comuni di Carbonia, Giba, Masainas, Narcao, Perdaxius e San Giovanni Suergiu (0,9 abitanti per vano) fra i quali solo l'ultimo mostra chiari segni di ripresa demografica (LOI, 1980).

L'area sulcitana già dal 1951 deteneva un invidiabile primato in Sardegna, infatti era la zona meglio dotata di servizi nelle abitazioni. Questo accadeva perché nel suo territorio la città di Carbonia aveva le case che erano tutte dotate di acqua potabile proveniente dagli acquedotti (MANCOSU, 1980) e persino di bagno interno. Anzi, Cagliari e Carbonia insieme detenevano buona parte degli stessi servizi dell'intera Sardegna (TERROSU ASOLE, 1980). Nel 1961 tale primato persiste ancora, infatti le case sulcitane fornite di acqua potabile nelle abitazioni erano il 52,2% contro il 47,5% nella provincia di Cagliari, e quelle fornite di bagno interno erano il 41,2% contro il 20,0%. Ma se dalle cifre complessive si sottrae la parte spettante alla città mineraria, le percentuali appaiono molto meno confortanti. In tal caso infatti le abitazioni occupate dai sulcitani solo per il 17,7% erano dotate di acqua potabile di acquedotto e addirittura il 2,9% possedevano il bagno. La "regione" era in realtà in uno stato di assoluta inferiorità nelle abitazioni (86,9% contro 94,2%). Questo stato, anche se molto attenuato, dura ancora nel 1981. Infatti se le abitazioni sulcitane sono attualmente elettrificate nel 99,4% dei casi (contro il 99,5% nella media provinciale), solo per il 79,4% — Carbonia esclusa — sono fornite di bagno (contro l'85,3%) e per il 69.8% hanno l'acqua proveniente da acquedotto (contro il 91,4% nella provincia). In realtà la causa di questa situazione è di carattere geografico oltre che economico, risale cioè alla storia del popolamento dell'area. Infatti nel Sulcis, eccezionalmente in Sardegna, la popolazione, in misura non trascurabile, è dispersa nei nuclei e nelle case sparse. Ciò ovviamente rende disagevole e eccessivamente dispendioso il trasporto dell'acqua in tutte le case, le quali, perciò, sono più frequentemente dotate di pozzo (9,0% contro il 2,6% nella media provinciale).

Bibliografia

BALDACCI O. (1952) *La casa rurale in Sardegna*, Firenze, Centro di Studi per la geografia etnologica, pp. 200.

DAOLIO A. (1976) (a cura di) *Le lotte per la casa in Italia*, Milano, Feltrinelli, pp 282.

ISTAT (1983) *Dati sulle caratteristiche strutturali della popolazione e delle abitazioni*, Introduzione vol. II, Tomo I, Fasc. 92 Cagliari, Roma.

LEONE A. e ZACCAGNINI M. (1985) Pendolarismo industriale e squilibri territoriali nel Sulcis-Iglesiente (inserito in questa pubblicazione).

LOI A. (1980) Indice di affollamento, in PRACCHI R. e TERROSU ASOLE A. (a cura di), *Atlante della Sardegna*, Fascicolo II, Roma, Kappa, pp. 215-217.

MANCOSU F. (1980) Acqua potabile nelle abitazioni, in PRACCHI R. e TERROSU ASOLE A. (a cura di), *Atlante della Sardegna*, op. cit., pp. 226-232.

PRACCHI R. (1960) *Contributo allo studio dell'insediamento umano in Sardegna. La Sardegna sud-occidentale (Parte I)*, Cagliari, Istituto di Geografia, pp. 102.

ROCHAT G., SATERIALI G. e SPANO L. (1980) (a cura di) *La Casa in Italia. 1945-1980. Alle radici del potere democristiano*, Bologna, Zanichelli, pp. 255.

TERROSU ASOLE A. (1980) Bagni, in PRACCHI R. e TERROSU ASOLE A. (a cura di), *Atlante della Sardegna*, op. cit., pp. 221-223.

Pendolarismo industriale e squilibri territoriali nel Sulcis-Iglesiente

ANNA LEONE E MARGHERITA ZACCAGNINI

(1991-92)

1. I movimenti quotidiani della popolazione, considerati una forma di circolazione tipica delle società urbane avanzate sia per l'intensità che raggiungono rispetto al passato sia per le modalità nuove che assumono (NOIN, 1979), possono essere studiati da diversi punti di vista: come spostamenti domicilio-lavoro, domicilio-scuola, domicilio-acquisti, domicilio-affari (BARRE, 1981). È intento di queste note concentrare l'attenzione sul primo tipo di spostamento, illustrando le modalità con cui si manifestano i movimenti pendolari della manodopera verso il polo industriale di Portovesme, sede dell'agglomerato del Nucleo di Industrializzazione del Sulcis-Iglesiente. Altri studi sono stati condotti sugli spostamenti quotidiani di popolazione in Sardegna, ma orientati o sui problemi del traffico (SPANO, 1958 e FANTOLA, RITOSSA e ANNUNZIATA, 1978) o sulla partecipazione femminile alle attività produttive (LEONE, 1982).

In questa comunicazione si vuole analizzare l'intensità dei movimenti pendolari muovendo dall'ipotesi che possano essere rivelatori di uno squilibrio territoriale nel Sulcis-Iglesiente. L'ottica in cui essi sono visti non parte dal centro per individuare l'area di influenza di un polo, industriale o urbano che sia, ma è così per dire centripeta: vuole muovere dalla periferia per verificare se e in quale misura peculiari condizioni dell'insediamento e delle attività produttive, eredità storiche e fattori ambientali possano influire sulla dipendenza che i diversi comuni dell'area manifestano nei confronti dell'agglomerato di Portovesme.

2. Se è vero che i movimenti pendolari rappresentano una forma nuova di mobilità che si manifesta in connessione con i cambiamenti recenti nella distribuzione spaziale della popolazione delle società industriali avanzate, bisogna dire che anche la Sardegna è stata interessata, dopo una fase di concentrazione urbana, da un processo di ridi-

stribuzione della popolazione sul territorio (BOGGIO e ZACCAGNINI, 1983). Esso, alimentato da fattori che vanno, con diversa accentuazione, dalla crisi urbana al decentramento della grande industria, all'estensione dei servizi nelle campagne, all'aumento della motorizzazione e alla diffusione di un'ideologia ruralista, nell'area intorno a Portovesme si interseca con le particolari condizioni storico-geografiche di quella che è la regione mineraria più importante della Sardegna, caratterizzata da una distribuzione già dispersa non solo nelle attività produttive, sia agricole che minerarie, ma anche — fatto raro in Sardegna — delle sedi della popolazione (PRACCHI, 1980).

Le trasformazioni connesse al processo di "modernizzazione", operando una scissione nella tradizionale unità produttiva e residenziale, determinano nel Sulcis-Iglesiente un'accentuata mobilità che, per quanto si possa discostare nei modi e nelle forme da quella del passato [1], continua a rivelare una forte dipendenza da fonti di lavoro esterne al luogo di residenza.

La mobilità complessiva espressa, sulla base delle rilevazioni ISTAT, dalle persone che si spostano giornalmente per lavorare fuori dal comune in cui risiedono, interessa nell'area in esame 9.077 lavoratori, che rappresentano il 26% degli occupati [2]. La ripartizione dei pendolari nei comuni dell'area (fig. 1A) mette in evidenza una correlazione tra entità degli spostamenti e dimensioni demografiche dei centri: il maggior numero di pendolari spetta alle due città del Sulcis-Iglesiente nonché ai comuni con più di 5.000 abitanti. Ma se si considera l'incidenza della mobilità sul totale degli occupati appare invece evidente come la combinazione di condizioni strutturali favorevoli, quali la posizione lungo le vie di transito o la vicinanza ai centri urbani, comporti un'accentuazione del fenomeno. I comuni in cui si registrano i tassi più elevati (superiori al 40%) si trovano infatti ubicati lungo le strade più frequentate e vicino alle città: Gonnesa e Domu-

---

[1] Questi movimenti, circoscritti come sono all'interno dell'area e comunque a breve raggio, differiscono dai grandi flussi migratori degli anni '50 e '60, dovuti alla crisi dell'attività estrattiva e all'abbandono dell'agricoltura, che si erano orientati verso l'esterno e che erano a lungo raggio (GENTILESCHI, 1974).

[2] Tale incidenza è anche più elevata (28%) se si esclude dal computo il peso di Portoscuso, comune in cui è ubicato Portovesme, che ha un alto numero di occupati ma un tasso di pendolarismo quasi nullo (4%).

snovas nei pressi di Iglesias, San Giovanni Suergiu vicino a Carbonia. In questi termini si può spiegare anche la mobilità più contenuta dei comuni che, come Nuxis (36%) e Sant'Anna Arresi (31%), si trovano in una posizione decentrata rispetto alle vie di transito più scorrevoli e comunque distanti dai poli urbani. Tuttavia l'attrazione delle città del Sulcis-Iglesiente, per quanto non trascurabile (COSTA e DA POZZO, 1980), è di secondaria importanza rispetto a quella esercitata dall'agglomerato industriale sia per l'intensità dei flussi che vi convergono (oltre un terzo della mobilità complessiva) sia per l'estensione dell'area di pendolarità.

3. Le scelte politiche che hanno orientato la localizzazione delle industrie a Portovesme, in un sito quasi equidistante da Iglesias e da Carbonia, alla confluenza del bacino metallifero con quello carbonifero [3], sottolineando la continuità con il passato minerario, hanno rafforzato una struttura occupativa della popolazione che era già caratterizzata da una preponderanza delle attività secondarie e da una netta superiorità della componente maschile. Infatti le imprese (una con meno di 50 addetti, sei con più di 100 e tre con più di 700, in massima parte a capitale pubblico) operano prevalentemente nei comparti metallurgico e meccanico e sono tutte ad alto livello tecnologico. Ma la concentrazione nell'agglomerato delle industrie, e quindi dei posti di lavoro, contrapponendosi alla dispersione degli insediamenti e delle attività produttive preesistenti, ha determinato una dissociazione tra luogo di lavoro e luogo di residenza: dei 4.392 occupati nel 1984, ben 3.152 (79%) risiedono in un comune diverso da quello in cui lavorano.

Un'indagine diretta presso i datori di lavoro [4] ha consentito di accertare la provenienza dei pendolari dalle diverse località e determinare la portata del fenomeno in base alle agevolazioni concesse ai

---

[3] In realtà il Nucleo di Industrializzazione del Sulcis-Iglesiente ricade piuttosto nel bacino carbonifero, infatti i comuni inclusi nel Consorzio sono: Carbonia, Carloforte, Calasetta, Giba, Gonnesa, Iglesias, Narcao, Perdaxius, Portoscuso, San Giovanni Suergiu, Sant'Antioco, Tratalias.

[4] Sono state escluse le imprese appaltatrici perché la manodopere impiegata è precaria e non sempre di origine sarda. Mancano inoltre i dati relativi alla Metallotecnica, che ha fornito solo il totale dei pendolari, ma non la provenienza: non è stato pertanto preso in considerazione per la costruzione delle carte, mentre è stato compreso nel numero complessivo.

lavoratori non residenti per il servizio di trasporto[5]. È stato così possibile delimitare l'area di pendolarismo operaio, che interessa non solo i 12 comuni del Consorzio (compreso Portoscuso, ma solo nelle sue frazioni) ma si estende oltre, in un raggio di circa 50 km per un totale di 22 comuni nell'ambito del bacino di manodopera[6] e va ancora più lontano se si considerano anche gli otto comuni del Guspinese e del Campidano (13 pendolari in tutto) e la città di Cagliari (30).

4. I dati acquisiti sul pendolarismo mediante l'indagine diretta, cartografati nelle figg. 1 e 2, suggeriscono le seguenti osservazioni.

A - Appare in primo luogo evidente il peso della tradizione mineraria e industriale dei comuni circostanti l'agglomerato: i tassi più alti di spostamenti quotidiani verso Portovesme sul totale dei pendolari dei singoli comuni (fig. 1B) si registrano a Carbonia e a Carloforte. Certo in entrambi i casi non è trascurabile il fattore distanza: Carbonia dista solo 18 km circa, Carloforte è collegato direttamente via traghetto. Ma Carbonia, già nel piano di sviluppo del Consorzio, veniva indicata come la sede più adatta per la residenza della manodopera industriale, la quale non poteva trovare sbocco solo a Portoscuso (piccolo villaggio di pescatori che al 1961 aveva meno di 3 mila abitanti). Inoltre l'elevato numero di pendolari verso l'agglomerato riflette la sua pur breve storia di città operaia (o meglio di agglomerato operaio più che di città, almeno fino ad un passato recente) e la forte crisi del bacino carbonifero. Così, nonostante per consistenza demografica (circa 30 mila ab.) e per numero di occupati (circa 7.500) superi di poco Iglesias, essa ha un numero di pendolari

---

[5] Per quanto risulti preponderante l'uso del mezzo collettivo su quello privato (gran parte delle aziende hanno stipulato un contratto con le Ferrovie Meridionali Sarde per l'esclusivo trasporto dei propri dipendenti), non si fa distinzione fra i mezzi di trasporto usati sia perché esula dai fini della ricerca sia perché la situazione nominale sembra discostarsi da quella reale.

[6] Mentre nella fase di costruzione degli impianti (1970-73) la forza lavoro era reclutata principalmente nei comuni del Consorzio ma anche all'esterno quando occorreva manodopera qualificata, successivamente essa è stata assunta dai 26 comuni dei Comprensori n. 19 e n. 23 (rispettivamente nel 1979 e nel 1981). Solo i quattro comuni ubicati alle due estremità, nord-occidentale e sud-orientale, dei due comprensori non inviano manodopera all'agglomerato; non sono rappresentati pertanto nelle figure.

quasi doppio (1.379) rispetto a quello di Iglesias (556), la quale denota una prevalenza delle attività terziarie avendo svolto da secoli un ruolo organizzatore della regione mineraria. Anche nel caso di Carloforte non è trascurabile la disponibilità di manodopera qualificata, dovuta alla presenza di un istituto tecnico ma anche, e soprattutto, di una tradizione operaia consolidata, avendo Carloforte svolto la funzione di porto del bacino metallifero dell'Iglesiente fino alla prima metà del '900.

B - La provenienza dispersa dei lavoratori pendolari su Portovesme rispecchia la dispersione dell'insediamento. Rispetto ai soli 22 comuni interessati, le località di provenienza all'interno del bacino di manodopera ascendono a 50 (fig. 2). I dati raccolti presso le aziende, essendo distinti in base alle località toccate dai mezzi collettivi di trasporto, consentono di scendere al di sotto del limite comunale: da 11 abitati provengono meno di 5 lavoratori per ciascuno, dalla maggior parte di essi (32) partono da 5 a 100 pendolari e solo dalle due città ne partono più di 500.

C - Il parametro distanza-tempo non corrisponde sempre all'intensità del pendolarismo. Come appare dalla fig. 2 le isocrone[7] si allargano notevolmente in corrispondenza del più veloce asse di scorrimento dell'area rappresentato dalla SS 130, mentre si restringono nel Sulcis interno dove la morfologia accidentata del territorio allunga i tempi di percorrenza. Ciononostante flussi intensi verso Portovesme trovano alimento anche da remote località del basso Sulcis, dove Giba, Santadi e Nuxis — pur essendo ad una distanza oraria superiore a un'ora — inviano nell'agglomerato più del 25% del totale dei pendolari. Al contrario Gonnesa, ubicato ad una distanza che non supera i 30', invia un numero limitato di pendolari. Esso è posto ai limiti del bacino piombo-zincifero dell'Iglesiente e, e come altri comuni di questa regione, trova diversi sbocchi al suo pur elevato pendolarismo: attraverso la SS. 130, che percorre l'ampia valle del rio Cixerri, insieme ai comuni toccati da quest'arteria, è più agevolmente

---

[7] Esse sono state costruite tenendo conto dei tempi medi di percorrenza impiegati dai mezzi collettivi delle F.M.S., in quanto questi seguono talvolta, anche per le stesse località, percorsi diversi.

collegato, oltre che con la città di Iglesias, anche con la pianura del Campidano e col Cagliaritano [8]).

5. *Conclusioni*. Della complessa problematica connessa al pendolarismo due aspetti almeno ci sembra meritino di essere sottolineati e approfonditi [9]. Il primo riguarda l'incidenza del parametro distanza-tempo sull'intensità del fenomeno. Nell'esaminare l'area d'influenza di un polo industriale ci si può ragionevolmente attendere che con l'aumentare della distanza — temporale più che chilometrica — diminuisca l'afflusso dei pendolari [10]. Se in genere gli spostamenti quotidiani sono più intensi nelle immediate vicinanze o lungo gli assi stradali percorribili in un arco di tempo "tollerabile", nell'area in esame tale fatto trova conferma solo parziale, essendo smentito dal caso dei comuni interni del basso Sulcis. L'ipotesi che riteniamo di formulare intravede una correlazione innanzitutto con la debolezza della struttura produttiva della regione per la quale, dopo la disattivazione delle miniere carbonifere, il polo industriale di Portovesme rappresenta l'unica alternativa. Ed in secondo luogo, con l'isolamento del Sulcis rispetto alle aree "forti" della provincia e con la sua struttura geografico-fisica che — rafforzata dalla rete stradale — la orienta piuttosto verso la costa occidentale, marginale, che non verso il Campidano e l'area di Cagliari. Non possono inoltre essere dimenticate le caratteristiche "politiche" della manodopera che, provenendo da un'area particolarmente depressa e spesso da settori deboli dell'economia, come l'edilizia e l'agricoltura, non presenta certamente il livello di combattività e di sindacalizzazione che ha accompagnato la più lunga storia del movimento operaio dell'Iglesiente ed è quindi verosimilmente più accetta alla direzione delle aziende [11].

---

[8] La stessa città di Iglesias ed il centro di Villamassargia denotano un grado di dipendenza da Cagliari che è segnalato — con meraviglia — dagli estensori del lavoro sul bacino di traffico di Cagliari, i quali si aspettavano appunto una maggiore gravitazione su Portovesme (FANTOLA, RITOSSA e ANNUNZIATA, 1978, p. 49).

[9] È quanto ci riproponiamo di fare con un'inchiesta diretta mediante questionario rivolto ai lavoratori pendolari.

[10] Così avviene, in maniera quasi emblematica, in Puglia nell'area di attrazione dell'agglomerato industriale di Bari-Modugno (CARPARELLI, 1976).

[11] Nonostante alla fine degli anni '70, con l'allargamento delle assunzioni ai comuni dei due comprensori del Sulcis-Iglesiente, sia stata formulata una normativa precisa basata sulla percentuale dei disoccupati, essa però si è dimostrata, e si dimostra tuttora, facilmente eludibile.

Un altro aspetto degno di attenzione è il legame che esiste tra l'elevato pendolarismo e la dispersione dell'insediamento. Ad un primo approccio basato sui dati finora disponibili, la mancanza di alternative di lavoro per gran parte dell'area sembra porre i comuni del bacino di manodopera in una situazione di dipendenza nei confronti dell'agglomerato industriale. In altri termini, l'area rientrerebbe nell'ambito di quegli spazi pendolari "labili" che D. Klingbeil (1969, ripreso da TINACCI MOSSELLO M., 1984) contrappone agli spazi di pendolarismo "stabile" rappresentati dalle aree urbanizzate, identificandoli, all'interno di spazi rurali dipendenti da insediamenti industriali, in base al fatto che il posto di lavoro è sentito come estraneo ed il pendolarismo è subito come una scelta obbligata. È anche vero però che la permanenza della manodopera negli abitati di provenienza, nonostante il costo rappresentano per i singoli lavoratori dai lunghi tempi di percorrenza, presenta risvolti positivi, in quanto ha contribuito ad attenuare l'abbandono e il degrado dovuti al forte esodo degli anni '50 e '60, consentendo il recupero del patrimonio edilizio e ponendo le premesse per la valorizzazione di attività tradizionali. Non appare superfluo in questo contesto verificare, per il ruolo di tutela ambientale e di conservazione di un'identità culturale che potrebbero svolgere (CALDO C., 1983), la diffusione di attività agricole "part-time" ed il persistere del legame con la terra; nonché determinare fino a che punto lo sviluppo della motorizzazione privata, consentendo una soddisfacente accessibilità ai servizi, trovi riscontro in un processo di urbanizzazione delle campagne.

Pendolarismo industriale e squilibri territoriali   275

Fig. 1 - Spostamenti quotidiani nel bacino di pendolarità di Portovesme, per comune

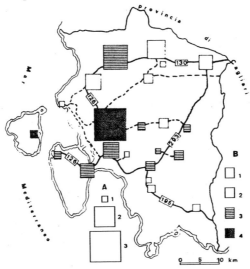

A. Pendolari in totale (n.). 1:100; 2:1.000; 3:2.000.
B. Pendolari su Portovesme (% del totale). 1:<10; 2:10+25; 3:25+50; 4:>50.

Fig. 2 - Spostamenti quotidiani verso Portovesme, per località e tempi di percorrenza (minuti)

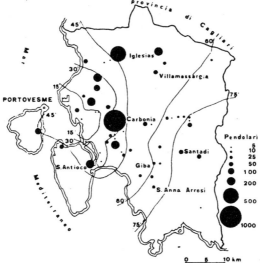

Bibliografia

Barre A. (1981), Les déplacements quotidiens de travail dans un espace pluripolaire: l'aire "métropolisée" par Lille, in *Actes du Colloque International de Lille (16-17-18 octobre 1980), Hommes et Terres du Nord*, 1, 221-233.

Boggio F. e Zaccagnini M. (1983) Marginalizzazione e rivalorizzazione: il caso della Sardegna, in *L'Italia emergente*, (a cura di) Cencini C., Dematteis G., Menegatti B., Milano, Angeli, pp. 591-622.

Caldo C. (1983) Le culture locali delle comunità rurali e urbane tra dipendenza e autonomia, in *Atti del XXIII Congr. Geogr. Ital., Catania 9-13 maggio 1983*, 2, 297-327.

Carparelli S. (1976) L'agglomerato industriale di Bari-Modugno e il movimento pendolare della manodopera, *Pubbl. Istit. Geogr., Univ. Bari*, 5, pp. 43.

Costa M. e Da Pozzo C. (1980) Aree di attrazione dei centri maggiori, in *Atlante della Sardegna*, Pracchi R. e Terrosu Asole A. (a cura di), Roma, Kappa, pp. 180-1.

Fantola M., Ritossa P. e Annunziata F. (1978) *Traffico e pendolarità nell'area di Cagliari*, Pubbl. Asses. Programmazione, Bilancio e Assetto del Territorio, Regione Autonoma Sardegna, Cagliari, pp. 67.

Gentileschi M.L. (1974) Movimenti migratori nei comuni minerari del Sulcis-Iglesiente, *Annali del Mezzogiorno*, 14, 283-368.

Klingbeil D. (1969) Zur sozialgeographischen Theorie und Erfassung des täglichen Berufspendelns, *Geographische Zeitschrift*, 57, 108-131.

Leone A. (1982) Aree di convergenza della mobilità per lavoro della donna: l'attrazione del terziario urbano, *Archivio del Movimento Operaio, Contadino e Autonomistico*, 17-18, 95-114.

Noin D. (1979) *Géographie de la population*, Parigi, Masson, pp 320.

Pracchi R. (1980) Nuclei, insediamento sparso e centri nel 1971, in *Atlante della Sardegna*, op. cit., 170-177.

Spano B. (1958) Le "migrazioni giornaliere" e la circolazione interna nella città di Sassari, *Rivista Geografica Italiana*, 65, 176-201.

Tinacci Mossello M. (1984) I flussi migratori come parametri di regionalizzazione, in *Regione e regionalizzazione*, Turco A. (a cura di), Milano, F. Angeli, pp. 221-245.